平成の学校歳時記
─続 日本の学校のチカラ─

in my opinion

帝京大学教職大学院教授
全国連合小学校長会顧問

向山 行雄

プロローグ

平成の時代になって、28年が過ぎた。今や、平成生まれの若手教師も学校教育の第一線で活躍している。「昭和の教育」は、確実に遠くになりつつある。

思えば、平成の教育は1989年、バブル経済の崩壊とともに始まった。経済成長が鈍化し、教育予算が縮減される中で、いくつもの「教育改革」が行われた。「新しい学力観」「生きる力」などのスローガンも掲げられ、直近の「アクティブ・ラーニング」へと引き継がれようとしている。

筆者は、『平成の校長学』（2003年　明治図書）、『平成の学校づくり』（2013年　第一公報社）において、校長時代の学校づくりについて述べてきた。本書は、平成の学校づくりシリーズの第３作として、大学教員になってからの論稿をまとめたものである。

街から季節感が少なくなった。わずかに街路樹や行き交う人々の服装から、季節の移ろいを感じる程度である。

しかし、どっこい学校の中では四季折々の行事があり、子供たちは春夏秋冬の良さを実感する。春の遠足、夏のプール、秋の運動会、冬の書き初め。長年にわたり続けられてきた学校行事が、それぞれの四季の美しさを演出する。

学校には『歳時記』が似合う。４月初めの入学式から３月下旬の卒業式まで節目の行事があり、日々の教育の営為がある。

そもそも、学校という空間は、〈牧歌的〉なところである。歳時にひたり、悠久の時間の流れに身をまかせる。多くの日本人は、自らの学校体験を懐かしさと少しのはかなさとともに思い出す。

だが、忙しい世間の波が学校の中にも押し寄せてきた。現代の日本の学校は、急流に漂う小船のように、せわしく舵取りを強いられる。日本の教師は、世界一の「オイソガ氏」になった。

多忙ゆえに、子供と向き合う時間が十分に取れない。日々の業務に追われて、楽しい授業を生み出すための準備ができない。時に発生する悩ましい事件

への対応に追われる。マスコミは、連日、学校の不祥事を報道する。確かに、報道される事案は学校側の反省を促すものも多い。しかし、なかには学校バッシングと思えるような報道も少なくない。

いじめ、体罰、不登校、校内暴力。いずれも学校の責任は重い。刻々と変化する社会の中で、家庭や保護者、地域社会も負の要因を持つようになった。大きな事件を追いかけると、学校外のさまざまなファクターが浮きぼりになってくる。

日本の学校は、よく努力をしている。だから、日本の子供は世界でも冠たる学力を身に付けている。これだけ学齢人口が多く、島嶼や山間僻地の学校が多いにも拘わらず、全国的にほぼ教育の機会均等を達成している。PISA調査で我が国と同等レベルの上海、シンガポール、フィンランドなどは、小さな地域や国である。それと比べても、我が国の学校教育の成果がよくわかる。

日本の教師は、世界でも注目されるほどの授業研究を明治期以来続けてきた。そして、忙しい時間の中でも、寸暇を惜しんで学校内外で授業力を高める研鑽を続けている。このことも、もっと誇りに感じていい。

しかし、その優位性がこれからも維持していけるかどうか。それはわからない。少なくとも、日本の教育は21世紀の中途までの社会を支える人材を育てることには成功した。それは世界的にも高性能さを持つ自動車や家電製品などを造る上では奏功した。東京タワーを造り新幹線を開発する技術開発には大きく貢献した。だからといって、これまでの日本の教師の指導力がこのまま優位性を保つことができるかどうか、それは不透明である。

世界第2位だった一人当たりのGNPの実績が、わずかの間に第20位まで転落した。これはひとり教育の影響だけではないが、将来に向けての布石という点で油断があったからだと自戒しなければいけない。

今次の学習指導要領改訂で、アクティブ・ラーニングという学習スタイルを重視することになった。多くの小中学校教師にとっては、何を今さらと思う。しかし、これまでの学習スタイルから、さらに能動的・協働的な学習へと変身させなければ、これからの社会生活で必須な資質・能力は身に付かない。その

自覚を持つことが大切である。

　本書は、前述したように『平成の学校づくり―日本の学校のチカラ―』（第一公報社）の続編ともいえるものである。『学校歳時記』というややレトロな書名にしたのは、学校が本来もつべき〈牧歌性〉への憧憬を表したかったからである。「日本の学校のチカラ」というサブタイトルはそのまま生かしている。学校へのバッシングは収まらないが、なんだかんだと言っても、日本の学校のチカラはすごいのだということを再確認したかったからである

　校長職を退いてから５年が経過した。学校教育について、当事者とは一歩離れた場所から見ることができるようになった。少し距離を置いたことにより、これまでよりレンズの焦点が定まるようになった。その一方で、隔靴掻痒の感強く、じれったく思うことも多くなった。

　現職の教師は大変である。忙しいなかで、本当によく尽力してくれていると思う。本書が、日本の学校教育を支えている学校関係者の皆様のお役に立てれば幸いである。

　なお本書は、次の拙稿に加除修正をしたものである。

Ⅰの「学校歳時記」は、月刊『教育トークライン』　2014年から2016年
　　　東京教育技術研究所

Ⅱの「めざせ管理職」は、『週刊教育資料』2014年11月～2015年11月
　　　日本教育新聞社

Ⅲの「変化する社会と教師」は、『帝京大学教職大学院年報』第４号～第７号
　　　2013年度～2016年度

Ⅳの「変化する社会と学校」は、『教育新聞』　2014年９月号から10月号及び
　　　『小学校時報』［全国連合小学校長会］2014年４月号

2016年７月

向　山　行　雄

もくじ

プロローグ —————————————————————————1

Ⅰ　学校歳時記　一春から冬への１年間の景色一

1　春の章　4月の巻 ————————————————— 9
(1)　新学期スタート　(2)　教師の「言霊」（ことだま）を伝える
(3)　始業式の日の学校だより

2　春の章　5月の巻 ————————————————— 15
(1)　遠足でのマナー　(2)　難度の高い遠足　(3)　家庭訪問の意義

3　春の章　6月の巻 ————————————————— 22
(1)　梅雨の事故を防ぐ　(2)　テロ事件と学校安全
(3)　特別参観日は学校理解のチャンス

4　夏の章　7月の巻 ————————————————— 29
(1)　実践記録を書く　(2)　続 梅雨の事故　(3)　教師力を高める旅

5　夏の章　8月の巻 ————————————————— 36
(1)　夏休みの大掃除　(2)　学校に郷土資料室をつくった
(3)　文章上達の修業

6　夏の章　9月の巻 ————————————————— 43
(1)　運動会の季節　(2)　組み体操をめぐる議論
(3)　全校を動かす若手教師のパワー

7　秋の章　10月の巻 ———————————————— 50
(1)　衣替え—服装の身だしなみ　(2)　学校教育の兵站—支える裏方
(3)　東京オリンピック・パラリンピックの成功

8　秋の章　11月の巻 ——————————— 58
　　(1)　学芸会の季節　(2)　新たな学校文化　(3)　「差別者」向山行雄

9　秋の章　12月の巻 ——————————— 66
　　(1)　年越しの行事　(2)　学校教育と言葉
　　(3)　教師の情報管理と手帳術

10　冬の章　1月の巻 ——————————— 73
　　(1)　教育課程の編成　(2)　教育予算を増やす要望
　　(3)　地域資源　地方創生

11　冬の章　2月の巻 ——————————— 81
　　(1)　インフルエンザの季節　(2)　母親の感化力
　　(3)　先駆的な実践と後世への宿題

12　冬の章　3月の巻 ——————————— 88
　　(1)　卒業式の意味　(2)　教師の仕事に生きがいを
　　(3)　これからの教育への提言

Ⅱ　めざせ教育管理職　― 冬から秋への1年間の修業 ―

1　冬の章　管理職への決意 ——————————— 95
　　(1)　合格への流儀とは　(2)　合格を目指す勉強法
　　(3)　管理職として本を読む　(4)　管理職として文章を書く
　　(5)　管理職として人に会う　(6)　管理職として教養を高める

2　春の章　管理職としての構え ——————————— 110
　　(1)　目指す管理職像　(2)　大局観をもつ資質　(3)　組織（人）を動かす資質
　　(4)　危機管理の資質　(5)　豊かな人間性の資質

3 夏の章　管理職への基礎固め ———————————— 122

(1) 少子高齢化とこれからの学校づくり

(2) 教師の指導力を高める学校づくり

(3) 多忙感を解消する学校づくり

(4) 学校ブランドを高める学校づくり

(5) 教育課題に対応する学校づくり

4 秋の章　管理職への挑戦 ————————————————— 133

(1) 文章修業の日々　(2) 管理職論文の流儀 [1] 用語や文法

(3) 管理職論文の流儀 [2] 課題への正対

(4) 管理職論文の流儀 [3] より良い表現

(5) 管理職論文の流儀 [4] 論文の構成

(6) 自己啓発のススメ　(7) 合格への決意　(8) ああ管理職人生に幸あれ

Ⅲ　変化する社会と教師

1 いじめ問題と教師 ————————————————————— 153

(1) 大津いじめ事件とマスコミ報道　(2) いじめは根絶できるか

(3) いじめ問題の先行研究の活用　(4) いじめ問題についての研修

(5) いじめ問題への取組—学生の考察　(6) いじめ問題の対応の難しさ

2 体罰問題と教師 ————————————————————— 185

(1) 大阪府桜宮高校体罰事件とマスコミ報道　(2) 文部科学省の対応

(3) 東京都教育委員会の対応　(4) 神奈川県教育委員会の対応

(5) 体罰を巡る司法判断　(6) 生徒指導を巡る課題

(7) 体罰防止に向けて　(8) 体罰問題と毅然とした指導

3 いわゆる「学級崩壊」と教師 ————————————————— 223

(1) 全連小調査に見る「学級崩壊」の実態

(2) 1990年代の「学級崩壊」　(3) 河村茂雄の学級集団についての調査

(4) 特別支援教育と学級崩壊

(5) 学級崩壊と教師　(6) 学級崩壊解消への道

4　人口減少社会と教師 ──────────────── 261
(1) 人口減少社会を迎えた日本　(2) 学校の適正規模・適正配置
(3) 学校教育の充実策　(4) 少子化に対応した学校づくり
(5) 体験的学校経営論　(6) 変化する社会と教職の専門性の授業
(7) 「人口減少社会と教師」の結び

Ⅳ　変化する社会と学校

1　変化する保護者 ──────────────────── 309
(1) 保護者たちの現実　(2) 「保護者問題」への対応
(3) 学校の対応策　(4) 保護者対応の実際

2　変化する教師の権威 ──────────────── 317
(1) 学校の悲鳴が聞こえる　(2) 教師の権威失墜と学校の健全性回復
(3) 子供を統率する学級経営　(4) 学級経営のうまい教師─『心眼』を養う

3　変化する学校 ──────────────────── 325
(1) 変化する新任教師　(2) 変わる教師教育　(3) 活力ある学校づくり

エピローグ ───────────────────────── 336

著者紹介

I 学校歳時記 ―春から冬への１年間の景色―

1 春の章 ４月の巻 札幌6.7度 東京14.4度 那覇21.3度 （理科年表 月平均気温）

(1) 新学期スタート

① 新任者への気配り

　桜の４月。どの学校でも、いくつかの不安を抱えつつも、先ずは高揚感の中で、始業式を迎える。

　日本の国土は南北にのびる。４月の気候も異なる。４月の平均気温、札幌は6.7度、東京は14.4度、那覇は21.3度。それぞれの地域の景色も異なる。

　さまざまな景色をバックにして、学校の１年間が始まる。

　組織体には必ず人事異動が伴う。各学校では、２割か３割の教職員が入れ替わる。着任したばかりの教職員は何かと気苦労があって、新しい職場になじみにくい。この年齢までに、11回の人事異動を体験したが、ほろ苦い思い出も多い。未練がましい性質（たち）なので、異動してしばらくは前職場での人間関係や付近の酒場が恋しくて、めそめそする日が続く。

　組織というのは、異動直前の職場では最古参で仕事量も多いが、見返りとして羽振りもきかせられて居心地がよい。それが異動した途端に新人に戻る。肩身も狭くなる。それは仕方のないことだが、これが結構こたえる。

　慣れぬ職場環境でひそかに不具合を感じている人もきっといる。古くからその職場にいるスタッフが、さりげなく気を配ってやりたいものだ。大切なのは「さりげなく」である。ベタベタとしたおせっかいは、かえって当人の居心地を悪くする。君子のごとく、淡い触れ合いでちょうどいい。

　環境に慣れぬ間は、なるべく早く帰宅したいものである。それは職場からも居酒屋からでも同様である。そのあたりを斟酌して、つきあうぐらいの度量の広さが、職場の先輩には必要である。

② 新任教師のスタート風景

　しばらく前、東京都では新任教師の早期退職が相次いだ。そのほとんどは小学校の学級担任教師だった。中・高・特別支援学校、小学校専科、養護教諭や事務主事の退職はなかった。

　学級担任教師の中には、自らの命を絶った女性もいた。校長会はこの現実を重く受け止めた。自分たちの責任も強く感じた。

　当時、私は東京都公立小学校長会の対策部長だった。校長会の『対策部』とは、喫緊の行政課題や教育課題に対して相応の対策を講じ、行政などの関係機関に働きかける部署である。どの県の校長会にもある。

　新任教師を始業式当日から、自信をもって子供の前に立たせたい、そのためには準備期間が必要である。その時間を初任者の赴任前に確保してやりたいという認識を私たちはもっていた。

　通常、新人教師は４月１日に発令があり、所属校に着任する。挨拶や簡単な引継の後、教頭や事務主任からさまざまな手続きの説明を受ける。書類に不備があれば、出身大学・高校や教員免許状授与者の教育委員会、出身地の市役所への照会も必要である。銀行口座の開設も必要である。

　ロッカー、机のカギや下駄箱、文房具、教師用指導書、関係書類一式、児童名簿、パソコンなどの給付を得て、目まぐるしく時間が過ぎていく。

　４月２日は朝から教育センターで、みっちり初任者研修。夕方学校へ戻ってから、校内のさまざまな事務整理や私物の整頓。午後８時に退勤して、ようやく遅い夕食。

　４月３日は前日の諸準備。教室移動や入学式準備、いくつもの会議の開催、午後３時になって学年会。夕方に学校だよりと学年だよりの自己紹介の文章を書いてから、教室の掲示。午後９時に退勤して遅い夕食。頭が真っ白で食欲はない。家庭で母親が心配する。

　４月４日（土）、出勤して週案書き。帰りに学校の近くを歩く。期待と不安で胸がいっぱい。４月５日（日）、疲れた体を引きずって学校へ。誰もいないと思っていたら、副校長先生始め多くの先輩が来ていて驚く。そして焦燥感。

いよいよ4月6日、不安の中で子供たちの前に立つ。この日からは息つく間もないくらい、連休まで激動の日々が続く。

③　新任教師の赴任前研修

タイトな日程を改善するため、3月25日～3月31日まで赴任前研修を行う。無給であるが学校で昼食程度は支給する。

この5日間に、学校や地域の概況説明、校内施設設備の操作、保管場所確認、パソコンや印刷機の習熟、各種事務手続き、教職員への紹介、各主任からの説明、学年打ち合わせ、年度当初の準備、週案の書き方、学級経営事務、教室環境、地域巡検、年度始め各種挨拶の練習、模擬授業等を行う。

ひと通りの準備を済ませてしまうので、4月1日から多少ゆとりをもって、生活できるようになる。

しかし、校長会がこの計画を実行するためにはいくつもの課題があった。最大の壁は発令前に学校で勤務［研修］時に、公務災害を起こした時の補償である。これも東京都教育委員会との何回もの協議で乗り越えられた。今では、東京の多くの学校で実施できるようになった。

⑵　教師の「言霊」（ことだま）を伝える

①　挨拶ラッシュの学校

希望に胸をはずませた新入生を迎える。大都会の小学校にも、山間僻地の分校にもランドセルを背負った6才児が登校する。少子化時代の今、大手スーパーのランドセルは24色。色鉛筆並みの品ぞろえで、高級感を演出する。入学式にカメラ片手の父親も目立つ。祖父母の参加も珍しくなくなった。その一方で、仕事をやりくりして、やっと参加するシングルマザーもいる。けなげな子供は、どういう境遇でも自分の置かれた境遇を甘受する。

筆者は、3月10日に父親を亡くしたばかりの入学式であった。父親を亡くして3週間余なのに、くったくないランドセル姿が、セピア色の写真に残る。誰が映した写真であるかは不明だ。その人は被写体として映る姿を、レンズ越し

にどう見たのだろう。

さて、入学式では校長が式辞を述べる。まだ、言葉もろくに知らぬ新入生相手の「あいさつ」に多くの校長は難儀する。私も苦労した。

東京都中央区立泰明小学校長になって、幼稚園長も兼務した。新入園児への挨拶はさらに困惑した。ほとんど、「宇宙人」とも言える４歳児たちを相手に、『お祝いの言葉』を理解させるのは至難の業である。

入学式の式辞は、新入生向けであるが、臨席する大人受けの話でもある。その辺のさじ加減が難しい。変に子供に迎合すれば、儀式としての威厳が薄れる。大人に聞かせようと力みすぎると、子供がざわざわし始める。教育委員会時代に、新入生が騒ぎ出して「入学式崩壊」状態になった場面を目撃した。

必死で抑える学校側と「ノーてんき」な新入生との（明暗の）コントラストは、笑いをかみ殺すのに必死になるほどの傑作シーンだった。

②　挨拶事始め

教師、特に管理職は「年度末から年度初めにかけて、挨拶のラッシュアワーとなる。」思いつくまま、時系列で並べてみる。

○年度末の主な挨拶等

最終学校評議員連絡会議、全体保護者会、最終ＰＴＡ運営委員会、謝恩会、六年生を送る会、校長会送別会、最終全校朝会、卒業式、修了式、最終職員会議、退職者・転出者へのねぎらい

○年度初めの主な挨拶等

新転任者への激励、第１回企画会、第１回職員会議、第１回研究推進委員会、第１回区市校長会、着任式、始業式、入学式、対面式、第１回ＰＴＡ運営委員会、第１回全体保護者会、ＰＴＡ総会、１年生を迎える会、離任式、学校歓送迎会、第１回研究全体会、ＰＴＡ歓送迎会、第１回区市教育研究部会、第１回学校評議員連絡会、第１回学校保健委員会

ざっと数えてもこの程度の挨拶をしなければならない。

これだけ、多くの挨拶の機会があるのに、挨拶原稿を考える時間はあまり確

保できない。だから、校長や教師の「挨拶力」に大きな差が出てしまう。

　必要で十分な挨拶は、そう簡単にできるものではない。

　その会議の目的、参加者の様子、会場の雰囲気、主催者や関係者へのねぎらいなどの要素を踏まえつつ、自分のカラーを多少出し、明るく短い挨拶をするのは慣れた人でも難しい。それを田中角栄元総理は見事にこなしたそうな。若手政治家では小泉進次郎代議士もなかなかのものだそうである。

③　教師の挨拶

　校長ほどでないにせよ、教師も年度末から年度初めにかけて、多くの挨拶場面がある。多くは学級で担任する子供たちへ語りかける機会である。それでも、全校児童生徒や保護者、同僚に挨拶する場面もある。

　謙虚で感謝、短時間で挨拶すれば、そう失敗をすることはない。しかし、時に、不遜で偉そうなふるまいをする教師も散見する。手の組み方、頭の下げ方、視線の投げかけ方、言葉の選び方、話の内容、それぞれの要素を、世の年長者は静かに評価している。

　管理職を志向しようとする人は、その途端に、様々な会合で上司や先輩からその言動や挨拶の仕方をしごかれる。だから、時期がくれば、ある程度の挨拶ができるようになる。しかし、そのような修業の機会がない人は、本人が自覚しないとなかなか向上しない。

　初めて子供に会う日、何を話すか。子供たちの発達段階や状況にあわせて、どのような話をするか。

　初めての保護者会で、信頼を得て安心感を与えるために、どのような態度で話をするか。挨拶とは、そこに込められた「言霊」があってこそ相手に伝わる。一見、さわやかで言葉巧みに操っても、「言霊」がなければ、相手にメッセージは伝わらない。逆に、多少不器用でも、教師としての覚悟が伝われば、聞き手は納得する。まさに古人が言うように「巧言令色 鮮し仁」（論語）である。

　光り輝く春、日本中の子供たちが、教師の「言霊」に少しでも触れることが

できたら、こんなに素敵なことはない。

⑶　始業式の日の学校だより

①　出会いの日

　始業式の日は、体育館が入学式準備のため使えない。校庭で短時間の着任式、始業式を済ませてから、各学級ごとの学級指導を行う。

　初日には、校庭であることも踏まえて配布プリントは2枚程度に絞りたい。学校だよりと学年通信である。たった2枚でも、風の強いこの時期に40名の低学年児童にプリント2枚を着実に配布するのは大変である。

②　初日に配布する学校だより

　4月6日、学校から戻った子供に、保護者は問う。

　「今年はどんな先生だった?」「男の先生?女の先生?」「何歳くらいの先生?」「怖そうな先生?優しそうな先生?」「新しい校長先生はどんな先生?」

　カラー写真入りの教職員一覧表で、保護者疑問が一気に氷解する。顔写真を見れば心配も消えていく。新しく転入してきた教職員も早めに顔を覚えてもらえる。

　泰明小学校では、このような学校だよりを始業式に配布していた。では、どのように準備するのか。

　まず、次年度も残留する教職員は卒業式の日にすべて撮影する。最終日に次年度の担任が発表されるので、学校だよりの担当者はそれを基に一覧表を作成する。転出者は、3月31日までに別れの挨拶の原稿を提出する。

　4月1日から転入教職員が勤務するので担当者が撮影する。非常勤教職員で始業式前後に初出勤する場合には、事前打ち合わせに来校した際に事務主任が撮影しておく。こうして4月4日に部外秘でオールカラーA4判4ページの学校だよりを500部印刷する。始業式の日、このような学校だよりを見れば、保護者は学校の意欲を感じる。学校の発信力は、初めの一歩から放たれるべきである。

2　春の章　5月の巻 <small>札幌12.1度　東京18.7度　那覇23.8度</small>

⑴　遠足でのマナー

①　校外学習　電車での引率

　校庭にたなびく鯉のぼり、玄関フロアの武者人形。学校の5月は、薫風の中で始まる。東京郊外にある高尾山の登山道は遠足の子供たちでにぎやかである。

　教師としてはバス利用の遠足が、手軽でよい。しかし、費用がかさむ。だから、一般乗客と混乗の電車利用遠足も多い

　電車利用では、他の乗客の迷惑にならぬように気を使う。引率をしていて、何度か乗客にお叱りを受けた経験がある。日ごろから不安定な学級では、教師の事前指導が行き届いておらず、公共マナーが不十分で騒がしくなる。

　公共マナーは年齢に関係ない。幼稚園長として何度も幼稚園の遠足に出かけたが、電車で大声を上げる園児はいない。その一方で、かつて修学旅行に同行した際に、態度の悪い中学生に手を焼かされもした。

　かつては、遠足シーズンには、新聞の読者欄に引率教師を責める投書が掲載されていた。「5月○日、△△線の◎◎駅から5年生くらいの子供たちが乗ってきました。子供の態度が悪いのに引率の先生たちは注意しようとしません……」と毎年掲載される、このような読者の声に学校は怯えていたものだ。最近は、このような「遠足関連」の声が載らなくなってきた。

　はたして、電車に乗る子供たちの公共マナーが向上したのであろうか、もしそうであるなら、ありがたいことである。しかし、乗客の許容度が広くなったせいかもしれぬし、新聞社が掲載するほどの意見でないとこうした声を却下しているからなのか、今のところは不明である。

②　校外での死傷事故

　中学校の修学旅行の引率は、昔も今も教師の過酷な勤務に支えられている。かつて、品川区の中学校が修学旅行先でバスの衝突事故により、多数の死傷者を出す大惨事に見舞われた。当時の引率者は今は80代を越え、鬼籍に入った人

15

も多い。それでも当該校では、事故を風化させまいと50年を過ぎても慰霊祭を行っている。

　時代は平成になった。10数年前、筆者が品川区教育委員会指導課長時代のことである。深夜の自宅で電話が鳴った。修学旅行で京都にいる新任の女性校長からである。あわてて興奮した声が電話口から伝わる。私は努めて冷静な声で話を聞く、結論がなかなか理解できない、それでもようやく概要がわかる。

　「生徒が風呂場のガラスドアで、大腿部の動脈を切断しました。今、搬送先の病院で救急治療をしていますが、生死は不明です」という内容である。

　「明日の朝いちばんで応援スタッフを京都へ向かわせます。教育委員会が全力でサポートします。生死は不明とのことですが、ぜひ落ち着いて対応してください」と励ました。幸い、当該生徒は命を取り留め、数か月間京都で入院治療を行い、その後、無事帰京することができた。

　後日作成した事故報告書で、けがをした際に、教師がすぐに大腿部を止血したこと、そのタオル生地がよくて強く締め付けられたことなどが幸いした事実が判明した。まさに危機一髪で命を救えた。

　文京区教育委員会時代の緊急電話。移動教室先の八ヶ岳高原の中学生の隊列にトラックが突込み、多数の重軽傷者を出したという第一報。

　早速、後輩のA指導主事を現地に派遣することにした。学校教育部長に30万円でも50万円でもいいから、A指導主事に現金を持たせたいと依頼した。部長はすぐに動いて工面した。緊急時には現金が必要になるという危機管理である。併せて指導室の職員でカンパして、「長逗留になるかも知れないので、これで下着と洗面道具を買いなさい」と後輩の中学校担当A指導主事を送り出した。幸い、命を落とす生徒は出ず、しばらくして全員を帰京させることができた。A指導主事の現地での被災者家族への対応も素晴らしかった。

③　校外学習で危機対応

　これらはいずれも、10数年前の事案である。当時は今よりも、緊急時には現金を必要としていた時代である。学校には、緊急時にでさえ使える現金の準備

はない。予算執行の手続きをしていては、緊急時の危機対応が手遅れになる。

　学校にいるときならいざ知らず、校外行事では、緊急時に備えるだけの現金は準備しておきたい。これは50年前の品川区のバス事故で、当時、第一線で対応したＳ先生の教えである。「緊急時には現金がいる」。

　東京を離れている地では、現金を必要とする場面もある。例えば、遠足の昼食場所である。実地踏査の時に、雨天時の昼食場所も準備する。しかし、当日の天候によってはその場所もふさがれてしまう。そのようなときに、児童100名に200円のジュースを一杯ずつ飲ませて食堂を使わせてもらうこともある。

　Ｓ先生は「校外学習の際は、沿線のどこに脳外科があるかチェックしておきなさい」とも諭された。まさに、校外学習の大惨事で対応したＳ先生の教訓だった。

　東日本大震災。すぐに被災５県の校長会長に100万円ずつ現金を送付した。領収書のいらぬ現金を使って迅速な行動をしてもらいたいという全国連合小学校長会長からの期待であった。そして後日、体制を整えてから第二弾、第三弾の資金を送付した。校外での危機管理では、ヒトとカネの支援が特に必要なのである。

⑵　難度の高い遠足

①　子供の計画する遠足

　遠足の形態は各学校で工夫されている。小規模校であれば、全校生が一緒に出掛ける全校遠足を実施することもある。

　阪本小学校（中央区立）時代には、全校児童100余名だったので、全校遠足を実施していた。１年生から６年生まで同じ空間で過ごすので、負担の大きいコースは選べない。しかし高学年生には一定の難度を持たせたい。そこで、いくつものコースを選択できる大公園などを利用した。

　1975年、６年生担任時代には、学校からバスで10分のＪＲ大森駅から神奈川県の「こどもの国」まで、全校児童200名が各種交通機関を使って班ごとに出かける遠足を実施した。現地でも班ごとに、事前に購入した食材を昼食にし

17

て、学校まで戻る遠足である。

　学校から目的地までの交通手段は８種類ある。費用も所要時間も異なる。それを子供たちに選択させる。現地での遊びも多様である。子供たちは、自分たちの計画通りに過ごす。たまたま紀宮さまの通う柿の木坂幼稚園児も見えていたので、美智子皇太子妃殿下（当時）とご一緒に写真撮影をしていただいた子供たちもいた。そのことを後から知って、肝を冷やした。

　８名の引率者は、各駅で通過のチェックをして、安全確認を行う。この遠足のコンセプトは、子供たちが自分で考えて最適の旅をするというものだった。教師に連れられてだらだらとついていく遠足の改善をしたいと考えていた。

　学校に戻ってきた子供たちは、満足感、達成感に満ちていた。今思えば、もっと綿密な計画にしなければいけないという反省もあるが、当時としては画期的な実践であった。

② 　３万歩を歩く遠足

　泰明幼稚園（中央区立）では、年に７〜８回遠足に出かける。兼任園長として、小学校の遠足や社会科見学、年間６回の宿泊行事との日程調整に苦労する。

　晩秋の幼稚園遠足は、恒例の皇居一周遠足。幼稚園を出て日比谷公園を抜けて、皇居のお堀端沿いを北の丸公園まで一気に歩く。日本武道館側の公園で昼食とボランティアによるネイチャーゲーム。

　その後、さらに歩を進め、英国大使館前でトイレ休憩。最高裁判所や国会議事堂前を歩く頃は４歳児はへとへと。涙ぐむ子供もいる。手をつなぐ年長児がそれを励ます。警視庁前から帝国ホテル前を通り、幼稚園に戻る。

　子供たちの顔に安堵感が戻る。子供たちの歩数計は３万歩を指している。大人である私の歩数計も２万歩を越える。「遠足」とは、遠い足と書く。幼稚園の子供でも、段階的に鍛えていけばこれだけの遠足に出かけられるようになる。

⑶　家庭訪問の意義

①　家庭訪問の季節

　　５月の薫風の中で、校舎に新緑が映える。誰でも太陽光を浴びると明るい気分になる。５月は「やか」とつく言葉の似合う時期である。「さわやか、かろやか、のびやか、すこやか、おだやか、にこやか、たおやか」等、５月を形容する言葉がたくさん浮かぶ。

　　５月は家庭訪問の季節である。近年は家庭訪問そのものをやめた学校もあるし、訪問を夏季休業中に実施する学校もある。しかし、可能ならば連休明けのこの時期に家庭訪問を実施したいものだ。

　　家庭訪問の意義は何だろう。

①子供の居住地を確認できる　②家庭環境を側聞することができる
③居住地の地域環境を把握できる　④人間関係を地理的に把握できる
⑤通学路の危険箇所を把握できる　⑥下校後の遊び場所を確認できる
⑦道案内の途中で子供と親しくなる　⑧子供の飼育する動物に会える
⑨保護者と遠慮なく話せる　⑩時には父親や祖父母とも話せる
⑪家庭内を整頓する契機になる　⑫自営業や農家では、仕事がわかる
⑬地域教材の開発のチャンスになる　⑭保護者が自宅を見せて安堵する
⑮教師が地域の課題を知る契機になる　⑯道を歩いていて地域の人と会える
⑰地域から親しみを抱かれる

　　ざっとあげてみても、以上のような効果が期待できる。

　　私の教師生活を振り返っても、５月の家庭訪問で、子供との距離がぐっと近くなったように思える。

　　特に印象的なのが初任者時代の家庭訪問である。下町の工場街の地域で、どの家庭もお茶や菓子を用意して待っていてくれた。せっかくだから、一口いただく。公平にするために、どの家でも口をつける。途中でおなかがタプンタプンになって公園のトイレに飛び込む。

② 〈ママカースト〉の現場で

　時代を経て、近年の保護者との関係。2014年度、保護者等から理不尽な要求やクレームを受けた小学校は約37％（東京都公立小学校長会調査）。クレームの71％は保護者からである。

　東京の湾岸部にはタワーマンションが立ち並ぶ。関係する中央区、港区、江東区では子供人口が急増し、校舎の増設ラッシュが続く。

　桐野夏生が、この街を舞台にして『ハピネス』（光文社）という小説を書いたのは2013年。桐野はそこで暮らす母親たちの、いわば〈ママカースト〉とも言える姿を見事に描き出す。この街では賃貸か分譲マンションか、その価格はどれくらいか誰でもわかる。居住環境や父親の職業、年収などの差が人間関係にも微妙に表れる。桐野はそれを小説の題材にした。

　あこがれのウォーターフロントでの生活。しかし、多忙な夫、微妙なママ友関係、子供の友人関係、ストレスフルな日々の生活は時として、母親をモーレツなクレーマーに仕立てあげる。そのクレーマーは時として、いわゆる「モンスターペアレント」に変身する。

　2015年12月、テレビのワイドショーが〈ママカースト〉を取り上げた、その番組では、集団をボスママと子分A層、子分B層のヒエラルキーに構造化して解説をしていた。番組司会の国分太一や真矢ミキがその実態に驚いて見せる〝演出〟をしていた。しかし、なぜこの時期に〈ママカースト〉の特集をしたのか。

　筆者が『教育新聞』一面に「保護者対応」の4回連載記事を載せたのは2015年10月15日号から。その第1回原稿に、〈ママカースト〉のことを書いた。番組制作者がその記事を目にしたとも思えぬが、潜在的にママ友関係に関心があったのか、気になるところである。

③　保護者との関係づくり

　親なら、誰しも我が子を可愛いと思う。自然に愛情が育まれるはずだ。しかし、夫婦関係のこじれなどから、我が子を見る目がかすんだり、学校の教師に

攻撃的になったりする。

　家庭訪問は、このような時代にこそ必要な家庭連携事業であると思う。5月の放課後、子供が教師を案内する姿を再び見たいものだ。

幼稚園訪問
（1993年頃）

中学校訪問
（1993年頃）

3　春の章　6月の巻　札幌16.3度　東京21.8度　那覇26.6度

⑴ 梅雨の事故を防ぐ

①　明治時代の児童心得

田んぼの緑が美しい季節になった。田植えの遅い地方でも、すでに一面に早苗が植えられて、日本国中が美田でおおわれる。

郊外に住んで20数年、歩いて十数分のところにある田んぼ道、勢いよく水が田んぼに流れ込んで、げろげろとカエルの声が聞こえてくる。

米1トンを生産するために水が3000トン必要である。「日本人が一年間に食する50キログラムの米をつくるために、泰明小学校のプール一杯の水が必要だ。だから、梅雨の季節の雨はとても大切だ」とかつて、校長講話で子供たちに語って聞かせた。

梅雨空が続けば数日間、子供たちは校舎内での生活を強いられる。子供たちのエネルギーは外へ拡散し、教師の目を盗んで学校空間を所狭しと駆け回る。教師は必死になって、子供たちを指導するが、子供たちも然るもの、教師の目を掻い潜って廊下を走る。

「廊下をむやみに早く走らぬこと」という掲示がある。

兜町の証券取引所近くの阪本小学校である。開校140余年で、『第一大学区第一中学区第一小学』の学制発布以来の『一番校』。

明治35（1902）年に「阪本小学校児童心得」を制定した。その中に「廊下をむやみに早く走らぬこと」という一節がある。当時の教師（訓導）は今より、ずっと威厳のある存在である。

子供たちは、きっと教師の怖いお説教で、表面上は言うことを聞いていた。それでも児童心得にかような一節がある。つまり、廊下を走る子供がたくさんいたのである。だから、往時の教師は、児童心得に「早く走らぬこと」と記した。阪本小学校に在学していた谷崎潤一郎も、きっとその心得を見て過ごしたに違いない。

②　思いがけない事故

　学校の事故は思いがけない場所で発生する。日々暮らす大人は、その環境に慣れきっていて、「まさかこのような場所で事故は起こらないであろう」と思い込む。それが怖い。

　ある小学校での6年女子の校舎転落死亡事故。事故現場の教室を見たが、転落事故など起こる箇所には見えない。しかし、窓を乗り越えて隣の部屋に渡ろうとして落下する事故が発生した。この事案は長い期間係争となった。事故を追及する団体の報告書には、克明に事故現場と原因が書かれている。学校の事故への予見性を問うための資料も掲載してある。

　ある幼稚園でのブランコ落下事故。女児がブランコから手を離して、花壇縁石に顔面から衝突。永久歯を破損。私は幼稚園の担当指導主事として、現場を確認した。通常の遊びでは、ブランコ前の縁石に衝突する状況は予見できない。長い伝統を誇り我が国有数の幼稚園だが、これまでそのような事故は発生していない。だが、危機回避能力低下、子供の運動能力などの原因で、これらの事故が発生した可能性もある。その後、当該の小学校と幼稚園では所要の環境整備を行った。

　学校での日頃の安全点検をたゆまず続ける使命感をもちたい。

③　足元を見直す

　若い日にいくつかの負傷事故を出した。今でも、悔やまれる思い出である。28歳、6年生担任の時。私は他校の先生を招聘して教員のサッカー研修会を計画した。すぐに暗くなる季節なので研修会開始を午後3時30分に設定した。まだ、遅い学級では掃除当番をしている。私の学級もそうだった。掃除をさぼって窓からサッカーを見ていたA君を、班長のB君が注意した。そこからけんかになり、B君がA君にけがをさせた。病院で緊急手術をしたが、医師は「脳に損傷があり、命が助かるかどうか保証できない」という言葉を私たちに伝えた。幸い無事手術が成功し、一か月余の入院を経て、級友とともに卒業できた。

　いくつもの反省点が残った。

23

子供がいる時間帯に教員がサッカーをすれば、子供たちはそれを見たいと思う。掃除をしている学級では、当然さぼる子供もいる。そして、私の学級経営が未熟だから、掃除をせずにサッカーを見る子が出現した。未熟教師のいたらなさが、Ａ君の負傷事故を発生させてしまった。それに加えていくつかの要因が重なって事故になったのである。

　各教師が、「まさかより、もしか」の目で、教育環境や教育活動を自己点検すれば、日本国内の負傷事故はもっと減らせるはずだ。梅雨空のもと、校舎内で危険はないか、足元をしかと見直したい。

⑵　テロ事件と学校安全

①　水泳指導と安全確保

　帝京大学教職大学院で危機管理のシンポジウムを開催した。その中で、東京都学校安全教育研究会長の永山満義校長の発言が参考になった。

　屋上プールで指導中、大地震が発生したらどのように避難するかというシミュレーションである。東日本大震災の際、東京の学校でも屋上プールの水が半分ほどあふれ出した。

　約100トンの水が３階校舎から階段を流れ落ちてくる。その水が一気に襲えばひとたまりもない。プールの中の子供たち、プールサイドの子供たち、３階プール付近の子供たち。それぞれの安全確保をしなければならない。プール内での避難訓練の結果、手摺につかまり低い体勢で揺れの収まるのを待つという方法を、同校長は想定しているとのことである。これまでの学校でプール指導中の大地震を想定をしたことがなかった。安全指導の方法について、たゆまぬ努力を続ける必要性を痛感した。

　夏休みになると夏季行事が始まる。校長として11回、房総半島への臨海学校の引率をした。延べ22泊33日間にもなる。

　１回の臨海学校で、10回程度海に入る。毎回、人員点呼をして子供と教職員の安全確認するまで冷や冷やだった。校長最後の年の臨海学校最終日。最後の水泳を終えて陸に上がり、点呼で全員の無事を確認した時、両肩がスーッと軽

くなった。子供たちと教職員を水泳事故から守り、無事に職責を果たした安堵
感は何物にも代えがたかった。

② 日本型テロ対策

　2016年、我が国を会場として4月10日の広島市での外務大臣会合から、9月
24日の軽井沢での国土交通大臣会合まで、11か所の地域で諸会議が開催され
る。

　この開催に先立って、日本政府は、2015年12月4日に「パリにおける連続テ
ロ事案等を受けたテロ対策の強化。加速化について」を決定した。

　その柱は6本ある。その一つが、「官民一体となったテロ対策の推進」であ
る。その中で「日本型テロ対策」を推進するとしている。

　我が国は、国際的には「治安の良好な国」としての評価が高い。確かに、夜
間でも女性が一人で歩けたり、これだけ銃や刀剣の保持の規制が強かったりす
る国は、そう多くないだろう。

　しかし、過去においては過激派やオウム真理教などの各種テロ、政治家や弱
者に対するテロも少なからず発生している。また、過去の日本でのサミットの
際にも、校庭に迫撃砲を仕掛けるなど幾つかの不穏な動きがあった。

　サミットやオリンピックなどの開催地はテロリストにとって、自分たちの主
張を訴える格好の場面である。警備の厳しい開催地で事件を起こさなくてもよ
い。警備の手薄なところを狙って、事件を起こすことも想定される。

　前回の北海道の洞爺湖サミット。安全確保のため泰明小学校付近を始め、東
京中に各県警から警察官が集結した。

　たくさんの警察官が集結し、都心では各警察署の道場だけでは宿泊場所が不
足した。銀座地区でもいくつかの大手老舗店が宿泊場所を提供した。それでも
足りなければ泰明小学校の講堂も提供する案も検討した。

③ これからの学校安全

　これからのテロ対策にとって考えなければならないことがある。それは2015

年の、ＩＳ（いわゆるイスラム国）による邦人殺害事案に対する我が国の過熱した報道である。

あえて言うが「たった二人」の拘束事案に対して、通常国会冒頭の重要な1週間、首相官邸をマヒさせてしまった。国内の「大衆迎合的」な声に反応して、官房長官、同副長官を早朝から深夜まで当該事案にかかりきりにさせてしまった。また、その動きをマスコミがこれでもかと報道した。

テロリストにとって、こんなおいしい話はない。テロリストたちは、日本国内の世論がこの種の事案に対して過敏に反応することを〈学習〉してしまった。

日本政府が危険だからと3度も渡航するなと勧告したにもかかわらず、出かけた2名。その行動のためのリスクは、これから2020年の東京オリンピック終了まで長く続く。

泰明小学校屋上からは首相官邸、皇居、警視庁などは至近距離である。教職員には不審な人物や物に注意するように注意を喚起した。学校の屋上や植え込み、裏庭などは迫撃砲や爆発物をしかけやすい。

テロの標的は、何も都心やターミナルだけでない。人の集まるところは例え学校でも狙われるのは海外で発生した事案が教える。官民一体となって、安全確保を図らなければならない。

(3) 特別参観日は学校理解のチャンス

① 授業参観日の父親たち

アジサイの咲く時期は、特別参観日の季節である。世の父親たちは、我が子の様子を参観できるこの日を楽しみにしている。普段、学校にあまり来る機会のない父親は、母親とは別の視点でこの時間を過ごす。例えば、学校のインフラやＩＣＴ環境、校門裏の物資搬入口や喫煙場所等も注視する。

あるいは、イベントとしての特別参観日のマネジメントを冷徹に観察する。受付や校内放送の接遇、校舎内の案内の表示、注意事項の説明の示し方、組織の長としての校長の姿勢や言動、チームの一員としての教職員の立ち居振る舞

いなどである。筆者もそうだったが、口には出さぬが学校のいいところもそう
でないところも胸に秘めて校門を出ていく。

　年に1回の特別参観日だから、学校はそれなりの準備で臨む必要がある。各
学校の努力への評価が、結果として我が国の学校教育全体への信頼につながる
のだから。

② 　地域教材を取り入れた教育活動
　特別参観日には、例えば地域教材を生かした授業や校長講話、講演会をメ
ニューに組み込みたい。

　父親たちは、自分の住む町の歴史や特色をつまびらかには知らない。住宅を
得て、この町に転居して10年。朝早く出かけ夜遅く帰宅する父親には、地域を
知る機会はほとんどない。だから、授業参観を子供と一緒に町のことを学ぶ機
会にするのである。社会、理科、図工、音楽、道徳、特別活動、総合的な学習
の時間などの教科等において工夫すれば、十分可能である。子供とともに地域
のことを学んだ父親は、これまでより地域社会への理解を深めるようになる。

　兜町にある阪本小学校では、総合的な学習の時間で「コレド阪本」という大
がかりな「お店屋さんごっこ」を展開する。学区に東京証券取引所があり証券
会社の集合する環境を生かして、2005年から金融経済教育を実践している。

　全校児童を8つの縦割り班にして、各班が店を開設して売り上げや顧客満足
度などを競う。各班に資本金を配布する。各店は、その資本金で原材料を栃山
商店（図工教諭）から購入する。そこに無いものは前田産業（事務主事）に発
注する。

　店の家賃や広告掲示板は一等地ほど値段が高い。用務主事や保護者の応援が
必要なときは、人材派遣会社（余郷副校長）に依頼する。

　こうして品物を製作したり、イベント店や食堂を運営したりして参観日に
オープンする。保護者には、厳しい消費者の目で購入してほしい。できの悪い
品物は無理して買わないでほしいと伝えてある。

　ある時は、コンビニチェーンの企画開発課長を招いて、商品開発の出前授業

を依頼した。その年は、校庭の桐の木を剪定した枝で制作した「阪本オリジナル箸置き」が好評を博した。子供たちは、商品の付加価値をどう高めるかを学んだ。

　終了後に、阪本銀行券（向山行雄頭取）を計算して、本物の現金に換算する。多い班で2万円程度、少ない班で1万円程度の収入になる。使い道を各班の子供たちに相談させる。自分たちのパーティーに使おうが、日本赤十字社に寄付しようが、学級のボールを買おうが自由である。

　自分たちが努力して得た現金を前にして、何に使うのがいいのか議論する。まさに「自分の生き方を考えられる」ような場面を設定するのである。強制しないのに、使いみちとして毎年、日本赤十字社への募金が一番多くなる。

③　地域資源図作成のススメ

　一つの小学校区に平均して6,500名の住民が生活している。中学校区は13,000人いる。そこには様々な特技や経歴を持つ人がいる。人材の他にも、産業、歴史、伝統、景観、交通、建物、行事、雰囲気などがある。また地域によっては、自然環境、歴史的建造物、名勝、旧跡、開発秘話などもある。これらのものがすべて地域資源である。

　近年、地方自治体も企業も地域資源の発掘や活用に力を取り入れている。学校教育にも、もっと積極的に取り入れたい。学校の教師は、自分の学区の地域資源についてあまりにも無知であると感じることが多い。地域のことを理解すれば、学校の教育活動はもっと充実するはずである。

　泰明小学校では、若手の高木教諭がＡ3判カラーの地域資源図を作成した。作成するときは大変だが、一度作成すれば後年着任した教師も活用できる。

　特別参観日で、たまに登校した父親が、こうした地域資源図を見たら、目を奪われる。各学校が、これまで以上に地域に目を向け、そのよさを発見する。地域住民は学校のよさに改めて気が付く。こういう学校は盤石になる。

4　夏の章　7月の巻　札幌20.5度　東京25.4度　那覇28.5度

⑴　実践記録を書く

①　校内研究の推進

　7月の声を聞くと日本中が元気になる。学校で暮らす子供たちも、指導に当たる教職員も、顔に生気があふれ、躍動感がみなぎる。それは近づく夏休みのせいである。

　学校の研究活動も、7月になって本格化してきた。研究主題を設定して1年次研究であれば、2回ほど研究授業を終えて次第に2学期に向けての方向性も見えてくる。7月の3回目の研究授業では、2回の研究授業から見えてきた授業改善の視点を具現化する方策が求められる。

　研究2年次であれば、昨年度の研究と実践の上により高度化することができる。仮に2年間で研究に目途をつけようとするのなら、この夏休みは、自分の実践記録を書くための絶好のチャンスである。

　本来、学校の研究冊子は『研究集録』と呼ぶのが正しい。「集録」はある同一テーマで論文や実践を集めて収録したものである。それに対して、大学や各種学会、研究所などでは、様々なテーマで書かれた論文を一括して一冊の冊子にまとめる。これを『研究紀要』と呼ぶ。

　学校の発行する研究集録は、公文書である。公文書は、常用漢字を用いて筆記するのが原則である。公文書の書き方の本はいくつか発行されている。1冊くらいは手元に置いておきたい。

　常用漢字表は、たまに改訂される。近年の改訂で「育む」という漢字表記が認められた。だからこれまでの公文書［文部科学省や校長会発行文書など］の「はぐくむ」という表記を「育む」に改めた。それ以前に発行した現行学習指導要領（平成20年3月告示）時には、第1章総則第1節第1で、「思考力、判断力、表現力その他の能力をはぐくむとともに……」と表記している。

　また、常用漢字では「障害」と表記するので学習指導要領などの公文書では「障がい」「障碍」などの用語は用いない。学校の発行する研究集録もこれにな

らうべきである。しかし、様々な自治体で「障がい」と表記している。その場合には、所轄の教育委員会との協議で正しく表記する必要がある。

　さらに、人権にかかわる用語については慎重な配慮が求められる。その一方で、「言葉狩り」になるような行き過ぎた自己防衛は、表現の自由の尊重の上からも慎むべきである。

②　研究集録作成の実際
　仮に本年（平成28年）の12月2日（金）に研究発表会を開催するなら、ざっと次のスケジュールになる。

7月8日（金）	目次確認、執筆要領・漢字表配布
9月2日（金）	第一次原稿提出
9月16日（金）	執筆者へ戻し
10月21日（金）	第二次原稿提出
11月3日（祝）	管理職と研究主任最終確認、修文
11月9日（水）	印刷業者へ発注
12月1日（木）	納品　点検　袋詰
12月2日（金）	発表会にて配布
12月7日（水）	関係機関に送付、残部を保管

　このような作成日程で大切なのは、第1次原稿を執筆する期間を長めに設定することである。また、教職員に過度な負担をかけぬために、夏休みを有効に活用したい。
　学校の研究集録は「書いた人しか読まない」と言われて久しい。読んだ人が役に立つ研究集録にするためには、わかりやすい研究構想図や学習指導案、研究会や推進委員会などの活動記録、明示性の高い研究成果と課題などのページを工夫することが大切である。
　研究集録を執筆することで、教職員の授業分析力や論文構成力、文章表現力

30

などが高まる。

しかし、実際の第1次原稿は、主語述語のねじれ、指示語の不鮮明さ、接続語の乱れ、語尾表現の未熟さ、漢字使用の不統一、冗長な表現、論理の矛盾、不適切な表現などがあり、相当な手直しが必要である。

その上で、見出しの行詰めやポイントの統一、図表のずれ、空白部分の解消、レイアウトの調整などの加工を仕上げて第2次原稿となる。

加えて、どんなに薄くても背表紙を書いて書棚でわかるようにする。表紙や奥付の文言確認、講師一覧や教職員の氏名確認を徹底するようにしたい。この部分の担当が不明確で見落としがちになる。

⑵　続　梅雨の事故
①　落下事故の怖さ

7月になっても、まだ梅雨が続く。校舎内で暴れると思わぬ事故が発生する。その中で最も怖いのが落下事故である。私はこれまで、2か所の落下事故現場を見たことがある。1校は、前述した6年女子の死亡事故、もう1校は低学年男子、奇跡的にかすり傷で済んだ。ほんのわずかな偶然が生死を分ける。

毎月安全点検をしているが、知らず知らずの間に見慣れてしまって、危険性を感じなくなることが怖い。泰明小学校に赴任した直後、校庭のアスレチック遊具下に緩衝シートがないのが気になった。校庭は人工的な床面で、落下すればかなりの衝撃になる。

教職員に尋ねても、これまで事故もなく特別に危険を感じないとのことだった。始めのうちは不安に感じていたが、他に早急に着手したい修理個所があるので、意識の中からアスレチック改修は次第に優先順位が低下していった。

果たして1年後に1年生がアスレチックから落下して骨折した。保護者からどうして安全策を講じてくれてないのかという抗議が学級担任にあった。

油断がいけなかった。危ないと感じたときに工事をしていれば防げた事故だった。事故の後、すぐに区教育委員会と協議して、年度途中ではあるが周辺施設を含めて大がかりな改修工事を実施した。なぜ、1年前に実施しなかった

かと、それが悔やまれる。

② 子供を取り巻く危機

「見れども見えず」とはよく言ったものだ。阪本小学校時代、会合を終えてトイレから出てきた友人のT校長が言う。

「ムコウヤマさん、このドア、指がはさまるスキマで怖いぞ。うちの区で指をはさんで切断した事故があった……」

私はぞっとした。なぜそれまで気付かなったのだろう。いつも、子供目線で安全点検をしていたつもりなのに見過ごしていた。

かつて拙著『平成の校長学』（2003年、明治図書）で子供を取り巻く危機の図解をした。子供を取り巻き、危機は自然災害の他にも多数ある。

例えばテロの発生である。我が国では、これまで過激派やオウム真理教によるサリン事件など数々のテロ事件が発生してきた。国内の過激派も少なからずいる。先日、警視庁は、都内の過激派のアジトの捜索をしたが、1971年渋谷暴動事件の首謀者を取り逃がした。全国の駅や交番に手配写真が掲示されているにもかかわらず、45年以上も逃亡している。国内に潜伏する者だけでなく、海外からも少なからぬ犯罪関係者が入国する。それらのテロリストの動きを封じ込めなければならない。

危機管理の要諦は、「まさかより、もしか」である。まさかそんなことは起こるはずがない、と油断するのではなく、もしかしたら起こるかもしれないと姿勢を改めることである。そして、もう一つの要諦は「備えあれば憂いなし」である。2016年2月の東京マラソンでは、あらゆる方面から綿密な警備態勢で臨んだ。これが事故を防止する抑止力にもなる。

子供を取り巻く危機が、時代とともに変化しつつある。大人が、用心深く対策を取ることで、いくつかの事故を未然に防ぐことができる。

(3)　教師力を高める旅

① 教師の夏休み

　なんだかんだといっても、学校の教師は世間の職業に比べて夏季休暇をとり
やすい。かつて、初任者教師だった頃と比べて、夏季休暇を取得できる日数は
半減した。それでも、まわりにいる職業人より炎暑の夏に豊穣の時間を過ごす
環境に恵まれている。

　夏休みに教師は旅に出たい。古人は「かわいい者には旅をさせろ」と言っ
た。その通りである。教師は旅に出ることで、地域固有の文化や自然に触れる
ことができる。その地域に暮らす人々の息遣いや生きざまを垣間見ることがで
きる。それが人間としての見聞を広め、教師の器量を大きくさせる。

② 青春の旅

　1966年の7月、16歳の夏。高校1年の私は、友人2名を誘って、東海道の徒
歩旅行に出た。重いリュックを背負い、朝食は乾パンと粉ジュース、夕食は即
席ラーメン。炎天下の国道1号線沿いをひたすら歩く。登呂遺跡内にテントを
張ったら警察官が4名来た。三島から浜名湖までの7日間の旅だったが、帰宅
して三食のご飯と寝具にありついて家庭の有り難さを痛感した。私の喜ぶ顔
を、亡き母は長年にわたってよく口にした。

　高校2年の夏。金沢大学の寮、畳の上で2泊して能登半島へ向かった。半島
の付け根の羽咋という町で日が暮れた。一晩の宿を探すために、とぼとぼ歩く
と、薄暮のなかに広々とした校庭と木造校舎が見えてきた。

　宿直室を訪ねると、あわれに思ったのか宿直の先生が宿泊を許してくれた。
友人と二人で、用務主事室の畳の上で安楽な眠りを得ることができた。

　青春の旅はいつも貧乏旅行。ユースホステルもたまには使うが、バンガロー
や駅の待合室、お寺の本堂、バス乗務員宿泊所などにも泊まった。

　19歳になってからは、ずっと一人旅を続けた。まだ、ビジネスホテルの無い
時代。宿泊先は、富山の薬売りのような行商人が泊まる商人宿だった。

　小さな風呂に入り、浴衣がけで胡坐をかいて、一人でお銚子を傾ける。ある

いは宿を出て、町の赤ちょうちんのカウンターで手酌酒。若輩の旅の独り身の時間、その孤独さが大人にしてくれた。

③　教師の旅

　教師になってからは、家族旅行、職場や研究会のメンバーと一緒の、あるいは出張前後のスキマ時間での、名所旧跡訪問。細切れの旅になった。

　16歳の夏の貧乏旅行からの50年間で、日本国内の各地を訪ねてきた。大きな白地図に訪問先をシールでメモしたら、かなりの地域をカバーできた。それでも、まだまだ未訪問地は数知れない。ある程度健康に歩ける期間を10年間として、どれだけ訪問できるかなとも思う。

　若い時代は、時間はたっぷりあるのだから、人はどこにでも行けると錯覚するものだ。しかし、私のように50年かけて、かなり意図的に旅をしてきた人間でも、日本列島のほんのわずかな踏査にすぎない。

　学級担任時代には、旅をして教材になるような素材を集めた。資料は地方別ファイルで保存した。それでも、授業で使えた資料は、ほんの少しだった。

　それよりもむしろ、記憶にとどめたその土地の印象やイメージのほうがずっと、後年に役立った。

　子育て時代の家族旅行などを除くと、ほとんどカメラを持たなかった。一人旅の時も、もちろんカメラを持たなかった。しかし、それぞれの土地を肉眼で凝視した印象は記憶の中に焼きついている。

　60代半ばになると、行く先々への訪問も、これが最後かなと思うようになる。特に、足の便が悪い土地や、かなり無理して歩かなければならぬ土地などには、その思いが強い。

　奈良・室生寺や出羽三山の羽黒神社のような神社仏閣の石段。姫路城の天守や龍飛岬灯台、浄蓮の滝や富士山三湖台展望台などへの道も、かなり急な階段や坂道が続く。名所旧跡の多くはバリアフリーになっていない。勿論、景観を壊してまで、そうする必要もない。

　一期一会で、これが最後の訪問かと思う旅も悪くはない。もう二度と来るこ

とも叶わぬと思えば、何かしらの旅情が湧いてくる。江戸時代の芭蕉は、どの訪問地も二度と来られぬという思いで「奥の細道」を著したのだろう。

　人生のそれぞれのライフステージにふさわしい旅がある。

5　夏の章　8月の巻 札幌22.2度　東京27.1度　那覇28.2度

⑴　夏休みの大掃除

①　デッドスペースをなくそう

　8月の太陽が照りつける。束の間の連続休暇だが、リフレッシュをしつつ自己啓発や家族団らんに努めたい。併せて自分の実践をまとめる時間をとりたい。

　日頃忙しい学校の教師にとって、まとまった時間が取れるのは年に3回しかない。ゴールデンウィーク、お盆休暇、年末年始休暇である。どの休暇にも家族行事も入るだろうが、それでも普段よりいくらか時間が取れる。

　一方、夏季休暇中は、学校の環境改善を進める時期でもある。外部業者に依頼する大がかりな工事もあるが、教職員でできる環境整備もかなりある。

　毎学期末に、校内環境整備を設定する。その日に実施する整備個所と担当者を作成する。1回の整備は2時間程度。これ以上の時間をかけると教職員の疲労がたまる。多くの学校では、理科担当も家庭科担当も1人か2人である。重いものを動かして整頓しようとしても難しいので、後回しにしがちである。

　校内整備の日は、管理職も教員も主事や非常勤職員も一斉に仕事を開始し、担当箇所を片づけていく。男性教職員や若手女性教職員は重いものを運ぶ。年配の女性教職員はなれた手で掃除をしていく。きわめて能率的に進められる。

　特別教室で特に散らかりやすいのが、教材室、理科室、家庭科室、学校図書館、印刷室、職員更衣室、体育倉庫、学校庭園、園芸倉庫などである。これらは毎学期整理したいところだが、最低でも年1回は片づけたい。

　保健室、職員室、校長室、相談室、給食室、主事室、資料室、防災倉庫などは、それほど乱雑にはならないので、日頃の整理整頓で充分であろう。阪本小学校でも泰明小学校でも、徹底的に片付けてトラック3〜4台分の不用品を廃棄した。これだけ捨てると校舎内がだいぶスリムになる。

② ハリー・ポッターの理科室

泰明小学校の理科室と理科準備室に初めて入ったとき、その圧倒的な物品の量に驚いた。戦後すぐの理科備品やさまざまな作品や標本などであふれ、理科準備室内は歩くのもままならない。まるでハリー・ポッターが出てきそうな古色騒然としたレトロ空間である。

いわくありげな作品や書物などもあふれ、歴代の教職員が片付けられなかったのもわかる。しかし、大ナタを振るわなければ、ただでさえ狭い昭和5年様式の理科準備室は、その機能を果たせない。

そこで、理科準備室の整頓を、最重点目標とした。先ず、標本類や古い薬品類の廃棄、電気機器の点検や不要物品処分を4回の作業で行った。ここで、所定の棚へ、教材教具を収納することができた。

その後、理科支援員も配置されたので、単元ごとに実験道具を整備し学級担任が短時間で教材準備できるようになった。

校内の環境整備を進めれば、必要なものがすぐに取り出せるようになる。教職員の仕事の動線が短縮され、勤務の効率化ができる。それは教職員にとっても、働きやすい環境づくりになる。トヨタの「カイゼン」と同様に、学校でも機会を見付けて「カイゼン」を進めることが大切である。

③ 各種資料の整備

学校には、多くの資料や研究冊子が届けられる。しかし、整理され、いつでも誰でも見られるようにしておかなければ、ただのゴミの山である。

あるいは、担当者が自分の部屋にしまいこんで、教職員に情報が共有されないことになる。実際、行政文書が「校長室どまり」という例も散見される。

各種資料が活用できるように保管したい。例えば、次のように分類する。
○資料を補完するスペースを確保する
○資料ボックスを100個購入する
○ボックスに資料分類名を記入する
○校内に散逸している資料をまとめ収納する

資料ボックスのラベルは次のとおりである。（　）内は、個数である。

| 総記(5) | 国語(3) | 社会(2) | 算数(2) | 理科(2) |

| 生活、音楽・図工・家庭 | 体育(2) | 保健(2) | 道徳(2) | 特別活動(5) |

| 総合(5) | 英語・外国語活動(3) | 人権教育(2) |

| 国際理解教育、防災教育(2) |

| 情報教育(2) | キャリア教育、特別支援教育(3) | 環境教育(2) |

| 消費者教育、金融経済教育、食育(2) | 生活指導(3) | 進路指導(2) |

| 学力向上(2) | アクティブ・ラーニング(2) |

| 小中連携、保幼小連携、児童館・学童クラブ、ＰＴＡ(2) | 自校研究集録(3) |

| 各種主任会(3) | 初任者研修、2・3・4年次研修 | 10年次研修 |

| 免許更新 | センター研修 | 周年記念誌(3) | 行政資料(4) | 地域資料(3) |

| その他(4) |

　どの分類項目が多くなるかを想定してボックスを揃える。資料ボックスは、厚さ15センチメートル、Ａ４判の大きさ。５段の棚だと、長さ3.6メートル、高さ1.8メートル程度の収納棚で収まる。

⑵　学校に郷土資料室をつくった

①　変わる東京の下町（1986年）

　８月になると、学校も次第に静けさに包まれるようになる。だが、耐震工事や床や壁などの張り替え工事などで、職員室や教室が使えぬ年もある。そうでなければ静寂な環境で、日ごろできない課題にアタックするのにいいチャンスである。

　東京タワー近くの港区立芝小学校で1986年から1990年までの４年間勤務した。1986年３月27日（木）、初めて芝の町を訪れた。江戸時代以来、「芝の生まれで神田の育ち」という言葉のように、チャキチャキの「江戸っ子」の町である。東海道沿いに広がった町は、薩摩藩などの上屋敷や庶民の家が街を形成

し、幕末に西郷隆盛と勝海舟が会見した土地である。戦前に、筆者の若い両親が初めて所帯をもった土地でもある。

　約束の時刻より1時間前に駅に着いて、学区域を歩いてみる。学校の隣りは「七曲り」という小道。江戸時代の古地図にもそのまま描かれている。かつて、本所吉良邸で討ち入りを果たした赤穂浪士が高輪の泉岳寺へ引き上げる際に東海道を避けるために迂回した抜け道である。

　20分ほど歩いて、この町に何かが起きていると直感した。工事中のビルがやたらに多い。あちらこちらに駐車場や空地が広がる。

　芝小学校は皇居から南へ3キロメートルの地にある。霞が関や六本木に近く、東京駅や羽田空港へのアクセスもよい。時は80年代のバブル全盛期。

　東京中の一等地が、「地上げ」業者の手にかけられていた。東京の町は、急速に変わろうとしていた。

② 　郷土資料室のデザイン

　このまま推移すれば、江戸の下町に伝わる伝統や庶民の暮らしも失われていく。関東大震災や先の戦争での空襲にも耐えた品々も廃棄されてしまう。

　芝小学校赴任直後から、そのようなことを漠然と思っていた。だから、担任した4年生に、芝の町の良さを見つける地域密着型の実践を続けていた。後日その学習は、『東京芝物語'86』と言う作品集にまとめた。

　そのように地域を探索していた頃、S校長が声をかけた。「アナライザー室として確保した大教室がそのままになっている。あの活用を向山さんに任せるから、何か計画してみてくれないか」という依頼。そこで、町の文化と伝統を保存する空間をつくるための準備を開始した。町を歩き、老舗の大店が店じまいをするため古い蔵を処分するという情報を得た。その蔵には、下町の歴史を伝える品物がたくさん保存されていた。メインの展示物が確保できた。

　1988年11月の開校式典に「郷土資料室」として開設しようと計画を立てた。それまでに、数次にわたる展示品収集週間を設け、各家庭や地域の品物の寄付を募る。1987年8月に杉並第六小学校の郷土資料室を見学して、おおよそのイ

39

メージをまとめる。それを基に、教育委員会へ予算要求、工事担当者との協議、台東区下町資料館をモデルに、室内に駄菓子屋も再現するプランなどを請求する。その後も床と壁は木製、窓には障子、つるべ井戸の再現など、全体として懐かしい下町の雰囲気を出すように細部の意匠にも留意した。

　何度かの区役所との協議を重ねて、1988年7月に工事着工。8月には、展示物品磨き、掲示用古新聞整理、パネル整理、年表作成、表示札書きなどの準備作業を進めた。10月21日から展示物品の搬入と展示開始。11月19日の記念式典まで、残り1か月だった。

　郷土資料室開設チームは、36歳の筆者をリーダーにして、新卒3年目のSさん、26歳養護教諭のAさん、新卒事務主事のHさんの4名。

　チームで東急ハンズや浅草河童橋商店街にも出かけ、必要な品物を揃えて、突貫工事で準備を進めた。

　しかしハプニングも続く。Hさんが展示作業中に転んでガラスケースを壊してしまう（町のガラス屋が無償で修繕してくれた）。火鉢があるのに、中に入れる「灰」がどこにも売っていない。茶道をたしなむ義母の紹介で、茶室用の高級灰を譲り受けて間に合わせた。釣り船を展示しようとしたが玄関を通過できないので断念した。苦心の日々が続く。それでも予定通り開設して参観者から絶賛された。

　爾来28年を経た。芝小学校の郷土資料室には、今でも港区内の学校が大勢見学に訪れる。

⑶　文章上達の修業

①　教師の受験勉強

　炎暑の8月。「夏があるから人生がある」と言えるほど、いくつもの思い出が湧き上がってくる。入道雲の下で泳いだ母の故郷の霞ヶ浦、誰もいない荒城の石垣で蝉しぐれを聞いた青春の一人旅、幼子とサイクリングに興じた高原の並木道。臨海学校を無事に終え、東京湾アクアラインから眺める風景。

　そうした暑い夏でも、38歳と39歳の夏は、ほろ苦い思い出として今に残る。

管理職選考に備えた受験勉強の夏である。筆者が指導主事選考を受験した時期は、団塊世代が適齢期となり受験倍率が高かった。試験会場の高校の教室で2～3名程度しか合格できぬ狭き門だった。だから、「論文」試験の勉強は熾烈を極めた。苦しかったが、この時代の「正しい文章を書く」ための修業は、私の教師人生にとって大きな財産になった。

教師なら、誰しもいっぱしの文章を書く機会はある。学年通信や通知表の所見、指導要録や学習指導案、しかし、それはルーティンの型通りの文章である。「論文」と言えるものではない。

「論文」とは『論理性のある文章』のことである。学校の研究集録の理論部分程度の文章のことである。自分たちの設定した研究主題についての内容と方法を、読み手にわかりやすく正確に伝える文章である。

これが書ける教師は、各学校に2～3割程度しかいないのではないか。ぜひ、「論文」を書ける教師になるため夏休みに文章力向上を目指したいものだ。

② 正しい文章を書く

指導主事になるということは、研究集録程度の文章を、一定時間内に正確に書くという能力をもつことである。

正しい文章を書くためには、次の3つの修業が大切である。

「本を読む」「文章を書く」「文章を直す」。(第Ⅱ章「めざせ教育管理職」で詳述)

文書を書くためには、その材料が必要である。また、書こうとする題材に対する自分の見解がなければいけない。何も材料がないのに、パソコンに向かえば、その辺に転がっている業界用語を並べただけの「言葉遊び」になってしまう。筆者は、子供時代から中堅教師世代まで、まずまず文章を書く力があると思っていた。しかし、あの38歳の夏に文章修業のための地獄の特訓で、自らの文章力の至らなさを痛感した。

合宿で早朝5時から、冒頭の文章5行を書く。10回書き直しても講師から合格がもらえない。深夜12時まで、答案用紙との格闘。2泊3日の合宿を2回。

41

他にも各種研修会での論文執筆、自宅での朝から晩までの猛練習。それでも合格できなかった。翌年もさらなる地獄の猛特訓。本当に苦しい日々で、毎日が辛かった。指導主事選考に合格して、ようやくその苦しさが報われた。苦しい日々だったが文章力を育ててくれた夏だった。

6 夏の章 9月の巻 札幌17.6度 東京23.5度 那覇27.2度

⑴ 運動会の季節

① 運動会点描

　秋晴れのもと、秋の運動会の季節になった。学校で最大の行事、その日を楽しみにしている親子、祖父母、学校関係者も多い。

　かつての運動会。数日前から雑貨屋では紅白鉢巻と「はだし足袋」の販売、当日の早朝は開始を告げる花火。学校正門付近には綿菓子やおもちゃなどの露店。昼休みはお重に詰めた煮しめや海苔巻、ゆで卵、走りの青いみかん。

　胸には等賞のリボン。下校時にはＰＴＡからの景品、放課後は体育着のまま外遊び、皆が運動会の余韻に浸る。かつての運動会は「地域の祭り」でもあった。学校はムラのシンボルであり、運動会はハレそのものであった。

　今でも地域によっては開始の花火や露店も存在する。親子昼食も行われている。だが、一部の地域を除いて晴れやかさは、次第に少なくなってきた。これを「了」とするかどうかは、人々の学校観・教育観による。

　しかし、一方で近年の運動会がやや過熱気味になっている傾向もある。それは保護者による場所取りと、カメラ撮影場選びである。

　昨年のＡ小学校の運動会。午前３時30分に正門に並んだ父親は前から数えて30番目。Ｂ小学校では先頭の父親は深夜の午前１時30分に並んだ。

　Ｃ小学校ではＰＴＡ会長が観客のマナーや喫煙場所、自転車の置き方等を事細かに開会式で呼びかける。Ｄ小学校では徒競走ゴール地点の撮影スポットコーナーを各学年ごとに交代で割り振る。

　少子高齢化で一人の子供の応援に、たくさんの観客が集う。子供の数に比べて、観客の数が多くなる。ならば、それに応じたマネジメントが必要である。

② けがを恐れる学校

　多くの運動会で、勇猛な種目が今でも行われている。東京都内有数の進学校の体育祭は、質実剛健を旨とする。棒倒しはその花形である。各チームとも作

43

戦を立てて上級生のリードで敵に攻めかかる。必死で攻め合うからかなりの負傷者が出る。血まみれの者もいる。毎年の恒例行事だから、誰もあわてない。

　勝利したチームは歓喜の声を上げ、敗者は肩を落とし涙する。まことに、青春の美しい光景である。きっと、卒業してつらい日々にも、若い日を思い出す「よすが」となるだろう。

　組み体操、棒倒し、騎馬戦はけがをしやすい演目である。棒引き、障害物走も同様である。近年、けがのしやすいこれらの演目を外す学校もある。運動会の練習で、けがをさせると保護者から苦情が来る。それを恐れて、おとなしい演目に変更する。確かに、保護者の苦情の多い学校ではそれも仕方ない。しかし、運動会の華がなくなっていくとしたらそれはさびしいことである。

③　ある応援団—時代遅れの若者—

　10月末、日比谷公園で東京農業大学の「大根踊り」を見た。同大学の吹奏楽団やチアリーダーたちがにぎやかに演じた後に、真打の応援団の登場。団長、副団長とたった4名の部員。

　合計6名による応援団の演技である。小柄な下級生が、額に汗してひたむきに応援の演技をしながら歌う。メロディも歌詞も不明である。ただひたすら歌らしきものを怒鳴る。徹底的に怒鳴る。まことにだ•さ•い•。長学ランと坊主頭と怒鳴り声。時代遅れの若者像だ。しかし、感動する。懸命に動き、声を出すその姿がずどんと胸につきささる。

　けっして器用とは思えぬ若者の無骨な演技。遊びたいし、楽しい学園生活を送りたいだろう。それに背を向けて応援団を続けるたった6名の若者。まさに日比谷公園を席巻していた。応援団が退場した後、不覚にも頬を涙が濡らした。

④　泰明小学校「紅白三角巾」

　泰明小学校の運動会。5年生の団体種目の開始の合図、K君とF君がマイクの前に立つ。二人とも骨折していて、三角巾で首から腕をつっている。

聞くと、紅白リレーの練習中に、2名のエースがぶつかって転び、ともに腕を骨折したとのこと。そのため、紅白リレーはもちろん他の種目にも出られない。それを見かねた担任が、開始の合図係という2名の出番を作った。

ここからが泰明小学校らしい。白組のF君は白組だから、白い三角巾で腕をつる。それに対して、赤組のK君は赤い三角巾で腕をつっている。二人並ぶと「紅白帽子」ならぬ「紅白三角巾」である。威風堂々としている。

K君の母親が機転を利かして、運動会前に赤の三角巾を用意した。それを堂々と身に付けて学校に来たK君。そんな「洒落」に喝采を送る子供や保護者。あっぱれと言うほかはない。

(2) 組み体操をめぐる議論

① 運動会の歴史

運動会は昔も今も学校の最大級の行事である。準備の時間、教職員の業務量、来賓や関係者の参列、保護者の参観。どれをとっても年間最大の質量をともなう。歴史の本を紐解くと、我が国の学校教育では、長年にわたって運動会が続けられてきたことがわかる。東京大学そばにある文京区立誠之小学校。福山藩阿部家の藩校跡に建てられた東京都内でも有数の名門校である。誠之小学校内には学校の歴史を伝える史料館がある。

その史料に運動会の項目がある。

明治23年11月の運動会は、午前9時から開始。徒競走、障碍（当時は、がいの文字をこのように表記していた）物競走の他に、蜜柑まき競争、蜜柑ひろい競争。女子の給仕競争などの種目がある。

戦時中の昭和16年11月の運動会。開会式では、国旗掲揚、宮城遥拝、黙とう、君が代と続く。種目には、敵機撃墜、敵陣攻略、攻防戦、遭遇戦など軍事色の影響が見られる。

戦後の昭和22年10月の運動会。ラジオ体操、棒倒し、綱引き、玉入れ、紅白リレーなど、今日でも続く種目が見られる。この運動会を企画したF教諭は、「来年度までには、児童に適切な指導と援助により、児童の自主的運営に発展

させてゆくことが望ましい」と述べる。運動会においても、「戦後民主教育」
を目指そうとする往時の教師たちの気概が伝わる。

　我が国の運動会は、明治7年築地の海軍兵学校に始まる。明治16年には東京
大学でも始まった。確か、夏目漱石の『三四郎』の中に、東大の本郷グランド
で運動会を参観するシーンがあった。

　その後、明治30年代には全国の小学校にも広がっていく。

② 組み体操をめぐる議論

　近年、組み体操は危険だという意見がある。2014年度、東京都内の小中学校
で組み体操の事故は、709件。そのうち骨折事故は小学校563件、中学校146件
である。

　組み体操の廃止や高さ制限の指摘は、次のような理由からだと考えられる。

　1点目は、ピラミッドなどのビジュアル化を進め、見た目に大型化したこと
である。そのため最下段中央の子供にかかる負荷が増大した。また最上段に上
がる子供の高さが増し、落下した際の危険性が高まった。2点目は、子供の体
重増に比較して支える腕力や忍耐力が低下して、体形を壊してしまうことであ
る。3点目は、若年教師の増加で、伝統的な組み体操の指導法が正しく継承さ
れていないことである。4点目は多少の怪我でも保護者が学校を責めがちで、
一部のマスコミや学校関係者がそれに追随するからである。5点目は、一部の
自治体が「失愛恐怖症」にかかり、学校教育に「是正指導」をしようとするか
らである。

　このような議論を背景として、組み体操を取りやめたり、ピラミッドやタ
ワーの段数を低く設定したりする学校も出現している。どのような方針にする
のかは、校長を中心にして教職員で決めればいいことである。

③ 危険を避けようという思想

　子供に降りかかる危険を除去しようという発想は、基本的に正しい。1960年
代、小刀の『肥後の守』を取り上げた。1970年代、東京湾が汚れて臨海学校を

廃止した自治体が増えた。1980年代、自転車事故を防ぐために低学年児童は自転車禁止にした学校が出現した。2011年の東日本大震災直後は、放射線のリスクを避けるために、さまざまな教育活動の制限が行われた。それらの対策は、その時代の大人たちの善意から発想されたものに違いない。それを「了」としよう。その上で、「はてな」という疑問も生じる。「肥後の守」の禁止は野外での子供の活動の幅を縮めた。巧緻性を貧弱なものにした。

臨海学校廃止は夏の海の体験を狭めた。海水浴場の廉価な民宿を減少させた。後年、臨海学校を復活させるまでに多くの苦労を強いた。

「小善は大悪に通ず 大善は非情に似たり」という言葉がある。「子供を危険から守る」という思想は、大方の人の賛同を得やすい。つまり、「小善」としての「まあいいか」という程度の賛同である。しかし、それは時として「大悪」に通ずるかもしれない。

一方、批判にめげず肥後の守を使う学校、臨海学校を続けた自治体は、その先見性を高く評価される。つまり、当時「非情」に見えた措置が「大善」につながっているのである。

さて「組み体操」である。これまで高学年担任として何回も組み体操の指導をしてきた。けがをさせないために、早い時期から腕や足の筋肉を鍛錬させてきた。体育館でのマット上での基礎的な指導、技のできぬ子供への個別指導など、運動会本番に向けて何度も師弟で汗をかいた。そして運動会本番の成功。子供と保護者の涙を何度も見てきた。

泰明小学校長時代にも、組み体操の成功が小学校生活で最大の思い出であるという声を何度も聞いた。これこそが学校の教師冥利だと思う。

保護者や子供自身は、組み体操の廃止や制限をどう考えるだろう。

(3) 全校を動かす若手教師のパワー

① 親子昼食を復活させよう

各地の運動会をめぐる話題はいろいろである。東京都の八丈島の運動会は、11月3日、島の各小学校がこの日に開催する。運動会から夜の懇親会まで、島

中が運動会一色に染まる。北海道の運動会は、当日のお弁当作りに力を注ぐ。何種類ものおかずをお重に詰めて、家族や親せきでお弁当を食べる。

　40年前、運動会の給食は教室で子供たちだけで済ませるのが一般的であった。1960年代から70年代にかけて、親子分離の昼食に変化していった。その理由は定かではないが、運動会に来れぬ親がいたら、子供がかわいそうだという、もっともらしい言説もまかり通っていた。

　1980年代、運動会の親子給食を復活しようという提案をした。運動会当日、参観者を含めて2000名の席を確保する。自分の学級の子供たちの協力を得て、校庭と裏庭、体育館、ピロティ広場などの面積を計る。2000名の席の目途がつく。次に校庭の砂の飛散防止のために、数か所の消火栓から一斉に放水し、校庭中央部分のフィールドをカバーできることを実験で確認する。さらに、当日保護者が参観できない子供たちのサポート体制を作る。

　校内の反対意見を説得し、ようやく合意を得られた。親子給食は、子供にも保護者にも大好評だった。何よりも、これまで渋っていた家庭の保護者の参観を促す機会にもなった。きっと、しばしの親子のふれあいができた。

　運動会に来られない家庭があるかもしれないから、親子給食を廃止しようという発想は本末転倒である。多少の無理をしても、学校に呼び寄せるようなしかけが必要だったのである。

②　1000個の焼き芋を食べよう

　同じころ、１月にはＰＴＡ主催の新年子供会があった。子供たちの代表委員会で、校庭が寒いので焼き芋をしようという提案があった。

　それを、ＰＴＡに伝えた。しかし、参加者全員に配るためには1000個の焼き芋を作らなければならない。母親たちは頭をかかえてしまう。そこで、筆者も協力して「焼き芋プロジェクト」を立ち上げた。子供時代にたき火で焼き芋を作ったことはあるが、全くの未経験だった。

　例年、焼き芋大会を実施している区内の児童館長に照会した。30個の焼き芋を作る実践を説明してくれる。そこで私が尋ねる。

「1000個の焼き芋を一斉に配りたいのですが……。」

「1000個の焼き芋？それは無理ですよ。焼けるわけありませんよ……。」

どこの児童館も同じ返事であった。

③　自分で活路を見出す

　仕方ない。自分で考えるしかない。先ずは焼き芋づくりの実験をしてみる。ＰＴＡの担当者と、20個の焼き芋を作る。まるのままの芋、たて半分にカットした芋、横半分にカットした芋、アルミホイルに包んだ芋などを用意する。

　たき火にくべるタイミングを試す。火の勢いの強い時、火勢が弱くなり『おき』（燠）になったとき、入れておく時間、取り出してから冷える時間などを実験で確かめる。何せ、全員未経験者である。真剣な顔で各種実験に取り組んだ。こうして本番のイメージができた。

　まず、さつま芋を1000個、筆者の学級の青果業の父親に依頼する。特上のさつま芋を格安で納品してくれた。かまどの大きさは、たてよこ３メートル四方。石とブリキ板で囲み、２つ造る。薪［廃材］は、建築業の父親に依頼してトラックで２杯分を運び込む。消防署への連絡、消火器や消火バケツの準備。

　当日は早朝から、ひたすら薪を燃やし続け、大量のおきを作る。ＰＴＡ担当者は芋を洗い、アルミホイルを巻きつける。格闘すること７時間、午後３時にようやく1000個の焼き芋を作り上げる。

　子供や大人たちに配布する。全員に配布したところで、筆者も焼き芋を一口かじってみる。からからに乾いた喉に、甘い味がしみわたる。

　子供一人からみれば、たった１個の焼き芋だが、終了するまでには多くの大人たちと、そして私の学級の子供たちの協力があった。

　たかが焼き芋の実践ではあったが、次第に全校を動かす勘所を学んでいく。32歳、新卒９年目であった。

7 秋の章 10月の巻

(1) 衣替え──服装の身だしなみ

① 子供の「範」としての大人

　衣替えの季節。街をゆく中学生や高校生の制服も秋冬用になる。東京では制服（標準服）の公立小学校は少ないが、たまたまこれまで勤務した6つの小学校のうち、3校で制服があった。こういう経験を持つ教師は東京では珍しい。ただし、全国的に見ると小学校でも制服のところはかなりある。

　近年は、「スーパークールビズ」とかで、10月末までノーネクタイである。10月初旬の電車内は、ネクタイ着用者は圧倒的少数である。

　現役の校長時代、クールビズに否定的であった。子供たちが制服で身支度を整えているのに、大人が胸元をだらしなくしていてはいけないという使命感からである。「教師は子供の範たれ。まして校長はその最高の範である」という覚悟からである。

　だから、夏休みになるまではいつも上着も着用していた。夏休み直前、上下のスーツとネクタイ姿で子供と正門であいさつを交わす。わずか20分間とはいえ、顔からも腕からも汗が噴き出す。長年のスーツ生活で、暑さをコントロールする術は多少あるが、都会のアスファルトの照り返しは厳しい。それでもにこやかにたたずむ。そこに美学があると思っていた。

　同時に、それは厳寒の季節でも同様である。よほど体調不良でもない限り、スーツの下にカーディガンやベストのようなものは着用しない。袖からセーターなどがはみ出した「金八先生ルック」は「ださい」からである。校長たる者、軽やかでいなければいけない。だから、正門に立つときは通勤用のオーバーなどは着用しない。せいぜいが、半コートを羽織るだけである。

　つまり、夏の暑さにも冬の寒さにも耐えてスーツ姿で過ごす。「やせ我慢」こそが、「範」たる大人として、子供の前に立つ際の礼儀であると思っていた。

②　クールビズ校長

　かつて、小池百合子環境大臣が、環境保護のためにクールビズを採用した。各省庁はそれに倣って、一斉に夏季のノーネクタイを導入した。

　人間は低き所に流れる。ノーネクタイになるとこんなに快適なことはない。長らく首を絞めつけていたネクタイからの解放は、男性のファッション文化に大きな影響を与えた。だから、クールビズはあっという間に広まった。「赤信号みんなで渡れば怖くない」という国民性である。

　それに対して、子供の前に立つ校長は、真夏をのぞいては、ネクタイを着用する場面もかなりある。

　5月や6月の校長会総会。壇上の左側に並ぶ校長会幹部はスーツにネクタイ。右側にならぶ行政関係者はノーネクタイというあやしげな光景が続いている。それにしても、Ｙシャツ姿の校長が朝礼台で訓示するなどという姿を、かつて誰が想像したであろう。

　かつての校長先生は「いつもスーツにネクタイ姿」という印象がある。セピア色の古い上野動物園への遠足の写真もスーツにＹシャツ。プール開きでさえ、Ｙシャツにネクタイで、長ズボンの裾を一回折りかえしただけ。こういう校長像が、校長の権威を一層高めていた。「校長先生はいつも背広で暑くないの？」「校長先生はいつも背広で寒くないの？」という子供の素朴な問いかけ。これは決して悪くない。

　時代を経て、クールビズの校長は、権威のフラット化をもたらした。スーツという裃を脱いだ校長の姿は、「気軽に話しかけられる大人」「どこにでも居そうな大人」となった。「朝礼台に立つ仰ぎ見る存在としての大人」から〈平場〉に立つ大人へとそのイメージを変えた。

　確かに暑い盛りに、汗を拭き拭き扇子を使うより、襟を立てたクールビズ用のシャツのほうが颯爽としている。

　しかし、その颯爽さは、〈平場〉に立つパパや学習塾の先生、テレビに出てくる芸能人と同様の大人である。その颯爽さに権威は感じない。

51

③　聖性の低下と復権

　クールビズ姿を指弾した。「時代に逆行している。地球温暖化をどう考えるのだ」と言われそうだ。

　筆者は、平成の時代に入ってからの学校教育の最大の課題は「学校の聖性」が低下したことだと考えている。1995年にこの言葉を用いた。当時、私は東京都教育委員会において、次期教育基本プラン「東京の教育21」を構想していた。その時、教育の根本課題として「学校の聖性の低下」をとなえ、その復権こそが肝要であるという戦略プランを練った。

　学校の聖性が低下したから、保護者や子供たちの態度や学校とのかかわり方が変容した。具体的には、校内暴力、不登校の増加、学校の授業への倦怠、公立学校離れ、学習塾通いの増加、保護者の理不尽な要求、マスコミの学校への糾弾の増加、給食費などの未払いなどあらゆる面で、そのマイナスの影響が表出した。

　クールビズになったからと言って、それが「学校の聖性」を加速化させているというような短絡的な物言いはしない。しかし、世間がクールビズだから、我々もそれに倣おうというような、大衆迎合的な姿に逆らう者が何人かいてもいいのではないかと思う。

　今は、一介の大学教師である。校長のような権威とは別世界のところにいる。だから夏はクールビズで過ごす。こんな楽なことはない。片道２時間20分の通勤も、ノーネクタイだから快適である。そのような者が現役の人たちを責めるのは気が引ける。しかし、これだけは言える。今、校長だったら、かつてと同様スーツとネクタイを旨として「やせ我慢」しつつ子供の前に立つ。

(2)　学校教育の兵站［へいたん］——支える裏方

①　１年間の折り返し点

　本年度も６か月が過ぎた。そろそろ教科書の上巻を終わらせる時期である。まだ、終了の目途が立っていないならば、少しスピードを上げる必要がある。

　現教育課程では、教科書の扱いが次のようにより弾力的に扱えるように変更

された。

> ○発展的な内容……早く課題を仕上げた子供が学習する内容
> ○選択的な内容……複数の教材から選択して子供が学習する内容
> ○他教科との関連した内容……その教科と関連した内容を記載
> ○反復的な内容……家庭などで子供が自学として学習する内容

　このような内容の教科書であるので、冒頭から巻末まで教科書をなめるように扱えば、時間不足になる。初任者や若手教員の中には、教科書の扱い方に未熟な人もいる可能性がある。もしかすると、進度の遅れに一人悩んでいるかもしれない。

　上半期が終わるこの時期に、学校全体の教育課程の実施状況と教科書の扱い方について、ぜひ確認しておきたいものだ。

② 　学校の「兵站」バックアップ体制

　秋空の10月。運動会を実施する学校も多い。運動会は、練習期間や参会者の量からみても、学校で最大の行事である。

　ここでは、学校教育の観点から、運動会のマネジメントを考えてみたい。運動会に関わるスタッフのうち、約４割の学級担任教師が、直接子供の指導にかかわる。残りの６割のスタッフは、「兵站」に携わる。ここでいう「残りのスタッフ」とは、校長、副校長、養護教諭、専科教諭、事務主事、用務・給食主事やスクールカウンセラー、学習指導補助員などの非常勤スタッフ、ＰＴＡ役員などを言う。

　運動会全体のマネジメントでいえば、直接子供への指導が４割、「兵站」にかかわる業務が６割を占める。

　それほど「兵站」というバックアップ体制が運動会成功の重要な役割を果たす。しかし、往々にして教師の多くは、直接に子供と関わる自分たちが『主人公』であると錯覚する。

　恥ずかしながら、教師生活５年くらいまで、その愚かさに気付かなかった。教師が懸命に、組み体操や徒競走、騎馬戦の指導をすれば、運動会は成功する

ものだと思い込んでいた。

　これは長年の学校教育の反省点でもある。運動会終了後の納め会では、演技種目への称賛ばかりで、運動会に関する書籍や資料も「兵站」は等閑視されてきた。だから、一部の教師以外には、バックアップ体制のために汗を流す人々の姿を見ようとしなかった。

② 運動会の「兵站」──裏方の支え

　では、運動会の「兵站」とはどのようなものがあるだろう。筆者の経験と見聞した教訓から、アトランダムにあげてみる。

①実施決定と連絡システムの策定→小雨の予想される気象での判断

②運動会延期時の給食物資の納品、来賓用弁当、教職員昼食の発注

　　→変更時の最終連絡時刻確認、教職員の超過勤務時間割振りと勤務時間の調整

　　→各職種別の勤務時間割振り作成

③万国旗の確認→変更した国旗を掲示して苦情

④設営テント、入退場門固定→校庭は突発的な竜巻が発生しやすい

⑤早朝の「座席とり」保護者の整理→父親同士の暴力沙汰あり

⑥近隣への騒音へのお詫び→毎年トラブル発生の学校あり

⑦参会者の動線と入場制限明示→トイレの［特に女子用］混雑緩和

⑧喫煙場所、自転車置き場の確保→学校前の道路の安全確保

⑨学校内不審者対応巡視体制→運動会時に職員室やロッカーで盗難

⑩トラックのアウトコース安全確保→はみでた椅子、見学児童の足と接触

⑪徒競走着順判定の精度アップ→微妙な判定が後日保護者とトラブル

⑫紅白リレーのリレーゾーン判定→審判教師の裁量でぶれていないか

⑬来賓テント内での接待、座席確保→来賓へおもてなしの接遇

⑭敬老者席の確保とお世話→年齢制限などの順守、不公平はないか

⑮天候悪化に伴うプログラム変更→気象状況と演技種目の差し替え

⑯昼食時の児童の看護→校庭で一人で食べる児童のフォロー

⑰万歳三唱の来賓の選定と依頼→閉会式まで参観の来賓から選出

⑱納め会の予約と依頼→教職員への慰労、特にバックアップ体制に従事した
スタッフへ感謝

⑲「運動会中止要求」脅迫への対応→危機対応として、発生した場合の想定

③ 学校教育の「兵站」

運動会の「兵站」一つをとっても、このような業務を各スタッフが分掌して実践してくれるから、円滑に開催することができるのである。

このことは学校の日常業務にも言える。「平成の学校教育」を進めるためには、多方面に目配り気配りをしなければ、成果を上げることはできない。

「兵站」を充実させることが戦略的思考のイロハである。しかし、近年「学校教育の兵站」の力が低下している。ぜひ、私たちの努力で高めたい。

(3) 東京オリンピック・パラリンピックの成功

① あれは1964年の秋だった

1964年の東京オリンピック。1960年の東京開催を目指してローマに敗れ、ようやくこぎつけた大会だった。五輪招致を目指していた時代、まだ国会議事堂近くにもバラックが残り、空襲で焼かれた都市はどこも住宅が困窮していた。

下水道はもちろん、上水道や都市ガスでさえ、まだ整備されていない地域が多かった。そのような時代に、日本の指導者は東京五輪の誘致に取り組んだ。

日本がまだまだ貧しい時代に、将来の日本の発展を見据え、批判にも耐えて、見事東京五輪を成功させた。国家建設に勇敢に取り組んだ当時の関係者の努力は見事である。それを支えた日本国民もすばらしい。

1964年10月10日の五輪開会式。航空自衛隊が五色の大輪を青空に描く雄姿は、50年を経ても鮮明である。競技種目の参観券は入手し難く、2割程度の生徒しか抽選で当たらなかった。幸運にも、外国同士のサッカー試合を見学できた。

テレビで見たマラソンや女子バレー、体操や重量挙げ、そのシーンも脳裏に

焼き付いている。そして、後日の市川崑監督の映画『東京オリンピック』で感激を新たにした。

中学2年の筆者たちの間では、重量挙げやマラソンが流行した。ギターを買い、ビートルズを聴き、ボタンダウンのシャツを求め、若者文化は急速に外向きになる。やがて、そのエネルギーがフォークソングやグループサウンズ、学園闘争などへと向かうようになる。団塊世代の青春前期である。

② 先人は力強く復興した

それより3年前の1961年、小学校5年の教室。国語教科書で、東京五輪開催決定の説明文を朗々と音読したことを、いまでも覚えている。その説明文には、東京五輪開催決定に歓喜する当時の人々の姿が描かれていた。教科書編集者は、東京五輪開催の喜びを子供に伝えようと、急ぎ企図したのであろう。

自宅から20分のところにある大田区馬込の近郊農村地区。担任の先生が、時々フィールドワークに連れて行ってくれた。プロレスの力道山や作家の三島由紀夫の自宅もあった。

新幹線の敷設工事が大がかりに行われていた。近くの環状7号線の拡幅工事などもあって、刻々と変わる東京の町を誇らしく思った。

先の大戦から、わずか10数年。短期間のうちに、大人たちはインフラ整備に乗り出した。先ずは腹いっぱい食べたいのに、それを我慢して将来のために投資する。まさに『米100俵』の精神である。

先人はこれまでにも、幾たびかの復興を実現してきた。1923年の関東大震災から、わずか4～5年で泰明小学校の豪壮な校舎を建設した。それから16年後、泰明小学校に250キロ爆弾を3発投下され殉職者も出して、壊滅的な被害を受けた。しかし、間もなく校舎を再建し、戦後の新教育を開始する。

それから13年後に世界一の東京タワーを作り、19年後に世界最速の新幹線を完成させた。

1964年。あの秋は日本中が祭典に興奮した。直近に高速道路や新幹線が開通した。テレビだけでなく、雑誌も歌謡曲も「トウキョウ」や「オリンピック」

を特集した。記念切手や記念コインも人気を博した。記念切手を買うため、早朝6時から郵便局に並んだ。

　文部省（当時）、も五輪の副読本を作成する、自治体でもさまざまな活動に取り組んだ、オリンピック施設のある渋谷区では、特に五輪教育を熱心に展開した。その内容は、『渋谷区教育史』に詳しい。

　2019年のラグビーワールドカップ、2020年の東京オリンピック・パラリンピックは、我が国が再度立ちあがるための好機である。教育の分野においても、同様である。厳しい経済環境の中で、どのような教育政策を展開できるのか、それは子供や孫たちの将来にかかってくる。

8 秋の章 11月の巻 札幌4.6度 東京13.0度 那覇21.7度

(1) 学芸会の季節

① 演劇の思い出

　芸術の秋。学芸会や音楽会、展覧会、文化祭、合唱コンクールなどが行われている。学校にとっては、日ごろの学習の成果を発表するいい機会である。

　子供の頃から、演劇の台本を書くのが好きだった。中学1年の「3年生を送る会」の演目は、受験体制を批判した生活劇である。

　脚本、監督、主演は、向山行雄。クラスのメンバーに役をつけて、放課後の教室で練習する。練習開始まもなくは順調に進んだ。しかし、次第にワンマンな演出ぶりに不満がたまり、Y君を中心にボイコットするメンバーが出現。こちらも怒って「勝手にしろ」と放棄。周りのとりなしで、何とか丸く収まって本番を迎えた。ビートルズがデビューする頃。青春のほろ苦い1ページであった。

　学級担任時代の学芸会指導で思い出深いのが、37歳の時に演出した5年生の音楽劇『ウタリ』。アイヌと和人の争いと和平を描いた名作である。

　練習中の指導は厳しい。どんな小さな動作にも意味を持たせる。セリフも表情も徹底的に鍛える。妥協を許さない。うまく表現できないシーンは、合格するまで繰り返す。まさに中学校時代のワンマン復活の演出。東京タワー近くの港区立芝小学校、5年生32名の単学級である。

　学芸会本番、幕が閉じた舞台上。幕を通して観客の大きな拍手と声援が「どーん」と伝わってくる。子供たちは感動で号泣する。私も思わず涙を流す。この劇は評判となり、港区の代表として東京都小学校連合学芸会に出場することになった。

　2か月を経て、大きな会場の舞台で大観衆を前にして再演した。それなりに完成度は高かった。しかし、初演の時のような、感動は子供たちにも私にも生じなかった。演劇は、<1回性>にこそ、その醍醐味があると実感した。

② 校長の総監督

　学芸会の出来栄えは、指導者の演出力量によって大きな差が生じる。観客が見れば、一目瞭然である。

　複数の学級があれば、教師は互いにカバーし合って、いい劇を作ることができる。その一方、単学級では、教師の指導力量や学級経営力、統率力がそのまま反映する。校長としては、どの学年もそこそこの作品に仕上げてもらいたいと思う。しかし、実際の仕上がりはピンからキリまで差がついてしまう。

　泰明小学校時代は、本番３日前のリハーサル会場に陣取り、台本と双眼鏡をもって子供たちの細部の表情までチェックした。その時点での出来栄えの評定もして、全教師に配布する。各学年では、その評価・評定に基づいて、最終的な指導を施して本番に臨む。このことによって、本番間際に一気に完成へと近づいた。

③ 過去の演目の一覧表

　学芸会の演目は、年月が経つと次第に忘れ去られていく。後年のために、少なくともその演目は一覧にまとめて歴史にとどめておきたい。泰明小学校の学芸会の案内には、過去の演目を一覧にして保護者にも伝えるようにした。過去の資料に当たり、不明なところは、かつての学級担任に照会して仕上げた。一度作れば、次回からはそれに継ぎ足していけばいい。

　わずかな工夫であるが、このことで、学芸会の付加価値が高まる。過去15年間程度の演目を並べただけでも観客の期待は高まる。

　おそらく、過去の演目をそのように一覧表にまとめてある学校は少ない。学校のこれまでの演目を一覧にするだけで貴重な財産になる。

　なお、ＰＴＡの広報は、舞台だけでなく練習風景や裏方の仕事にも密着して、「学芸会特集号」を作成した。この取材で保護者は、学芸会にまつわる学校の努力を多面的にとらえることができた。

④　演劇指導のために

　学芸会での指導力を高めるためには、日ごろから演劇に触れることである。

　演劇をライブで鑑賞して、生で演出家や俳優の息遣いを感じるのがベストである。だが、現実には、カネとヒマの壁が立ちはだかる。

　それなら、せめて、シナリオを読んで、ドラマに通じることである。筆者は、若い頃から倉本聰、山田太一、橋田寿賀子、早坂暁等、たくさんの脚本を読んでドラマ展開を学んできた。映画館に足を運んだり、ＤＶＤでかつての名作を見たりするのも演出のいい勉強になる。忙しい現役教師にとっては、難しいことだが、日々の努力が演劇指導の向上につながるはずである。

(2)　新たな学校文化

①　行事の付加価値を高める

　学芸会、音楽会、展覧会などの文化的行事は、子供の感性を磨く絶好の機会である。行事を通して、子供たちの才能が開花することがある。時には、その子供の進路を左右するほどの経験になる。あるいは生涯を通じての趣味や生きがいの基礎になる体験ともなる。

　卒業する多くの子供たちは、学校生活の思い出として各種の学校行事をあげる。教え子のクラス会でも、しばしば学校行事の思い出話に花を咲かせる。

　近年「行事の精選」や「行事の簡素化」などの掛け声とともに、各学校の文化的行事が弱体化してきたという印象がある。安易に学習発表会と称して、「普段の学習を見せるだけ」になっていないだろうか。

　水が低き所へ流れるのはたやすい。まして「授業時数の確保」「子供の負担軽減」などの名目があれば、誰も反対しにくい。しかし、冷静に見てみると、せっかくの子供の才能発掘や多彩な活躍の機会を縮小しているようにも見える。

②　周年記念音楽会

　2008年の泰明小学校130周年、幼稚園55周年の音楽会。温故知新の意味を込

めて、『歌は時代を超えて』というタイトルにした。

　文化庁が2006年に選定した「日本の歌100選」から28曲を選んで、各学年別に次のように構成した。

○オープニング　全員合唱　もみじ（1911）

○幼稚園　「動物のマーチ」

　ぞうさん（1952頃）　　いぬのおまわりさん（1941）　あめふりくまのこ（1962）　おもちゃのチャチャチャ（1962）

○1年　「春・夏・秋・冬」

　さくらさくら（1941）　うみ（1941）合奏　赤とんぼ（1921）　お正月（1901）

○2年　「秋のメロデイ」

　小さい秋見つけた（1954）　虫のこえ（1910）合奏　夕やけこやけ（1923）里の秋（1945）

○3年「ふるさとめぐり」

　茶つみ（1912）　富士の山（1910）　村祭り（1912）合奏　ふるさと（1914）

○4年「遠くの国から」

　はにゅうの宿（1823）リコーダー奏　ドレミの歌（1960）　大きな古時計（1876）

○5年　「広い世界に」

　つばさをください（1970）　世界にひとつだけの花（2002）　合奏

○6年「時代を超えて」

　椰子の実（1936）　川のながれのように　合奏

○金管バンド　「思い出の日」

　涙そうそう（1998）　上を向いて歩こう（1961）

○エンディング　全員合唱　見上げてごらん夜の星を（1963）

　「もみじ」は泰明小学校の校歌を作曲した岡野貞一の作曲、「椰子の実」は泰明小学校出身の島崎藤村の作詞、「見上げてごらん夜の星を」は泰明小学校の校章「みそらの星」にちなんだ。

61

「平成20年度 音楽会にあたって」　　校園長　向山行雄

「親子で歌いつごう　日本の歌百選」は、文化庁が平成18年に選んだものです。時代が変わっても、日本の自然の美しさ、命やふるさとの大切さを時代を超えて家族で歌い継いでいくことを願っています。今年の音楽会では、「日本の歌百選」から28曲を歌や合奏でお送りします。

ひいおじいさん・おばあさんの子ども時代

☆関東大震災テントの中での授業　1923年

1918　浜辺の歌
1919　靴が鳴る
1920　叱られて
1921　赤とんぼ　どんぐりころころ
1922　シャボン玉
1923　肩たたき　夕やけこやけ
1924　かたつむり の花
1925　雨ふり　雨降りお月さん
1926　この道

（丸ビル完成）

おじいさん・おばあさんの子ども時代

☆唱歌の授業　1942年

1932　牧場の朝
1936　うれしいひなまつり
1940　汽車ポッポ
　・
1943　スキー
1945　里の秋
1946　みかんの花咲く丘
1947　花の街　冬の星座
1949　とんぼのめがね
1952　ぞうさん

（銀座で有線放送開始）

お父さん・お母さんの子ども時代

☆音楽会　1979年

1966頃　今日の日はさようなら
1972　四季の歌
1975　時代
1977　秋桜（コスモス）
1978　いい日旅立ち
1980　花～すべての人の心に花を～
　・
1988　川の流れのように
1998　涙そうそう
2002　世界に一つだけの花

（東京サミット開催）

音楽会委員会のメンバーと校長で、「100選」の曲を聴き、学年の発達段階に合わせながら選曲する。それを一つのテーマとして、曲目を調整する。各学年とも合奏を一つ選ぶのだが、合奏用の楽譜がないために変更を余儀なくされた曲もある。こうして前述したプログラムを編成した。

音楽会案内は藤城清治画伯の「泰明小学校校舎」の切り絵。カラー版でＡ３判裏表、歌年表（前頁）も掲載した。当日の28曲をライブ盤で録音し、後日、ＣＤを作り、全児童に配布した。

⑶ 「差別者」向山行雄

① 就学先の決定

菊薫る11月は、各地で開催される就学指導委員会［現・就学支援委員会］の進路決定の重大時期である。かつて高校進学時の『15歳の春』という言葉が流行したが、現在では『6歳の秋』が、子供の進路の上で大きな分岐点になる。

かつても今日でも、特別な支援を必要とする子供たちの進路先の決定は、難しい課題である。保護者の希望と学校や教育委員会の判断が食い違い、進学先をめぐって争いになることもしばしばである。

全連小［全国連合小学校長会］の2013年度『研究紀要』。学校が通級指導を受けることが望ましいと判断したにもかかわらず、「通級指導を受けない、受けられない」と回答した学校は43％である。その理由のほとんどは、保護者または本人が「通級を望んでいない」という回答で80.8％にのぼる。本来は、特別支援学校に就学するのが望ましい重度障害の児童の在籍は、14.7％であり、前年度より1.7ポイント増加した。

就学先決定の会議は気を遣う。筆者は、文京区教育委員会時代に心身障害教育（当時）担当指導主事を2年間経験した。就学指導委員会のケース会議では、判断が難しい場面がしばしばあった。

② 就学をめぐる話し合い

指導課長時代、全盲児童の小学校入学をめぐって、保護者と協議した。子供

の発達時期に合わせて白杖や点字を習得することが本人の将来のためになる。公立学校では、本人のために必要な教材を整備することも、人的支援や環境整備も限界がある。成長するに当たって課外活動や宿泊行事などのメニューもあるが、安全に参加できる体制づくりが難しいなどの理由を挙げ、保護者の説得を試みた。

　点字図書館に足を運び、文字情報以外の教材作りの可能性も探った。視覚障害教育の専門家の意見を聴いた。いくつかある全盲児童の通常級進学の事例も検討した。当該児童の進学先の校長の意向も汲んだ。

　その上で、くだした判断は、公立盲学校への進学であった。そこなら、教材も施設も人的資源も充実している。それを保護者に粘り強く説明した。しかし、保護者は一貫して「地元の公立小学校で生活させたい」の主張を繰り返すばかり。閉館時間をすぎて協議会場を退出しても、会館の暗い軒下で深夜まで話し合った。暗闇を冷たい雨が降りしきる。

　話し合いは平行線だった。数日後、出勤すると役所の私の机上に大きく『差別者　向山行雄指導課長』というタイトルの糾弾ビラが乗せられていた。障害者支援団体発行のビラだった。役所の中、各学校へも、筆者を糾弾するビラがまかれた。数日おいて、区議会でこの問題について野党議員から追及を受けた。さらに東京都議会でも、「保護者の希望を認めない指導課長がいる」と私を責める質問があった。

　結局、その子供は地元の公立小学校へ入学した。今は20歳を過ぎた年齢になる。その後の学校生活がどうだったかと苦悶する。そして、これからの職業生活の充実を願うばかりである。

　親は確実に先に死ぬ。残される本人にとって、どうしたらよかったのか。筆者も、もっと体を張るべきだったのか答えは今でも見つからない。

③　合理的配慮
　障害者の権利に関する条約を2013年12月に批准した。障害者権利条約とは障害者の尊厳と権利を保障するための権利条約である。2001年の国連総会で採択

されてから12年かけて、我が国でも、新しい仕組み作りが始まる。

　権利条約24条で「教育」の分野での内容が示されている。その中で、「合理的配慮」という概念を用いている。合理的配慮とは「障害者が他の者との平等を基礎として全ての人権及び基本的自由を享有し、又は行使することを確保するための必要かつ適当な変更及び調整であって、特定の場合において必要とされるものであり、かつ、均衡を失した又は過度の負担を課さないものをいう」（第2条）としている。

　ここで大切なのは、「過度の負担を課さない」ものをいう。障害者の権利保障のためには、莫大な環境整備費や人件費がかかる。

　ある市のように、痰の吸引を必要とする子供の入学を認めた場合、本人がベッドで移動できるエレベーターやスロープの設置、医療スタッフの派遣、学習補助スタッフなどの増員が必要である。他にも、日々の教育活動を展開するうえで、給食や健康診断、作業的な学習の手法、遠足や水泳など、数多の課題解決のために、教職員の負担も増大する。それが、多くの子供たちの教育活動の妨げにならなければいいがと思う。障害者の権利を保障するのはもちろん大切である。その一方で、多くの子供たちの静謐な環境で学習する権利も保証しなければならない。

　「合理的配慮」でいう、「過度の負担」とはどこまでを言うのか、今後、教育界での大きな課題となる。

9 秋の章 12月の巻 札幌−1.0度 東京8.4度 那覇18.4度

(1) 年越しの行事

① 心の原風景

　徳川家康の奨励以来、東京にはイチョウの木が多い。東京都のシンボルの木である。近年の東京のイチョウは、12月になってから黄色に紅葉してくる。それだけ、秋の季節が長くなった。

　さて、年越しの風景は、幼い子供にとって長じてからも心の原風景ともなるものである。忙しく大人たちが働き、街はしだいに年末の歳時につつまれていく。年越しは、普段よりも季節感が感じられるし、古来からの伝統的な行事にも接することのできるいい機会である。

　近年は、とかく消費生活の視点からのみ、年越しの風景が語られることが多い。クリスマスプレゼントや正月の福袋がその典型である。それもあっていいが、現代の子供たちには我が国の伝統的な行事に触れさせるべきである。

　大学の授業で関東風雑煮と関西風雑煮を比較した。学生たちと築地市場へ出かけ、食材を購入した。雑煮一つとっても、関東と関西の食文化の違いがきわだつ。しょうゆと白みそ、角餅と丸餅、焼くと煮る、小松菜と芋やニンジンなど、違いのルーツを調べると東西比較ができる。

　他にも、雛の節句の桜餅と道明寺、四角稲荷と三角稲荷、ウナギの腹開きと背開きなども違いがある。その中でも極めつけは、おでんのチクワブである。関西の人で、おでんのチクワブを好む人を見たことがない。

　納豆や恵方巻きなど、食文化は急速に全国で平準化しつつある。それでも正月の雑煮やおせち料理は、地域固有の食文化として今に受け継がれている。

② 凧揚げと羽根つき、餅つき

　担任時代には、学年で凧作りに取り組んだ。子供たちは設計図を基に各種の立体凧を製作する。教師自身も立体の「テンション凧」を10基組み合わせて、洋服ダンス大の大型凧を製作する。完成した凧を、広場で揚げる。大型凧はも

のすごい勢いで、一気に上空へ舞い上がる。子供たちの歓声があがる。

　阪本小学校時代は、羽根つき練習に取り組んだ。中央区は、毎年正月に羽根つき大会を実施する。伝統行事であり、そのレベルはバドミントン大会より、格段に高度である。3年生レベルでは、大人もかなわない。高学年のスマッシュは超高速である。教職員総出で、朝練習、放課後練習、冬休み練習を行う。こうした各学年の代表選手を選考し、本大会に臨む。

　羽根つきという伝統的な遊びを、競技スポーツへと数十年間進化させてきた関係者の努力は敬服に値する。

　泰明小学校では、毎年第1土曜日に全校餅つき大会を実施する、30年以上前からつづけてきた伝統行事である。

　数日前からPTA役員が準備する。当日は午前6時に父親40名、母親60名が集合。600名分の餅をつき、3種の味でパック詰めする。赤飯と即席漬けも作る。時間を決めて、子供たちも各学年ごとに餅つきに来る。

　上級生は母親とともに、黄粉やあんこ餅を作る。作った餅は敬老館や交番、地下鉄駅、バス営業所などに届ける。銀座の町を彩る歳末の風景。きらびやかなクリスマス装飾の街で、手作りの無骨な餅が振る舞われる。

⑵　学校教育と言葉

①　雪かきと公共の精神

　12月。北国では雪の便りが聞こえてくる。我が国は、豪雪地帯に多数の都市や集落が点在している。地球環境的には、極めて珍しい国土形成である。

　豪雪地帯の人々の暮らしについては、戦後の社会科学習でずっと取り上げてきた内容である。だから、日本国民の多くは、「知識としての豪雪被害」は保有している。しかし、「体験としての豪雪被害」を持つ人は、わずかにすぎない。

　2014年2月8日（土）～2月9日（日）に、太平洋岸を襲った豪雪は関東地方の都市部に住む人々にも豪雪の恐怖をまざまざと見せつけた。

　2月9日、早めの朝食を済ませて夜明けとともに玄関を開けて、あまりの光

67

景に絶句した。吹き溜まりとなった玄関からその第一歩を踏み出せない。まだ誰もいない薄暗闇の中、悪戦苦闘して、ようやく家の前に一筋の道をつけるだけでダウンした。洋服はびしょびしょ、足腰はガタガタ、荒い呼吸で一時間の休憩。その後は、近所の人も総出で雪かきをして、自動車の走行車線を確保した。

翌週の2月15日（土）にも大雪があって、関東地方でも、多数の山間地の集落が孤立した。人々の様々な生活が脅かされた。

この大雪は、ちょうど学校や公共機関が休みとなる土曜日であった。雪の当日や翌日の対応に日ごろからの危機管理が表出した。また、人々が社会の一員として、どのような「公民的資質」を持ち、実践するのかも露呈した。

公共の精神を持つ人々は、自宅の前はもちろん、それ以上にも雪かきを実行した。それは民家や企業を問わない。その一方で、自分しか眼中にない人々は、雪かきさえしなかった。

我が家近くにパスタのチェーン店がある。これまでも、雪かきもせず雑草取りもしないので、ひそかに憎々しく思っていた。アルバイト従業員が小1時間も作業をすれば、きれいになって集客効果も上がるはずだと店長は考えないものかと思っていた。そして、今回の大雪である。雪かきをしないので、大きな駐車場の雪が凍ってずっと使用不能になった。自動車の客が来られなくなり、あわてて雪かきをするが、凍った雪は容易にはがれない。現状復帰するまでに10日間を要した。今回の雪で、これに近い学校もあったのではないかと推察する。学校の外周道路は広範に及ぶ。それを雪かきするマネジメントをどう進めたのか、通行人や地域住民はしかと見ている。

② 年賀状の一筆

12月になると、年賀状をしたためる。訃報通知を一時除去して差出人の住所録を整理する。600枚ほどの年賀状であるが、年末のあわただしい時期で、いつも忙しい思いをする。

近年は多くの年賀状は「オモテ」も「ウラ」も印刷仕様である。手書きの言

葉が一文字もない年賀状も多い。こうした年賀状は、少なからずある。もし仮に、教え子にも裏表印刷だけの年賀状を出していたら、子供も学習効果として、それでよしとなる。

その子供は、長じてからも印刷だけの年賀状を出すようになるであろう。そして古来からの伝統が薄れていく。残念なことである。

私事だが、超多忙であった時期でも、一言の手書きを実行してきた。今も実行している。わずかな努力であるが、教師はこのような実践を続けるべきであると思っている。

③　「障害者」と「障がい者」

「障害者」と「障がい者」の表記がある。公文書は、常用漢字を使用する。文部科学省も各種新聞も「障害者」として表記する。過年、久しぶりに常用漢字の見直しの検討作業があり、「害」の代わりに「碍」を用いる案もあった。が「碍」も「碍子」で用いるように、邪魔するとか差し障りがあるという意味であり、これまで通りとなった。メディアの中には、「障がい者」と表記するものも多い。また、ディズニーランドのように民間施設でも同様である。

さらに、地方公共団体によっては、「障がい者」と標記している地域もある。A県では「障害者」だが県下のB市は「障がい者」、C市では「障害者」、C市のD小学校では「障がい者」というマダラ模様の地域もある。「障がい」という表記が、障害当事者に配慮しているという説明はわからぬではない。

しかし、それが常用漢字を用いるという表記の統一性を損ねていないのかどうか気になる。また。「言葉狩り」になっていないかどうかも気になる。かつて、同和教育が盛んだった時期、数々の言葉が標的にされた。私も東京都教育委員会の同和教育担当指導主事として、さまざまな対応をした経験がある。

「障害者」という表記が当事者の気分を害するなら、次の漢字は当事者としての女性はどう考えるのか。

姑（しゅうとめ）が「女」が古くなって姑なら、舅（しゅうと）という文字も男が古くなったという形成文字にすべきではないか。媚（こび）、嫉妬（しっ

69

と）、女々（めめ）しい、姦（かしま）しい、姦通（かんつう）など、女へん
の漢字は女性蔑視の言葉が並ぶ。しかし、これらの言葉は過去において出来上
がり、これからもずっと続いていくであろう。女性がどう思おうともである。

(3)　教師の情報管理と手帳術

①　教師の手帳は「４月開始用」が便利

　師走の文房具店には、様々な規格の手帳が並ぶ。多くの人々は１月開始の手
帳を使うが、教師は４月開始の手帳が便利である。

　２月中旬になると、４月開始用手帳が店頭に並ぶ。その日を心待ちにして、
銀座鳩居堂か伊東屋、日本橋丸善で購入する。すぐにでも、次年度の予定を作
成しダブりや漏れがないかチェックするためである。

　手帳を作る作業から、新年度の仕事がスタートする。４月１日より１か月半
程度、前倒しにして始まる。

　筆者は、1989年度から、ずっとＤＡＩＧＯの手帳を愛用している。もう25年
になる。今でも、「高橋」や「能率」などの手帳に比べるとマイナーである
が、とても使いやすい手帳である。月予定、週毎の時間予定欄が充実している
ほかに、必要な情報が掲載されているからである。東京や大阪、名古屋の鉄道
路線図、関東の主な路線、日本地図、その年度と次年度のカレンダー、白紙
ページなど必要にして十分な情報である。

②　予定表の作成と行動の記録

　手帳術について、かつて、拙著で述べたことがある。[1]

　予定表の記入は、３つの欄に区分してまとめておく。まずは、その月の予
定。１日を午前、午後、夜間の３パートに分けて予定を記入する。このこと
で、その月の予定を概観することができる。

　次に週の予定。午前７時〜午後11時までの時間帯で予定を記入する。

　例えば、11月26日（水）午前10時から11時30分。郵便はがきコンクール審査
会、午後１時35分〜４時40分　○○小学校校内研究会、午後６時30分〜９時00

分　泰明小学校ＯＢ会と記入する。そこに、実際の行動を後から記録する。

　この日なら、午前７時30分〜８時20分、自宅学習、午後９時10分〜10時まで二次会とメモする。また、昼食のメニュー、研究会の授業学年、指導助言の反省、ＯＢ会で会話した人の氏名、メニューなどを記入する。これで、予定表がそのまま日記となる。

　予定表の３つ目は、次年度の主な日程の記入である、１年以上前から予定が入ることもある。その予定は、次年度のカレンダー欄にメモして、ダブらないようにする。

③　マーカーで分類

　この、手帳を見やすくするために、マーカーで色別に印をつける。

　週予定の、右に２つの欄をつける。一つ目の欄はその日に実行する仕事を書く。二つ目の欄には、その日の自宅学習の時間、読了した書物と作者名、当該年度の何冊目か、飲食の時間と費用、トレーニングや散歩の時間、万歩計の歩数、鑑賞した映画などを記録する。

　手帳全体では、マーカーで次のように分類している。

ピンク………大学の仕事や行事

水　色………学校や教委などの研修会

緑　色………校長会や国、自治体の仕事

オレンジ……宿泊の出張や旅行

　次に記録欄は、次の色で分類している。

ピンク………自宅学習時間

緑　色………その日の読了した書名・作者名　何冊目か

水　色………トレーニング、散歩、病院

紫　色………外食の時間、費用、何回目

黄　色………万歩計の歩数

オレンジ……映画やＤＶＤの題名

　これらを合計して、一週間ごとに、自宅学習時間、平均歩数等を記入する。

71

このように、「七色の手帳」と自称するようにカラフルである。印をつける
ためのマーカーは、自宅の机、大学の机に常に常備している。

④　手帳による自己管理

　なぜ、こうするのか。第１の理由は、生きている証を残すためである。読ん
だ本も見た映画も、会食した相手もやがて忘れる。しかし、手帳に記すこと
で、過去の日々はどれも珠玉の思い出として記録される。

　手帳の始めのページには、過去17年間ほどの読んだ本、飲み会、見た映画の
数を記している。このことで、各年度の年のおおよその傾向がつかめる。せっ
かくの自分の行動を記録しないなんて、もったいない。記録しなければ、ほと
んど忘却の彼方へと去ってしまう。私は、現在のような手法で手帳術を始めて
から30数年がたつ。新卒時代からの手帳はすべて保管してある。大切な宝物で
ある。

　第２の理由は、手帳に記録することによって、怠惰になりがちな自分をコン
トロールすることである。人間だから時には、テレビの前で、デレッとしたく
なる時もある。しかし、手帳にそれを記すのはしゃくだから、多少無理してで
も、机に向かうようになる。実際に机に向かえば、自宅学習としてその時間を
手帳に記入できる。そして日曜日の夜、１週間の自宅学習時間を合計して手帳
に記録する。この自己コントロールが私の教師人生を支えてきた。さらに、自
分の行動を手帳に記録することで、自身を省察（リフレクション）する。この
ことが、自分を管理職や大学教師へと導いてくれた。

　若い時代に、何冊もの手帳活用術の本を読んだ、先輩たちの話も聞いた。今
でも手帳活用術の本に目を通す。そして思う。我田引水だが、現時点では紙媒
体の手帳では、自分の活用術が教師にはふさわしい方法だと。

　これまでさまざまな人々と仕事をしてきた。自分の手帳術を習得している人
は時間管理ができる。忙しい毎日でもミスをしない。手帳が、日々の行動をサ
ポートしてくれるからである。

10　冬の章　1月の巻　札幌−4.1度　東京5.8度　那覇16.6度

⑴　教育課程の編成

①　新年事始め

　元朝。初日の出に手を合わせ、家内安全と学校の平安を祈る。そして元旦の祝いを済ませてから、氏神に参拝して、我が国の各学校の安寧を切に願う。

　学校の新年は書き初めから始まる。学校によっては、「席書会」という。阪本小学校でも泰明小学校でも、この語を用いていた。

　書き初めは、指導する教師の力量が表出しやすい教育活動である。書き初め大会の作品は、各学級の出来不出来が一目瞭然である。参観の保護者でさえ、それを感じる。これまでに延べ8000教室ほどで授業参観をしているが、教師の授業力量と毛筆作品のレベルは、ほぼ相関している。

　さて、書き初めである。多くの学校では、体育館で行うことが多い。一人当たりのスペースを多くとり、落ち着いた環境で書けるようにする。雅楽などをＢＧＭで流す演出も新年らしくて効果がある。数回の練習を経て、一気に清書を仕上げる。清書する間は特に静謐な環境を保持する。子供たちに集中させることで、若手教師でも相当のレベルの作品までは持って行ける。

　清書作品の保管、欠席児童の対応などして、作品を台紙に貼る。それを書き初め展の会場で掲示する。連合展に出品する作品を抽出し、代替の作品を展示する。ここまでのマネジメントが完璧にできている学校の書き初め作品は見応えがある。

　先年、赤坂の日枝神社で境内の作品展を見学した。江戸城の周りの地区にある公私立学校の作品はレベルが高い。過日は、京都の北野天満宮で書き初め展を参観した。伝統の息づく街、京都の子供たちの作品は見事なものであった。

　音楽や図工の指導に比べて、毛筆の指導の腕が低下している声を聞く。その通りかもしれない。小樽の石原裕次郎記念館で幼少期の毛筆作品を参観したことがある。優れた習字の作品だった。奔放のイメージのある石原裕次郎にして、毛筆の基礎がすばらしい。

現代にあって、子供の指導に当たる私たちは範とすべきであろう。

② 教育課程編成会議スタート

さて、1月になると、そろそろ来年度に向けての教育課程編成作業が始まる。学校にとって最大の重要業務である。

まずは、本年度の学校評価である。多くの学校では、区市教育委員会が示す評価項目にのっとり、各教職員が評価する。それをまとめて学校全体の評価資料を作成する。現業職員や外部評価委員、保護者の評価も考慮する。

その資料をもとに改善事項について具体策を作成する。改善策の原案を編成会議で協議して、次年度の教育課程を編成する。

この一連の作業を中心となって進めるのが教務主任である。筆者は大規模校と小規模校の2校で教務主任をした。公私ともに忙しかったがやりがいのある仕事だった。特に印象的なのが、教科担任制度の設計、一単位時間の設定、朝礼時の国旗掲揚である。どの議論も、賛成と反対の意見が拮抗し、涙を流す教員もいた。根拠となる資料を準備したり、自分の意見をわかりやすく説明したり、全体を収束していく方法などを学んだ。

教育委員会と学校内での宿泊行事をめぐり、議論したこともある。筆者が発議して、校内宿泊行事を開始することになった。数回の激論を交わしたうえでの決定事項であった。教育委員会に校長とともに実施の届を提出しに行ったところ、4年生の学校内での宿泊は衛生上、健康上、安全上認められないという回答であった。2名の担当指導主事と、文字通り激論を交わした。

物別れになって、後日再協議をした。最終的に学校の原案通りに認められることになった。今では、防災演習も兼ねて、学校宿泊は珍しくはない。しかし、30数年前のあの時代は事情が違っていた。その後、校内宿泊行事は、学校の伝統行事になった。

先日、周年行事の記念誌用の座談会があった。40代の保護者となって、当時の思い出として校内宿泊行事を語る教え子が多かった。議論と難産の末の校内宿泊行事だったが、当時の学校教職員の努力や教育委員会の英断で価値ある行

事ができた。

③　次年度への課題

　現行教育課程も折り返し点を過ぎた。その認識に立って、積み残している課題をやり遂げたい。

　学習指導要領第1章総則第4の2では「教育課程実施上の配慮事項」として、12項目を明示している。例えば次の事項である。

> ○児童の言語環境の整備と言語活動の充実
> ○体験的・問題解決的な学習及び自主的、自発的な学習の促進
> ○学級経営と生徒指導の充実
> ○見通しを立てたり、振り返ったりする学習活動の重視
> ○課題選択や自己の生き方を考える機会の充実
> 　以下略

　いずれも、近年の子供たちの学習状況や社会からの要請などを踏まえて策定したものである。こうした項目について、これまでの教育活動で、どの程度実施できたか、今後の課題は何かを明らかにしていく必要がある。

⑵　教育予算を増やす要望

①　教育委員会時代の人員獲得の予算要望

　1月は次年度の事業計画を仕上げる重要な時期である。各種事業は予算の裏付けがあって、初めて推進される。前年夏からの予算要求をめぐる攻防が大詰めを迎える。国政においては、月末の衆議院予算委員会において、与野党の舌戦が始まる。区市町村などの地方自治体においては、2月初めの予算案のプレス発表まで、ギリギリの調整が行われる。

　行政の予算獲得で難しいのは「人件費」の増額である。どの自治体（政府）も厳しい行財政改革で、人件費の抑制策を進めている。

　指導主事時代は、副読本などの作成委員100名の委員謝礼の獲得を目指した。学校の教職員に「余計な仕事」をさせるのだから、謝礼を払ってその苦労

に報いたい。しかし、役所内では「教員の本来業務であり委員謝礼は必要ない」という声が強かった。「ただ働き」では、教職員に顔が向けられない。身分をわきまえず、財政課長に直談判をし、根回しもして、やや減額されながらも、委員謝礼は実現した。

　指導課長時代は学校の学習指導補助員の大幅増加を目指した。学校は忙しい。特別な支援を必要とする子供も増えている。何とか学校の負担を少しでも緩和したいという思いだった。しかし、区政全体での人件費抑制策体制のなかで、非常勤職員とはいえ、「人」を増やすのは難しい仕事だった。係長レベル、課長レベル、部長レベルで何種ものデータを準備して激しい討論を行う。最終局面に向けて、区長にも直談判し、結局は数千万円（確か３千万程度と記憶している）の予算を獲得した。これは、教育委員会や学校が汗をかいている努力への区長からの褒美だった。

　おそらく今は、さらに厳しい人件費の削減が求められている。教育委員会の関係者は予算獲得のために必死の努力を続けている。

② 「定数改善」は教育界の悲願
　現在の学校教育で、どのアンケートでも最大の要望事項は教職員の増加［教職員定数改善］である。

　教師の多忙感は限界まで来ている。加えて、授業時数の増加や健全育成、特別支援教育など様々な課題が山積している。「教師の数を増やしてほしい」という声の実現は、今日の教育界の最大の要望事項である。

　全国連合小学校長会［全連小］、全日本中学校長会［全日中］始め、全国市町村教育委員会連合会、日本ＰＴＡ全国協議会、日本教職員組合［日教組］、事務主事、養護教諭、へき地教育など各全国組織の多くが、共同で要望活動を進めている。

　しかし、大きな壁が立ちはだかる。「子供の数が減っているのに、なぜ、教師の数を増やさなければいけないのか」「教師の力量を向上させれば、それですむ」「スクールカウンセラーやＡＬＴ、学習指導補助員などのサポート体制

の充実の方が費用が安くて効果がある」などの声が強く、正規教員を増加させる計画は30年間実現しなかった。

教師一人を増員すれば、年間経費が約1000万円必要である。生涯賃金では約４億円の経費が掛かる。義務教育の３万校に、教員を１名増員すれば、単年度で300億円、生涯賃金で１兆2000億円の増額となる。

定数改善計画で、毎年、教員を増加させれば、それが毎年度必要経費となって加算される。給与の３分の１を負担する政府も、３分の２を負担する各都道府県も、莫大な財政負担を強いられる。財政健全化を目指す、我が国の予算案作成にあたって、「定数改善」の実現は、最困難事業である。

③　全連小としての実践

10年間にわたり全国連合小学校長会の仕事をした。最重要の活動方針は、「定数改善」だった。毎年、財務省、総務省、文部科学省への陳情を行い、経済財政諮問会議への要望等を行った。

筆者の会長時代、民主党（当時）へ政権交代となった。医師会は新政権支持を表明したが、校長会は政権への距離を取りながら要望を続けた。

鳩山政権は、国民の声が強い予算要望を考慮するという方針を掲げた。大衆迎合的で抵抗はあったが、各校長会、教頭会の努力で全政策の上位を占める声を届かせることができた。

文科大臣はじめ、政府要人とも接触した。与党の小沢幹事長、枝野官房長官、輿石参議院会長との面談や、当時野党だった自民党、公明党の文教部会関係者、歴代文科大臣などにも要請活動を実施した。幸い、日本経済新聞でも、教師の多忙を伝える記事を掲載してくれた。

そして、各都道府県会長には、地元出身の国会議員事務所訪問の指令を出した。さらに、財務省の主計局次長と担当主計官を学校に招いて、給食を共にしながら、学校の多忙さを説明した。校内を巡っているとき、たまたま特別支援の子供が教室を抜け出して、養護教諭に抱えられて戻ってくる姿に遭遇した。「外に出て自動車にはねられなくてよかったね」と大げさに驚いてアピールし

た。主計局次長への「人不足で困る」という現場の深刻な訴えである。

22団体による国民集会。代理を含めて100名を超える国会議員の参加。全連小会長の筆者が代表して定数改善を求める宣言文を読み上げ、集会決議を行った。集会後、待たせてあった車に飛び乗り新幹線と深夜のタクシーで富士山ろくの移動教室へ戻った。「定数改善」への全連小会長としての責任、一校を経営する校長としての引率責任が相克する。

3月末日夕方、退職前の校長室で荷物整理をしていた。携帯電話が鳴った。文科省初等中等教育局長からだった。「今、定数改善法案が衆議院を通過しました。ありがとうございました。」31年ぶりの定数改善が実現した瞬間だった。

(3) 地域資源　地方創生
① 各地の神社

輝かしい新年。全国の学校の安寧を切に祈る。我が国は、先史時代から数々の災害に見舞われてきた。だから、八百万の神々を崇め、新年には鎮守の杜に詣でて無病息災を祈念してきた。

これまで各地の神社に出かけてきた。伊勢神宮、出雲大社、春日大社を始め、出羽、鹿島、香取、諏訪、戸隠、氷川、三島、熱田、北野、八坂、平安、防府、琴平、太宰府、宇佐等多くの神社に詣でて、その伽藍や鬱蒼の杜に心を驚かされてきた。

筆者が幼少期を過ごした品川区旗の台には「旗ヶ岡八幡宮」がある。付近には源平合戦の故事に倣い、「旗の台」「源氏前」「立会川」などの地名が今に伝わる。「旗ヶ岡八幡宮」はとなりの日蓮宗名刹「法蓮寺」と並び、江戸名所図会に描かれている。子供の頃、図会に描かれる「旗ヶ岡八幡宮」を見つけて誇らしく思った。自分たちが、普段かくれんぼや手打ち野球をする遊び場。それらが由緒あるものだと知ったとき、幼心にも畏敬の念がふつふつとわいてきた。

「八幡宮」は各地に多数存在する。面白いもので、幼少期に親しんだ「八幡宮」はどこの地に出会っても親近感を抱く。お賽銭を入れて参拝する。

過日、久し振りに旗の台駅から二駅隣の「洗足池」を歩いた。日蓮上人が足

を洗ったという洗足池の言い伝えのある地である。少年時代によく出かけた場所であった。そこにも、「洗足池八幡宮」がある。それは昔から知っていた。毎年9月第2週は「旗ヶ岡八幡宮」の祭礼。その前週が「洗足池八幡宮」の祭礼となっていたからである。

少年時代には関心もなかった「洗足池八幡宮」の由緒書きを読んだ。そこには、石橋山の戦いに敗れた源頼朝が近隣の豪族の力を得て再度挙兵した地と解説してあった。筆者は、これまで頼朝ゆかりの地である鎌倉や伊豆の修善寺にもしばしば出かけた。義経ゆかりの平泉や京都の鞍馬なども訪ねた。しかし、足元の挙兵地をずっと知らずに過ごしていた。

少年時代、ランニングやボート遊びで出かけ、卓球場や図書館通いもした洗足池。子育て時代には、ベビーカーで散歩にも出かけた。それなのに「頼朝再挙兵の地」という、郷土の宝を知らずにいた。

②　見れども見えず

恥ずかしいエピソードを書いた。しかし、同じような体験をする方々もいるのではないかと推察する。

これまでに、全国を旅してきた。時には、地元の方に案内してもらうこともある。しかし、その土地の素晴らしさに私が感動するほど、地元の人は、あまり関心を抱かないこともある。テレビの旅番組やグルメ情報で有名になったスポットは、誰でも訪れる。そこを一歩外れると、ほとんど誰も来ない。例えば、浅草である。雷門から仲見世通りをひやかして浅草寺までは大混雑である。一歩はずれた三社祭の「浅草神社」や奥山、花やしき方面への客足はずっと鈍くなる。同様に上野である。博物館や動物園へのメインストリートはにぎやかである。そこから少し入った清水観音堂、正岡子規記念球場から不忍池方面は閑散としている。

このように、せっかくの見どころを多くの人が見逃している。私は、京都、奈良や鎌倉にこれまで幾たびか訪問しているが、なじみのコースを歩くことで満足してしまう。きっと、多くの見どころをスルーしているに違いない。身近

な地域の見どころも、見逃しているのではないかと思う。

③　学区には宝物が埋まっている

「地域資源」という用語がある。地域にある人材、産業、生活、歴史、伝統、伝説、自然、交通、名所・旧跡、建物、公共施設、雰囲気など、その地域にある財産である。

先述した、「洗足池八幡宮の源頼朝再挙兵地」もその一つである。

私たちは、これまでも「地域素材の教材化」として、各種教材開発に取り組んできた。しかし、近年はその実践が弱くなっているように思える。

地域学習の実践者は３、４年の教師である。この10年間ほどの新規採用教員の大量配置のため、３、４学年の多くは若手教師である。また、産休育休代替教師である。つまり、最近はその学校や地域に不案内な教師が、地域学習の担い手になっている。地域のことを知らないで地域学習をするから、通り一遍の退屈な学習になる。これは、たいへんもったいないことである。

各学校では、若手教師や産休育休代替講師でもできる地域学習を工夫する必要がある。その手始めとして、学区域の「地域資源図」の作成を奨励する。地域資源図は、拙著『平成の学校づくり』でも紹介している。[1]

地域資源図があれば、新転入してきた教師もすぐに学区域の様子が分かる。

次に、これまで学校が招聘した人物や機関名と該当単元、連絡先［講師料］などを一覧にしておく。これを見れば、誰に取材すればよいのか分かる。

全国２万の小学校には、平均して１校区あたり100歳の長命者が３名、古墳が10か所、郵便局が１つ、コンビニが２つある。もしかしたら思わぬ宝物が埋まっているかもしれない。これを見つけ、価値づける教育を進めることで子供たちの郷土愛が育つ。地方創生とは、「わが街発見」「わが街大好き」が土台でなければいけない。

（１）『平成の学校づくり』　向山行雄著　2013年　第一公報社

11 冬の章 2月の巻 札幌－3.5度　東京6.1度　那覇16.6度

(1) インフルエンザの季節

① 恵方巻きの秘密

2月。「1月はイク、2月はニゲル。3月はサル」と言うほどに、学校の3学期はすぐ過ぎる。

近年の節分行事にかかわり、ひとつの仮説を立てた。子供のいない世帯やマンション世帯などの増加で、豆まきはしないが、鬼を追い出して福を呼び込みたい。それなら「恵方巻き」でもかじって、せめて立春を迎えたい。そんな消費者ニーズをとらえて、この10年程で関東地方でも2月3日の恵方巻きが広まったのではないか。それでないと、単なる太い海苔巻を丸かじりするだけの食行動を、多くの人がするようになった説明がつかない。

セブン-イレブンが恵方巻きの全国展開を始めて10数年。今や、2月3日の風物詩になった。2016年2月3日、JR総武線小岩駅前の大型スーパーの恵方巻きコーナーは約10メートルの陳列台。16種の恵方巻きが所狭しと並ぶ。

② 家庭教育の大切さ

改めて、家庭教育の重要性が指摘されている。いい子はいい家庭で育てられる。いい家庭の条件はいろいろあるが、その一つが折々の行事の尊重である。

初日の出の参拝、七草がゆ、節分、雛の節句、墓参り、端午の節句の菖蒲湯、七夕、月見、柚子湯、大掃除、年賀状書き、年越しそばなどである。子育て中からこうした行事を大切にしてきた。そして校長時代には、保護者にも重要性を訴えてきた。

日本中の家庭から、2月3日の夜に「オニワソト、フクワウチ」と聞こえて来たら、我が国の教育環境は大きく改善される。子供はもっと幸福になる。

③ 新型インフルエンザ対策

2月はインフルエンザの季節である。各学校で、対策を講じているが、多く

の学校で学級閉鎖を余儀なくされる。

　新型インフルエンザの流行は、2009年のことであった。幸い、深刻な事態は回避できたので、国民は「新型インフルエンザは怖くない」という負の学習をしてしまった。

　若い教師なら、現職中にまた新型インフルエンザの流行に遭遇するかもしれない。私は個人的には、自然災害よりも、むしろインフルエンザを含め新型の感染症や水飢饉の方が怖い。数百年のスパンで見れば、スペイン風邪や日照りによる水不足が多数の人命を奪ってきた。それは過去の地震の死者数を凌駕する。

　東日本大震災以来、大地震への備えが進んでいることは心強い。しかし、学校は目の前の事案には懸命に努力するが、多面的な見方に欠けることがある。それは仕方ない。学校を統括する文部科学省や教育委員会の担当者も、「今、そこにある危機」への対応に迫られるからである。議会からの注文も、目の前の事案になる。

　大阪の附属池田小学校でのテロ事件の後は、不審者対応ばかりが俎上にあげられた。そして、今は地震と津波である。もちろん、それも大切である。しかし、長い目で見ると新型インフルエンザや水不足は、平時にこそ対応できる体制を整備しておく必要がある。

　今回の新型インフルエンザは、2009年4月28日にメキシコで発生し、6月3日には、東京都中央区で発生、9月3日に泰明小学校でも発生した。

　これに先立つ前、過去に新型インフルエンザが大流行した際に、大規模な規制で危機を乗り越えた米国のセントルイス市の成功例に学ぶことが大切であると考えていた。具体的には、3か月間にわたって全校閉鎖をした場合の体制を策定していた。

　その中で、「教材備蓄」を実施した。長期間の全校閉鎖になっても、自宅学習できる教材を家庭に備蓄するのである。2009年のメキシコでの発生より前に、保護者会で説明をして理解を求めた。各家庭は、使う可能性の低い教材だが、800円強の教材費を自己負担してくれた。

一方で、教職員の勤務体制もさまざまな発生状況を想定したシミュレーションを実施した。これらの実践については拙著『平成の学校づくり』［第一公報社　2013年］にくわしい。

④　危機管理の要諦
　新たな感染症や水飢饉のような国家レベルの対応をしなければならない課題でも、学校は何をすべきか考えておく必要がある。
　今後は、ライン（ＬＩＮＥ）などを使ったいじめも更に多発する。「体罰調査」の副作用としての問題行動も増加するかもしれない。３分の１の子供は、シングル家庭となる。外交案件を巡って偏狭なナショナリズムが跋扈するかもしれない。各種のテロが、どのような状況で発生するかもわからない。
　教師は、常に子供をとりまく危機について、高感度のアンテナをはっておかなくてはいけない。そして、日頃のニアミスに気付いたら、先手を打って対応をしておくことである。

⑵　母親の感化力
①　スマホをめぐる問題
　厳寒の２月。大人も子供も、つい出不精になる。真冬の児童公園の滑り台やブランコも凍えて、子供たちが訪れる春を待っている。
　寒い冬は、家の中で過ごす時間が多くなる。学校においても家庭においても同様である。この「冬ごもり」の時間を、どう過ごさせるか。大人の思案のしどころである。
　スマホやケイタイばかりしていては、ネット依存になりかねない。
　全国連合小学校長会が、2014年９月に各都道府県10校ずつ（全国469校）の校長に尋ねたところ、夜遅くまでインターネットを使用している　162校。他人にやめるように言われてもインターネットをやめられない　66校、インターネットのことが気になりイライラしたり不安になったりする　38校、インターネットを使わないと勉強に集中できない　24校、という回答であった。

83

この調査からも、全国の多くの学校で、インターネットをめぐる課題が生じている様子が窺われる。

学校では、使用上のモラルについての指導 404校、保護者へのよびかけ 355校、研修会の実施 281校、研修会への参加 168校などの対策を講じている（同調査）。それでもスマホなどをめぐる問題行動は、年々増加している。例えばラインなどでの中傷や脅しは、平成23年度に比べて平成25年度では2倍以上に増加している。同様に、呼び出しなども2倍以上の増加である（同調査）。

② 家庭での教育作用

スマホをめぐる問題行動は、学校ではなかなか見つけにくい。日ごろの健康観察や質問紙による実態把握などで、一定の状況把握はできる。しかし、子供自身が秘匿すれば外側からは発見しにくい。

となれば、家庭でのしつけに頼らざるをえない。家庭内において、スマホ使用のルールを作り、その遵守を指導する。特に、親の留守中においても、ルール通りにする態度を育てる。と、このように言うことは簡単である。しかし、「言うは易く、行うは難し」のとおり、その徹底を図るのは容易なことでない。

先ずは、親が率先してその範を示さねばならない。具体的には、親自身がスマホ使用について自制し、家庭内の会話を増やす。時間を決めてスマホを操作する、歩行中や自動車運転中は控える、などの姿勢を示すことが大切である。

寒い冬は、親子が室内で共に過ごす機会が多い。親の背中を見て子供は感化を受ける。躾をするいい機会であると、早目に親への呼びかけをしておきたいものである。

③ 家庭教育の大切さ

ある本に、このままでは日本和食文化が壊れていくという警告があった。親が子供の好むカレーやハンバーグ、唐揚げばかりを作り、伝統的な食事をつくらないという指摘である。

例えば、若い親たちは、糠漬け、てんぷら、ちらし寿司、とろろ飯、煮しめ

や「ぬた」などの料理を作らない（作れない）のではないか。朝食は、ごはん、なめこ汁にめざし、小松菜おひたし、大根糠漬け、お茶という食事をとれば日本人の体質に合った健康体になる。脂質やカロリーをおさえた食事で肥満防止になる。しかし、このような献立の組み合わせを考え、日々実践するのは若い家庭にはひと苦労である。勢い、パンと牛乳、りんごにチーズなどの朝食になる。こうして、和食から次第に遠ざけられ、子供たちは、無国籍の食文化にすっぽり染まる。

　スマホと食事を例にしたが、子供の親たちの在り様が、その生育に大きな影響を及ぼす。

　私事であるが、筆者の家内は大学時代の学長から『母親こそ最大の教師である』と繰り返し教わった。東京都の名物教育長だったその学長の教えが、孫を持つ身になってしみじみとわかるという。

　筆者も同様に思う。40数年の教師生活でさまざまな親子関係を見てきた。

　家庭教育に勝るものはない。母親の教えより秀でた感化力はない。心からそう思うようになった。それに比べれば、学校の教育作用などたかが知れている。子供は、つまるところ母親の愛情に包まれ、父親の背中を見て育つものである。そのいずれかが欠けていたら、片親が兼務するか、誰かが精いっぱいの代行をして穴を埋めるしかない。

　ここで注意しておかなければいけないことがある。学校の教育作用はたかが知れている、だからと言って、手抜きをしていいはずはない。

　たかが知れているが、恵まれていない子供にとって、学校の教育作用は大きな影響をもたらす。例えば貧弱な食生活の子供にとって、学校給食は正しい食生活へ引き戻す羅針盤となる。

　学校の教師が、真剣に子供の教育に当たれば、親も自身の「来し方」を自覚し、賢い親になろうと自戒する。親の年代は、開発途上の年頃にある。まだまだ人間としても未熟である。子育てを通して、わがままをおさえるすべを知り、次第に角が取れて丸くなるのである。

　かつての東京都知事、石原慎太郎は、年度始めの校長会で「家庭教育こそ大

切である」と繰り返し、校長に檄を飛ばしていた。優れた作家であり心眼の鋭いインテリ知事の真骨頂であったと今も思う。

(3) 先駆的な実践と後世への宿題
① 給食の改善

　葛飾区立清和小学校のＰＴＡ広報が届いた。6年生の卒業メッセージで「清和小学校の自慢」が掲載されていた。6年生の多くは、学校自慢として「清和小学校の給食がとてもおいしい」と述べていた。筆者の知らない子供たちの顔写真と「給食がおいしい」という声に胸が熱くなった。

　2000年、清和小学校の校長になった。赴任当時の給食は、粗末でまずいものだった。教員の指導にもかかわらず、大量の残菜が出た。給食調理スタッフは権利ばかり主張していて、誠意のないみすぼらしい給食を続けていた。しかし、給食スタッフの大半が葛飾区民であり、区長選挙の大応援団ということもあり、給食改革は手つかずのままだった。

　当局と職員団体の数次にわたる交渉で委託事業試行の道筋がつけられた。

　たった1校のプロジェクトを清和小学校が引き受けることになった。試行に反対する職員団体は機関紙で、宣伝活動を続け、撤回を区当局に申し入れていた。そして、学校近くの駅頭で、清和小学校民間給食反対の演説と署名活動を展開した。学区域の全家庭に「民間給食は利潤追求に走り、危険である」「これまでの給食の質が低下する」という宣伝ビラをまいた。こうした中で、試行がスタートする。詳しくは拙著『平成の学校づくり』で述べた。

　民間委託で給食の質は著しく向上した。栄養士は毎回の給食を写真にとり、私とともに、味だけでなく献立の組み合わせや配膳時の色彩などを検討した。このような努力で残菜は全く無くなった。「おいしければ、残さず食べる」という原理を私たちは確認した。それでも反対運動は続く。未明までの区役所内での団体交渉で清和小民間給食が俎上に上がる。当事者の助役は、撤回寸前まで追い込まれる。辞表を懐に教育長がそれを阻止するため直談判に出かける。議会で攻防が続く。

それらの日々を経て、民間給食はようやく軌道に乗る。それを見届けて私は転出する。

　それから10余年。当時生まれていなかった子供たちが、今の給食を食べる。満足する顔が目に浮かぶ。おそらく保護者で駅前の反対演説や不安をあおるビラを記憶している人はほとんどいない。現在の教職員も、そのような反対運動の中で給食改善事業が関係者の努力で進められたことを知らない。

　それでいいのである。先駆的な実践はやがて忘れられ、「今の日常」が当たり前になる。「菊づくり菊見るときは別の人」でいいのである。今を生きる子供たちは、率直に「清和小学校の給食はおいしい」と言ってくれる。こんな校長冥利のことはない。

② 　後世への宿題
　将来のために、布石を打って危機を回避する。そのための活動をしてきた。しかし、結果を出せずに現役世代につけをまわさざるを得ない事案もある。

　例えば、初任者の大量配置に関わる施策もその一つである。初任者の赴任前研修、ベテラン指導教員とのダブル担任制、初任者研修の負担軽減などは一定の成果を挙げることができた。

　数年をへて若手教員が産休育休を取り始めると、大量の代替教員や講師が必要になる。そのためには、大量の後補充スタッフの確保と学校が見つけやすいシステムに改良する必要がある。

　校長会では、すでに10年程前から、やがて到来する、「大量産休時代」に備えて、人事部と協議して各種対策を講じてきた。しかし、採用倍率の低下、教員免許更新制度の導入、再任用教員のフルタイム化などの要因などにより後補充対象者が大幅減少した。十年を経て杞憂は現実になった。そして今でも、効果的な改善策を打ち出せないままでいる。忸怩たる思いである。現役世代の努力に期待するとともに、側面から応援をしていきたい。

12　冬の章　3月の巻　札幌0.1度　東京8.9度　那覇18.6度

(1) 卒業式の意味

①　卒業行事の工夫

　弥生3月、校舎に卒業式の式歌を練習するピアノの調が聞こえてくる。学校の3月はセンチメンタルでロマンチックである。テレビでは学園ドラマの再放送が放映され、卒業関連の曲も特集される。スーパーマーケットの桜と菜の花の装飾が春を演出する。別離の演出が着々と進む。

　14年間の学級担任時代に5回の卒業生を送り出した。ラスト2回の卒業生は、特に謝恩会の演出に趣向を凝らした。1時間ほどのストーリーを作り舞台正面と会場後部の2つのステージを使う。照明、ペンライト、BGMなどを用いる。子供の独唱、合唱・合奏、筆者のギター演奏、保護者の合唱、教職員の演奏などを組み合わせて、エンターテイメント性を高めた。

　司会の子供には、台本を見ないでも進行できるように指導した。謝恩会前の土曜日には、弁当を食べてから午後一杯、徹底的にリハーサルした。

　謝恩会当日、来賓、教職員、保護者の賞賛は高いものがあった。子供たち自身も満足した顔をしていた。

　5年生は「6年生を送る会」を担当する。東京タワー近くの芝小学校は全校で150名程度。送る会の会場として体育館は広すぎる。空間が広がりすぎて散漫になる。そこで会場を装飾で狭くしようと考えた。天井からは大型の折鶴を1000羽ぶら下げる。B4判上質紙で折る年度初めから、各学級で作成を依頼してある。会場に一斉開花させた水仙の鉢を100個並べる。

　上からつり下げた鶴とフロアの水仙で、会場は程の良い空間になる。全校児童150名での6年生を送る会だが、空間を狭めたことにより会場の雰囲気が凝集された。

②　卒業式は学校の最大の行事

　卒業式は儀式的行事である。厳粛で適度の緊張感が要求される。卒業式で最

も重要なのは学事報告である。通常は、司会の副校長（教頭）が、「学事報告！学事報告はお手元のプリントをもって代えさせていただきます」と声を発して完了である。時間にしてわずか10秒間である。なぜ、これが大切か。

卒業式は、長年にわたって納税してくれた地域住民や保護者に6か年の学事（教育活動）を報告し、成長した姿を披露する場である。納税者は、次代を背負う子供たちのために、多額の税金を納付してくれた。それで教職員を雇用し、校舎を維持し、必要な経費を負担してくれた。学校給食も、必要経費の3分の1以下の費用負担で運営できた。これらの投資額は相当なものになる。

これらの投資の成果を見てもらうために。来賓として学校の設置者（区市町村）及び設置者の教育委員会の臨席を依頼する。また地元の町会長など関係機関の代表者もお招きする。

卒業式の学事報告とはそういう意味があることを教職員が理解し、子供たちに指導しなければならない。学事報告は単なるセレモニーではないのである。

卒業式で、次に重要なのは所作である。腰かける、起立する、会釈する、歩行する、立つ姿勢を保つ、返事をする、おじぎをする、卒業証書を受け取る、感謝の微笑を浮かべる、そして何よりも難解な祝辞を身じろぎもせずに傾聴する。これらの所作に、教育成果が表出する。

こうした所作に比べれば、合唱や呼びかけなどはたやすい。そう力量のない教師でも一定のレベルまでは持っていける。

しかし、当たり前に見える立ち居振舞いを全校レベルで指導するのは、そう簡単なことではない。学校の伝統、所属職員の指導力、保護者の応援、そして6か年の教育成果が試される。

③　世論と輿論

日本の小学校のチカラは世界に冠たるものである。新制中学校の歴史は浅いが、そこそこのチカラがあるだろう。

日本の教師はもっと自分の教育実践に自信を持っていい。私たち教師は、「お人よし」の集まりだから、世間の期待に真摯に応えようとする。それはす

89

ばらしい姿勢である。しかし、今のような忙しさが続けば、学校は次第に疲弊をしていく。「忙しい」という字は、「心を亡くす」と書く。大人が忙しすぎると、子供の姿が見えにくくなる。これが怖い。

その昔、「世論」は「輿論」と書いた。「輿を担ぐ人でもわかる論」である。つまり大衆迎合の極みの論である。私たちは、「世論」というポピュリズムに負けてはいけない。また、組織内の狭い迎合論に流されてもいけない。学校教育の改革は、真に勇気ある者によって先導される。そしてよきパートナーが助力する。それに良心的なメンバーが付いていく。それぞれの場での努力こそが学校教育を充実させる。

(2) 教師の仕事に生きがいを

① 学校の教師と子供の関係

学校の3月は別れの季節である。人が出会い、人と別れ、また新たな出会いを待つ。そんな繰り返しのなかで、いくつかの季節が過ぎていく。

どの卒業式の後でも、放課後の屋上で一人センチメンタルに佇んだことを昨日のように思い出す。初めの教え子は53歳、最後の教え子は39歳になった。たまのクラス会で、それぞれの人生を懸命に生きる姿に接する。思い出のあれこれを聞いて、忘れていた記憶がよみがえる。学校の教師と子供の関係とは、いかなるものであるのかと今更ながらに思う。小学校の師弟関係とは、もしかすると学校生活卒業後の数十年で検証されるべきものなのかもしれない。

現役時代、子供と日々格闘していると、喜怒哀楽の感情さえ自制的になる。ささいなことでも心が沈み、ゆとりを持って先を見通すことなどできようはずもない。しかし、学級担任を離れて26年、小学校教員を退職して5年を経て、ようやく「全人的」な教育のイメージが見えてきた。

② 学校の連立方程式

学校は『牧歌的』な空間でなくてはいけない。子供たちと教師が、自分をできるだけ開放し、存分に「今、生きる充実感」を感じる場でなければいけな

い。現実が厳しいことは百も承知である。

　現在３万の小中学校で1000万人の小中学生が学ぶ。10年後は、その数が１割減る。数年後、生産年齢人口が同様に減少する。

　１割生産効率を高めなければ、現在の持続可能な社会を保つことができない。だから、学校でもそれを実現できる資質の向上を図る必要がある。

　すると学校での教育活動は、今より質量とも一割程度アップさせなければならない。やや乱暴な物言いだが、国民向けには一定の説得力をもつ。

　平成の学校教育は、「牧歌性の回復」と「質と量の充実した教育」という難解な連立方程式を解かなければならない。この方程式を解けるかどうか、この10年ほどの学校教育は、さまざまなチャレンジをしていく必要がある。

　学校の教師に、「子供と向き合う時間」を保障することが何よりも優先されなければいけない。「子供と向き合う時間」は基本的には、授業時間である。しかし、何らかの事情で、教師が子供と十全に向き合うことができないとしたら、その阻害要因を減少させるように関係者が努力する必要がある。

　「子供と向き合えない」要因のトップは、教師の「多忙感」である。各種調査でも、日本の教師の超過勤務時間の多さは実証されている。ここにメスを入れなければいけないことは、多くの教育関係者に共通した問題意識である。また、さまざまな取り組みもされてきている。しかし、状況はほとんど改善されていない。

③　教師の「多忙感」

　大学院の教え子が、学校の教師となって赴任する。異口同音に毎日遅くまで仕事をしていると言う。かつての部下が学校の管理職や教育委員会の勤務をしている。休日出勤が常態化している。後輩の校長たちに聞いても、皆忙しくて目が回ると言う。本当に大変だなと思う。つくづく気の毒だと同情する。「平成の学校教育論」とは、つまるところ、「多忙感の克服」にある。と、こう書いてきて自身の教師人生を振り返る。はたして自分は、「多忙感」にさいなまれたことはあったかと……。

91

42年間の教師生活だが、「忙しい」と思ったことは一度も無かった。この42年間の手帳はすべて保管してあって、たまに振り返ることがある。手帳を見ると、よくぞこれだけ忙しい日々を過ごしてきたなと驚く。辛い仕事もあったし眠れぬ夜を何度も過ごしたこともある。ストレスを発散するために深酒をしたこともある。それでも日が昇ると、元気（時にはカラ元気）に出勤した。

どうして42年間このように過ごすことができたのか。ここに、前述した連立方程式を解く〝鍵〟がありそうだ。結論から言うと、教師という仕事を意気に感じていたからである。だから、「多忙感」というマイナス感情が湧いてこなかった。むしろ、「多忙を楽しむ」もう一人の自分がいた。

毎日の行動を手帳に書ける喜びがある。その日、どのような仕事をしたか、どんな本を読んだか、どこで誰と飲んだか、何を食べたか、何歩歩いたか、トレーニングやウォーキングをしたか、どんな映画を見たか……それらのことを克明にメモしてある。その日にたくさんのことがあったら、いいこともそうでないこともたくさん書ける。これが、ストレス発散になる。

⑶　これからの教育への提言

①　実践を省察して

3月の別れの時期。毎年3回の卒業式に出席する。銀座の泰明幼稚園の修了式、武道館で行う帝京大学グループのマンモス卒業式・大学院の学位記授与式、泰明小学校卒業式である。6歳〜25歳（現職教員学生は50歳代まで）の各世代の卒業に立ち会えて、まことに教師冥利である。

卒業式を終えた日、いつの時代も感傷で胸がいっぱいになる。晴れ晴れとして学校を後にする教え子たちを見送りながら、果たしてこれで充分であったろうかと自問自答（省察）する。42年間の教師生活、その自問はずっと続く。

②　これからの教育課題

これからの教育への課題をいくつかをアトランダムに上げる。

一つ目は人口減少社会での教育である。言葉を変えれば、少子高齢社会での

教育である。現在全国３万の小中学校で1000万人が学んでいる。それが10年後には、一割減少する。

　単純計算すれば、学校数も3000校不要になる。集落にある学校が閉校になるという現実は、多大なダメージを与える。廃校した校舎の転用、老朽建物の処分などの課題もある。

　統合により学区域が広がり、子供たちの通学距離が伸びる。住民も、「おらが村の学校」という親近感が薄れる。それぞれの地域をいかに活性化するか、学校はどのような機能を果たすのか。子供たちの資質をさらに１割高める教育をどう進めるか。

　二つ目は、グローバル化する世界での教育である。子供たちは社会人になって、これまでより一層グローバル化した世界で生きてゆかねばならない。

　多文化共生社会のなかで、互いにコミュニケーションを深める手だてを身につける必要がある。外国人が来る、外国へ出かける機会が増えれば、テロへの脅威も高まる。世界に向けてテロには屈しないという日本国および日本国民の気概を見せなければ、テロリストたちの格好の餌食になる。

　「自己責任」の重さを、幼少期から適切に指導していかなければいけない。誰の助けも得ず、時には自己の生命さえ危うくなるという現実を、どこかの段階で自覚させるべきである。つまり、これまでののほほんとした平和ボケから覚醒させる教育を展開していくことが大切である。

　三つ目は、イノベーションへの期待である。柔軟な頭脳を持った子供たちが、青雲の志を立てられるようにする。「志」とは夢と希望と目標である。そのいずれもの要素があって、始めて「志」となり得る。

　例えば世界で第四位を占める広大な海洋の開発である。海底探査船『白嶺』の活躍で、日本近海の埋蔵資源の存在が明らかになった。

　現在は50キログラムの鉱石を海面まで引き上げるのに1000万円のコストがかかる。日本政府が目標とする2020年代での商業化のためには、様々な分野での技術革新が必要である。

　かつての松下幸之助や井深大のように、若い世代が自らの分野で挑戦をして

93

結果を残せるような教育が必要である。それは初等教育から高等教育までの各段階で、体系的に施されなければいけない。

　四つ目は、子供を取り巻くマイナス要因へのセーフティネットの確立である。社会的弱者である子供たちを襲う危機は多種多様で、時節を経て微妙に変化する。

　感染症や自然災害、戦乱での殺傷などによって、有史以来多くの幼い命が失われてきた。また、貧困や家庭不和、事故・事件、重篤な障害などで、厳しい現実を生きる子供たちもいる。

　長い目で見れば、どの要因も確実に改善されてきていることは間違いない。それでも、少なからぬ子供たちが苦しい現実の中であえいでいる。だが、家庭虐待やスマホ依存、ニートや引きこもりなどの新たな事案も看過できぬ状況まで来ている。学校教育でも、いじめ、不登校、学級崩壊、保護者の無理難題要求、若手教員大量配置、教師の多忙感、特別支援教育など、当事者にとっては深刻な課題も山積している。

　こうしたマイナスについて、効果的な対応をしていくことが、社会全体の安定のために欠かせない。今でも、それぞれに関係省庁や関係者が懸命の努力を続けている。それを「多」としつつも、予算の範囲内で一層の方略を探っていく必要がある。

　他にも、多くの課題が山積しているのは言うまでもない。

　我が国の初等教育は、世界に冠たるものである。しかし、社会の変化に応じて変えるべきところは変えていかねばならない。松尾芭蕉の「不易と流行」の語のように、真実をしかと見抜く目と勇気を持ち、子供たちの幸福を守っていかなければならない。

Ⅱ めざせ教育管理職
冬から秋への１年間の修業

1 冬の章 管理職への決意

⑴ 合格への流儀とは

① 管理職への挑戦開始

　「Ⅱ　めざせ教育管理職」では、管理職選考に挑戦する教師からみた「学校歳時記」を記す。受験勉強のための１年間は忙しい毎日が続く。それでも、冬から春、夏、秋と、季節の移ろいの中に「学校歳時記」は時を刻んでいく。

　12月は学校でも何かと忙しくなる。成績物の処理、受験生へのフォロー、校内の事務分掌や校内研究で、まとめと次年度への課題を考える時期にきた。

　管理職候補の世代であれば、家庭でのあれこれの仕事も慌ただしい。大掃除やお歳暮、年賀状、年末年始の家族サービス、家事も多くなる季節である。

　師走は「師が走る」ほどに忙しい。しかし、能率よく仕事を進めれば、冬休みには、数日間の「豊穣の時間」を生み出すことができる

　管理職候補世代にとって、「数日間の自由」という「豊穣の時間」は滅多に訪れない。年末年始、ゴールデンウィーク、お盆休暇くらいしか、そのチャンスはない。可能なら、12月17日（土）と18日（日）などを使って、年賀状と大掃除を済ませてしまう。12月31日、１月１日と１月２日を、年越しや初詣などの家庭行事に使う。

② 学習の計画

　そうすれば、管理職選考に向けての学習に６日間を使える。１日に８時間を勉強に充てると、８時間×６日間で48時間の勉強時間である。

　先ずこのように、大枠を構想する。この48時間で、何を習得するか。せっかくのまとまった時間だから、普段できない学習をしたい。

教育法規が苦手、学校経営の視点が弱い、論文の文章構成力が拙い、教職教養を忘れた、質問に端的に回答する訓練ができていない。

欠点と思う分野は、人それぞれに異なる。だから、自分の流儀で、合格に向けての勉強をすればいい。

例えば、38歳で2人の子持ちのM先生が管理職選考の準備をする場合である。6日間の学習計画を次のように立てた。

6時〜8時	朝食、家事等
8時〜10時	学習1「教育法規」
10時〜13時	家事、買い物・昼食
13時〜15時	学習2「学校運営」
15時30分〜17時30分	学習3「教職教養」
17時30分〜20時	家事、夕食
20時〜22時	学習4「論文執筆」
23時	就寝

このように計画を立てると、6日間の学習内容が予定できる。

③　学習の実際

学習計画では、教育法規の学習を2時間×6回で12時間充てることができる。例えば、242ページの『図解・表解　教育法規』（教育開発研究所）をテキストに用いる。

1時間に20ページを読んでいく読解力・理解力があれば、6日間で読了する。1時間に10ページの能力なら、半分まで読んで、残りは日ごろの学習に回すことも考えられる。もし、冬休み中に教育法規について一定の習得をしたいなら、教職教養を後日に回す。またはテキストを100ページ程度のものにする。

こう計算すると、6日間で読了するテキストの数や量が決まってくる。

論文は2000文字程度のものを6回執筆できる計算になる。異なる課題で6種類書くこともできる。3種類の課題で第1次案を書き、推敲して第2次案を3種執筆することも可能である。

こうした計画を円滑に進めるためには、学習を始める前に学習予定を作成し、事前にテキストや原稿用紙などを準備しておく。

6日間の「豊穣の時間」であっても、急な用件ができて計画通りにできぬこともある。それも想定して、2割程度ゆとりを持って計画をしておくことが大切である。どのような計画でもそうであるが、予定に進めないというリスク管理をしておくことで、結果として円滑に遂行できるものなのである。

④　合格への流儀

「試験勉強」は学生時代の一コマとして、我慢して取り組む苦しい時間だったと思う人は多い。しかし、はるか昔に過ぎてしまった今、妙に懐かしくも感じる。「重いカバンをかかえて通ったあの日……」とペギー葉山の歌声とともに甦る。管理職勉強を始める人は、教師になって数十年を経て、「何を今さら受験勉強だ」と思う。「学校は毎日忙しいし、その上受験勉強などをしている時間はない」とも感じる。そのとおりである。かくいう筆者も、そうだった。けれども21年間の指導行政・校長時代を終えてつくづく思う。管理職になってよかったと。

合格への流儀とは、自分流でチャレンジしようということである。自分の置かれている条件を踏まえて、やっていけばいい。

この冬休みに何時間、学習できたか。48時間程度、机に向かうことができたなら、きっと近いうちに管理職への道は開かれるはずである。

⑵　合格を目指す勉強法

①　自己啓発費の計上

12月の中旬、終業式まであと10日、学校の仕事をこなしながら、冬休みの「豊穣の時間」を充実させるための準備もしておきたい。

今年の年末ボーナスも支給された。自分のために使える小遣いは、家庭的な条件などでさまざまに異なる。いったいどれくらいの金額を自己啓発の費用として当てているだろうか。自己啓発のための費用とは、書籍・教育新聞等購入

費、各種研修会参加費、旅行や学校参観費、パソコン関連物資購入費、郵券や各種文房具などをいう。

　例えば、『日本教育新聞』を１年間購読すれば約23000円かかる。『週刊教育資料』は約43000円。『内外教育』は約46000円である。専門誌なら例えば『社会科教育』は約9000円。これだけで、約12万1000円かかる。これに毎月書籍を１万円程度、各種経費を５千円程度かけると、ざっと、年間30万円程度の費用になる。毎月２万円の経費とボーナスで３万円を充当すれば間に合う。あるいは、思い切って１回のボーナスで９万円の自己啓発費を用意すれば毎月の経費は１万円で済む。

　諸事情で、節約生活を強いられているなら、学校（校長室）に来た教育資料を読み、図書館で書籍を借りてしのぐという方法もある。しかし、古来から先輩たちが言うように、身銭を切って学ばなければ芸事は身につかない。管理職選考の学習も同様である。

　12月はボーナス月、非常勤職員や再任用職員はボーナスなどほとんどない。自営業や中小企業従事者の多くもそうである。ボーナスを安定的に受給できる喜びをかみしめたら、自己啓発費を計上したいものだ。

②　学習時間の確保
　日常の学習時間の確保について、前提条件をおさえる。

> ・１日は誰にも24時間である
> ・管理職候補で忙しくない人はいない。忙しいのは当たり前
> ・誰しも何らかの家庭の事情を抱えている
> ・体力的には、下り坂にかかってきていて疲れやすい
> ・金はいくらあっても足りない
> ・更に家庭のふれあいをしたい

　こうした条件の中で、学習時間を見出す。
○毎週８時間の学習を目標にする。
・平日の退勤時刻を決める。

・通勤時間＋１時間30分後に自宅で机に向かう（午後７時退出、通勤70分間→午後９時40分学習開始）

・土曜、日曜で、平日の不足分をカバーする。土曜日曜で５時間確保できれば、平日は３時間の学習ができる

○毎週、机に向かった時間をメモしておく

　これが私の受験生時代の学習計画であった。１週間に８時間という目標を立てた。学習した時間は必ず手帳にメモした。日曜日の夜に、その週の学習時間を計算して手帳に記す。

③　学びのススメ

　１週間に８時間、自宅で机に向かうという習慣は３年間の、受験生時代を終えても続く。一度身についた習慣は忘れない。管理職時代になってからも、受験生時代と同様に自己啓発の時間をとり、様々な文章を執筆する生活は継続している。現在は、平均週当たり15時間は自宅で机に向かう。

　とかく管理職になると、自分の考えや意見のアウトプットの場面が続く。その反面、インプットのための時間が不足するから、「アウトプット疲れ」して、外に向けて話す内容が乏しくなる。

　乏しくなったアウトプットはつまらぬ観念的な話になる。そんな話を誰も聞きたくない。聴き手がみんな我慢しているだけである。しかし、現実は多忙を理由に、インプットの時間確保の努力をしていない管理職や指導主事を多く見かける。その人たちは、せっかくの受験生時代に机に向かう習慣を身に付けられなかった人々である。

　管理職を目指したならば、己の生活の流儀を形成するべきである。それはどういう流儀か。「学びのススメ」という流儀である。言いかえれば『生涯学習』という生き方である。この流儀は退職をしても、さらに長く続けられる一生の宝となる。

⑶ 管理職として本を読む

① 正月の読書

　正月休みには、こたつでごろ寝しながら読書する人も多い。日ごろ本を読まぬ人でも、正月くらいはのんびりと読書にいそしみたい。

　古来から、文章上達の極意は「よく読み、よく書き、よく直す（推敲する）」と言われてきた。達意の文章を書くためには、まず、本を読まなければならない。「合格者の流儀」の第一の姿勢は、よく読書をすることである。

　仮に、普段あまり本を読まぬなら、この正月休みに読書に親しむ、それを習慣化することを推奨する。よく読書をする人は、読書の習慣が身に付いているのである。忙しいとか、そうでないとかは関係ない。故大平首相は、総理大臣在職中でも頻繁に書店に出かけていた。

　10数年前、あるシンポジウムでジャーナリストの池上彰氏と登壇した。控室で、読書の話題になった。筆者は1年間に100冊読んでいたが、池上氏は年間200冊読んでいた。当時NHKの管理職で、子供さんのPTA役員をしつつ、圧倒的な読書量をこなしていた。私と同年齢の池上氏が、ブレークするのは、その数年後である。池上氏のわかりやすい解説は圧倒的な読書に支えられているのである。

② 筆者の読書履歴

　さて、ミドルリーダー時代に、どれくらいの本を読めるのであろう。

　参考までに、筆者の読書履歴を記す。

87年	37歳	生活指導主任77冊	88年	38歳	教務主任	96冊
89年	39歳	生活指導主任61冊	90年	40歳	区指導主事	42冊
91年	41歳	区指導主事 88冊	92年	42歳	区指導主事	86冊
93年	43歳	区指導主事 104冊	94年	44歳	区指導主事	123冊
95歳	45歳	都指導主事 84冊	96年	46歳	都指導主事	92冊
97歳	47歳	都指導主事 94冊	98歳	48歳	区指導課長	101冊
99年	49歳	区指導課長 108冊	00年	50歳	校長	102冊

01年	51歳	校長	109冊	02年	52歳	校長	100冊
03年	53歳	校長	128冊				
・・・・・・・・・・・							
11年	61歳	大学教授	172冊	12年	62歳	大学教授	171冊
13年	63歳	大学教授	158冊	14年	64歳	大学教授	144冊
15年	65歳	大学教授	149冊				

　新しい職場に昇進や異動した際には、やや読書ペースは落ちるが、慣れると次第にペースが上がってくる。ここに記した数字は単行本だけである。数種の月刊誌を購読しているが、それは履歴には含まない。

　管理職選考を受験していたのは、37歳から39歳までの3年間。その間の読書冊数は、上記のように60冊から100冊程度である。

③　読書術の上達

　合格者の流儀としての読書は、『濫読』が最適である。何度でもいいから、片っ端から読む。面白くなければ、途中でもやめる。何冊か並行して読む。本を購入するのをためらわない。街歩きをしていて、10分の隙間時間があったら書店に立ち寄る。どこへ出かけるのにも必ず文庫本程度は持参する

　このような習慣が身に付けば、読書のペースはぐっと上昇する。

　活字を毎日読まないと、読解力は低下する。校長時代に、2泊3日で臨海学校や移動教室に出かけ、文字世界から数日離れただけで、読書のペースは低下する。ピアノ奏者が、1日でも練習をしないと腕が鈍るのと同様である。

　読了した本の書名と作者名、その年度の何冊目かを手帳に記している。こうすることで、前年度のペースと比較できる。また、手帳に記すことで一冊読み終えたという達成感が持てる。この達成感が、さらに読書のペースを加速させる。たくさんの本を読むと、さまざまな『知』が有機的に結びついてくる。結び付くことで新たな、『知』の発見が生まれる

　本を読む人の文章は、学校だよりなどでも説得力がある。話す言葉にも、言霊が宿る。反対に、本を読まぬ人の話や文章はうすっぺらい。

相撲の世界の「3年先を見据えた稽古」のように。読書は、その人の3年先の仕事の質を左右する。今から読書に挑戦すれば。3年後には一定の力量を持てる。管理職たる者、ある程度の教養と識見を持ち合わせていたい。そのために、読書習慣を是非、身に付けたいものだ。

⑷ 管理職として文章を書く

① きれいな文字

1月中旬、各学校では墨痕鮮やかな書き初めが掲示されていることであろう。近頃は、ワープロ文書ばかりで、手書きの文字を見る場面が減ってきた。だが学校では、保護者や子供への返信、板書や掲示物などでも手書き文字が主流である。

会場で行う管理職選考は手書きで行う。だから文字の優劣や読みやすさなどが一目瞭然である。「文字の上手は七難隠す」の通り、美しい文字で整然と書かれた文章を見ると、採点者は高得点を与えたくなる。何度か管理職選考の論文審査をしたが、たくさんの読みづらい文章を読んでいると、美しい文字が、掃き溜めの鶴のように思えてくる。

管理職選考にチャレンジしていた時代、筆記用具は三菱ユニの「B」の濃さの鉛筆を用いていた。「B」の鉛筆は大人にはやわらか過ぎて、すぐに芯が丸くなる。しかし、滑らかで手が疲れず、しかも黒々とした力強い文字が書ける。採点者にも読みやすい印象を与える。作家の林真理子は、さらに濃い4Bか5Bの鉛筆で、原稿を量産するそうだ。

当時、筆箱には、常に20本、自宅の机には30本ほど常備していた。鉛筆は長く使用すると手のアブラで滑りやすくなる。滑り止めのために、鉛筆を「市松模様」にナイフで刻んだ。

現在は、東京都の校長選考のように事前に課題論文提出を求める自治体もある。誰でもパソコンで文章を仕上げる。しかし、多くの自治体では、試験会場で手書きの文章を書く。その際には、丁寧で力強い文字を書くようにしたい。

②論文を書く

　管理職選考の答案は、課題論文である。論文とは、「論理性のある文章」のことを言う。作文やエッセーとは違う。提示された課題に対して、自分の考えを論理立てて展開するのが論文である。

　近年は、日ごろの仕事はパソコンを用いることが多い。校内分掌で作成する文書はもちろんである。加えて、自己申告書、学級経営案、通知表の所見や私信の手紙までパソコンで作成する。パソコンで仕上げた文章は見た目にはきれいに印字されている。だから、内容も充実していると錯覚しがちである。確かに稚拙な文字で書かれた文章に比べれば、一定のクオリティーの高さを感じる。

　そこに誤解が生じる。パソコンで書かれた文章は、往々にして手先と機械で書いた、内容の乏しい表現になりがちである。また、読点が多すぎたり、変換ミスがあったり、パソコン特有の齟齬を生じやすい。

　是非、日ごろから、「鉛筆なめなめ」手書きで自分の文章を書く鍛錬を積みたいものだ。特に、キーボード入力に長けていて猛スピードで文章を書ける人ほど、手書きの文章を書く際に調子を狂わせる人がいる。試験会場で焦らぬためにも、試験のための論文執筆は手書きで行うことを推奨したい。

③　文章の上達

　かつて、三島由紀夫は森鷗外の文章が古びないのは形容詞が節約されているからだと言った。また、板坂元は鷗外の文章が簡潔で堂々としているのは受身形が極端に少ないからだと言う。

　分かりやすい文章は簡潔である。たとえば、松本清張の文体は、一文が短い。小説のページが白っぽく見える。一文で一義にすれば誤解なく、すらすらと読める。

　しかし、文章を長く繋ぐと、とたんに分かりづらくなる。例えば、ある書にあった某有名国立大学教授の文章である。

「学校教育目標と授業が緊密につながるようにするためには、生き生きと考

える子供の姿、授業の工夫、また時には授業の奥深さとむずかしさを相互に学び合えるようにする授業研究の質を見極められる鑑識眼が求められる」

　果たしてこの文で書かれている内容を、すぐに理解できるであろうか。まず、主語と述語がねじれている。「つながるようにするため」何が必要か。その答えが「鑑識眼が求められている」という述語になる。それぞれの用語に不必要な修飾語を加える。

　「生き生きと考える子供の姿」「授業の奥深さとむずかしさを相互に学び合えるようにする授業研究の質を……」一見、心地良いフレーズを使って、あるべき姿を語ろうとしているが何を言っているのかわからない。並列して置いている言葉もおかしい。「子供の姿」「授業の工夫」「授業研究の質」などの用語のけたや内容などにおいて同列ではないので、理解しにくい。そこにかかる修飾語の長さも不揃いで、醜い文になっている。

　ここに紹介した文章は、出版されている書物からの引用である。

　つまり、ある高名な国立大学教授が書物に述べた文章でも、このような稚拙なものがある。それが、まかり通っている現実もある。合格論文を書くための修業は、謙虚で己に厳しくなければいけない。

⑸　管理職として人に会う

①　他人と会う

　管理職になるための修業として「人に会う」とは、具体的にどういうことであろう。それは、さまざまな人と交流し、その人物の意見や態度、生き様などを学ぶことである。

　作家の吉川英治は「我以外皆師也」と言った。自分以外の他人から、学ぶことが多い。自分以外の人は皆、師匠（先生）であるという意味である。

　先日、旧友と会食する機会があった。我が国最難関の大学を卒業して大企業の役員を務めた男である。

　大阪桜宮高校の体罰事件の教師が懲戒免職処分になった事案で、筆者は、大阪市の処分は適正かどうか疑問であると発言した。それに対して、公務員世界

は、「職を失う」ことに対して、大げさにしすぎではないかと言う。その彼は、自分も役員として1000名もの社員に倒産を言い渡した。社員は何ももらえずに路頭に迷う。「しかたないことだった」とつぶやく。

その一方で「公務員は、身分の安定が保証されているのだから、多少給料が低いのは当然であると世間の人は思っている」とも主張する。公務員世界、とりわけ教育公務員世界だけの考えの狭さに、ガーンとパンチを受けた。

② 人の話を「聴く」

「聴く」と言う文字は、「耳」に「目」と「心」を足してできる漢字である。

人と出会ったら、なるべくその人のいい所を聴き出す「聴き上手」になることである。昔から、「口は一つで、耳は二つ」と言う。よく聴き出すために耳は二つあるのだという例えである。

人に会っていろいろな経験談を聞くと、管理職としての自己形成を図る上で、大いに参考になる。「人に会う」という場面は、「1対1」で個人的に接する他、「1対複数」「複数対複数」など様々なタイプがある。

管理職選考のための「人に会う」という場面で最も多いのは、観衆の一員として講演会や研修会などの参加である。通常、90分間程度の時間である。

勤務を終えてからの時間に、人の話を黙って聴くのは、まさに睡魔との戦いである。適切にメモをとって話を聴けば、ためになることも多い。しかし、絶えず睡魔が襲ってくる。できれば、座席を前にして話を聴きたい。一番前の座席は講師や主催者に近く、一定の緊張感が生まれ睡魔から開放される。

よき「聴き上手」とは、絶妙なタイミングで合いの手を入れたり、質問をしたりする。その逆に、無反応の人が相手だと話す方もモチベーションが下がる。

年間50回程度、さまざまな研修会で講演や講話をする。会場の前から埋まる研修会は、参加者も「聴き上手」のことが多い。一方、前のほうが数列空いていたり、腕を組む人がいたりする会合では、睡魔が会場全体を覆う。研修会などで居眠りする人は、大体決まっており、そのことを、周りの人はよく承知している。「あの人は、よく居眠りしている」というレッテルは、管理職を志向

105

する上で、マイナスになる。

③　人の願いに接する

「人の話を聴く」機会は、インフォーマルにもある。アフターファイブの時間には、昼間とは異なる濃密のコミュニケーションもある。人と会えば、それだけ情報を入手できる。ざれごとも多いが中には貴重な参考意見やお宝情報も含まれている。

常に人と会って刺激を受けていれば、仕事の第一戦に立っていられる。人に会って聞く話は、リアリティにあふれ、活字情報より生々しく伝わってくる。その人の努力や決意、悩みや苦労も切々と伝わってくる。こうした話が自分の識見を形成していく。

力のある政治家の話が含蓄深いのは、多数の住民に会い、苦情や要望、願いや期待に直接耳を傾けているからである。金帰火来して地元を訪れ、多くの会合に出席して有権者の声を聴く。それが政治家としての資質を高める。

学校の管理職も同様である。同僚や先輩・上司はもとより、町の人々や保護者、旧友、他業種の人々などともかかわることで、学校教育への要望を実感的に把握できる。学校管理職は「出不精」ではいけない。「人見知り」ではいけない。もし、そういう性格であったら「人と出会い、歓談することを楽しい」というキャラクターに自己改造する必要がある。

管理職になると、配る名刺も年賀状も圧倒的に多くなる。街で挨拶を交わす人も多くなる。それだけ、世界が広がるのである。

(6)　管理職として教養を高める

① 　教養は「仁」のために

2月中旬。次年度の教育課程編成の作業で、幹部教員は忙しい日々が続く。現行学習指導要領が全面実施されてから6年（中学校は5年）。一番充実した時期を迎えている。

ところで、身近で、教養の高い人物をあげるとしたら、どなたを思い浮かべ

るであろう。ぜひ、思いを巡らしていただきたい。実際に、2～3名をあげようとすると難しいものである。「教養が高い」人は物知りである。さまざまな知識を身に付け、古今東西の『知』に通じている。多くの文化にも通じて、ある程度の蘊蓄を披歴することができる。しかし、それだけでは、「教養が高い」とは言えぬ。

　自制心がきいていて、分をわきまえている。それでいて、言うべき時には、的確に自分の意見を堂々と述べることができる。

　そのような人を、「教養がある」と筆者は思っている。確か、解剖学者の養老孟司が、「教養は思いやりである」という趣旨の言葉を著作で述べていた。

　同感である。「教養を高める」とは、他人への思いを深め、「仁」の資質を高めていくことである。管理職が教養を高めるのは、「仁」という「相手の立場を重んじる心的態度」を持てるようにすることである。

② 　教養を高める体験
　では「教養を高める」にはどうしたらいいだろう。前述した、「読書をする」「人と会う」という方法は、最も効果的な自己啓発であることは間違いない。

　それに加えて、さらに幅広い体験を積む必要がある。ではどのような体験や自己啓発があるか列挙してみる。

　旅行、演劇・映画鑑賞、音楽鑑賞、絵画・展覧会鑑賞、スポーツ、楽器演奏、歌唱、書道、俳句・短歌・エッセイ、写真、飼育・栽培、ボランティア、料理、釣り、登山、キャンプ、外国語習得、将棋・囲碁などさまざまな体験が思い浮かぶ。そして他にも、子育て、介護、病気治療、家の獲得や修理、近所づきあい、祭礼行事、日々の暮らしなども貴重な体験となり得る。このような体験を通して、人間は己を磨き教養を高める。

　平日は学校と自宅の往復、風呂と夕飯でバタンキュー、休日もぼんやりして、家事の後はごろ寝三昧。ベテラン教師にも若手教師にも散見される。

　これでは、「教養のある」人間になるのは難しい。確かに、教師は忙しい。しかし、それを隠れ蓑にしていたら、人間としての成長は期待できない。

時間のやりくりをして、教養を高める時間を確保すべきである。だからと言って、仕事の手抜きをするのではいけない。仕事を能率的にしつつ、時間を生み出すのである。

③　機会を生み出す意思

本を読む。人と会食する。旅行に出かける。映画を見る。体を動かす。家族と過ごす。文章を書く。展覧会や博物館に出かける。

教師生活をしながら、こうした体験をずっと続けてきた。管理職選考は37歳の時からだから、その後28年間ずっと続けてきている。なぜそれが可能か。秘訣は四つある。

その一つは、「スキマ」時間の活用である。わずかな時間でも、それを活用する。5分間でできること。20分でできること等を、時間内で仕上げる。また、1日の時間で、ムダな時間をできるだけ排除する。

もし金で買えたら、時間を買う。管理職選考の頃から、鉄道の乗継で時間がかかりそうな出張はタクシーを利用した。

その二つは、各種自己啓発の方法を30代前半で徹底的に勉強したことである。読書方法、情報整理、文章作法、手帳の使用方法、時間活用術、通勤時間の使い方、思考の方法、話し方、ノート活用術、旅の仕方など、自分の自己啓発手法を生み出すために、さまざまな書物に出合った。また、尊敬する上司や先輩から自己啓発法を直接学んだ。

その三つは、日々の自己啓発の状況を手帳に記録することである。私は「他人より10％努力する」ことを念頭に、毎日の生活を送るように目標を立てた。その日に読了した書物を記録する、どこへ出かけ誰と会ったか記録するなど、自分の歩みをメモするようにした。

こうすることで、「おてんとうさまが見ている」ではないが、「手帳が見ている」という気持ちで、日々を律してこれた。

その四つは、「何でも見てやろう」という好奇心を抱き続けることであろう。童心を忘れず、「はてな」と思う疑問を抱く。本を読んでいても、人に

あっていても、道を歩いていても、いつもそれを忘れない。

このような、小さな努力の積み重ねで多様な体験をする機会を獲得することができた。管理職の流儀として、一歩を踏みだせるかどうか、結局は、自分の意思のチカラによるところが大である。

2　春の章　管理職としての構え

⑴　目指す管理職像

①　上司と部下　部下と上司

　弥生。学校の３月は別離の季節である。子供とだけでなく、大人同士の別離
の季節でもある。教師たちは親しみを感じた管理職やそうでない管理職とも、
数年おきに年度末で別れることになる。

　教師人生で、誰しも多くの管理職のもとで働く。筆者は16年間の教員生活
で、13名の管理職に仕えた。校長６名、教頭７名である。筆者の評価では13名
の管理職のうち、５名は優、５名は良、３名は可であった。

　また、教育行政10年間で６名の直属上司に仕えた。筆者の評価は優が５名で
良が１名であった。一方、11年間の校長生活で、部下は教頭・副校長６名、教
務主任３名、生活指導主任５名、事務主任４名であった。優は11名、良は６
名、可は１名であった。

　「部下は３日で上司を知る」と言うが、ヒラ教員として仕事をしていると、
管理職の良さも悪さもよく見える。一方、「上司は部下を知るのに時間がかか
る」と言うが、部下の資質や仕事ぶりを正確に見取るのは難しかった。

　３月は人事考課のまとめの季節である。きっと、どの管理職も頭を悩ませな
がら評価書を作成していることであろう。そして、教師もこれまでの記録とに
らめっこしながら、子供の学習と行動の記録を完成させる。

②　理想とするリーダー像

　尊敬する管理職との別離はつらい。どうしても、ウマが合うとか合わぬと
か、好きとか嫌いとかの相性も、大人の社会にはつきまとう。

　管理職を目指そうとする人は、誰も理想の管理職像やリーダー像を描く。多
くの人は、それまで仕えた管理職の中から、「この人は」という人を選択する。

　筆者自身は、鈴木正三と言う江戸期の禪僧の唱えた「指導者が備えるべき
資質」を参考にしていた。その理由は第Ⅳ章の３で述べる。

指導者としての資質を身に付けるためには、並大抵の修業では、とても届かない。並みの努力では、多分、一生をかけても難しい。自分に厳しいノルマを課し、いくつもの修羅場を越えて、ようやく見えてくるものであろう。

　毎年、「理想の管理職像」が発表される。上位には有名なスポーツ選手や監督、俳優などがランクインする。それらの応募は多分にミーハー的な部分はあるにせよ、理想の上司像に意志の強さや克己心、包容力やユーモア、リーダーシップなどの魅力を備えているという条件が必須であることが読み取れる。

③　尊敬される管理職を目指して
　理想の管理職は、「一朝一夕」には生まれない。歴史に残る英雄たちも、困難辛苦に耐えて後に、自分のあるべき姿を形成した。

　やはり若い時代からの努力が、やがて実を結ぶのである。20数年前の指導主事時代、いくつかのプロジェクトで、各小中学校、幼稚園の30代教師を委員として登用した。その人たちは、今や50代の管理職になった。その中でも、特に活躍目覚ましい人たちの多くは、30代の頃から、一味違っていた。

　一言で言えば、覇気があり、謙虚であり、よく努力をしていた。その一方で、当時はある程度輝いていたのに、今でも伸び悩んでいる人たちもいる。そういう人たちは、往々にして、横柄で、投げやりな部分が見え隠れする人たちであった。どちらも、「やはりな」と思う。教師生活のある時点でのライフスタイルの差が、後に両者の運命を分けてしまう。

　「恩に報いる」という言葉がある。管理職になるためには、多くの先輩・上司からの「恩」を受ける。いや、普通に仕事を続けていくだけでさえ、いくつもの「恩」を受ける。そうして施された「恩」を「恩義」として感じ、それを返していこうとする人は、やがて道が開ける。反対に、「恩」を忘れ、あるいは忘れたふりをして、今の目の前にある人間関係だけを見て生きている人は、大きな成功を得ることはできない。

　理想の管理職を目指すが、そこにたどり着くためには長い年月がかかる。しかし、日々の精進が、やがてその人を素晴らしい管理職にしてくれる。「おて

んとうさま」がそれを空から見ている。

(2) 大局観をもつ資質

① 卒業式の場で

間もなく卒業式。卒業式で、最も大切なのは学事報告である。納税者や学校の設置者（市町村や東京都特別区）に対して、6か年の教育の成果（学事）を報告し、その理解を得る機会である。学事報告の意味を正しく教職員や子供たちが理解できるように管理職は指導しなければいけない。卒業式の合唱や呼びかけなどは、その土台があっての副次的なものである。

さて、管理職の資質について述べる。先ずは、「大局観をもつ」である。管理職は、学校の教育活動全体を、一歩高いところから見渡せなければいけない。卒業式の例で言えば、子供たちの成長した姿を、納税者に報告するという大局が見えてなければいけない。この大局観があれば、起立や礼、歩行や聞く態度、感謝のほほえみなどの立ち居振る舞いの重要性を踏まえることができる。

とかく、担任は証書授与や呼びかけ、式歌の合唱や演奏ばかりに目が向き、立ち居振る舞いの指導は二の次になりがちである。それを補い、卒業式の持つ意味の具現化を図らねばいけない。

② 大善は非情に似たり

「小善は大悪に通ず、大善は非情に似たり」と言う。

身近な「小さな善」に見えそうなものが、実は「大悪」に通じてしまうことがある。例えば、かつて流行した「マイ箸」ブームなどもその一つである。

古くから森林の間伐材を利用して、捨てる廃材を割り箸に仕上げた日本人の知恵。それを、森林保護のために割り箸を使わないという、間違ったエコ意識が流行した。そのため、間伐材の利用が進まず、結果として森林の荒廃につながり土石流の原因となる。

小さな善は結果として大きな悪に通じてしまう。学校での出来事も同様であ

る。4年前のこと。ある学校で、毎年6月に行っていたプールのヤゴ採りを中止した。保護者から放射能の影響が危険だからという申し入れがあったからだという。申し入れを受け入れて中止した行為は、一見正しそうに見える。しかし、そのような「小善」は愚の骨頂である。毎年4年生が行うヤゴ採りの機会は、二度と訪れない。たかが、ヤゴ採り。保護者の申し入れで一回だけ中止した。大したことではないと考えたら、それは大局観がない証左である。

4年生の子供たちだけが、1年に一度清掃前のプールでヤゴ採りに興じられる特権を持つ。それを中止したら一生その機会はこない。たかがヤゴ採りだが、それができなかった子供たちにどんなマイナスがあるのか誰も明らかにはできない。

私事だが、筆者たち1950年度生まれは、東京大学と東京教育大学（現筑波大学）の入学試験が無かった。私たちの世代以外、その事実などみんな忘れている。しかし、筆者（たち）は45年経ってもそのハンディを忘れていない。

毎年行われてきた行為を突然中止するという結果は、後年までもトラウマとして残るかもしれない。

ヤゴ取りについて、風評被害に負けず堂々と保護者を説得する。それは一見非情に見える。しかし、大善とは、一見そのように見えるものなのである。

大局観をもつということは、そういう時間軸で物事を洞察できるということである。

③ 「親」という文字

「親」と言う文字は、「木の上に立って見る」と書く。大地で嬉々として遊ぶ子供たちを木の上から見守る。いち早く危険を察知したら、木から大地へ降りて子供の安全を確保する。これが親の使命である。

管理職も同様である。木の上に立って教職員を見守る。教職員は日々、子供と格闘する。時には保護者とも軋轢が生じる。毎日が精一杯で、とても木の上に立って見る余裕はない。だから、管理職は大局観をもって、時間軸と空間軸の両面から学級崩壊や授業実践、教職員の心身の健康などの様子に目配りをし

113

なければいけない。そして、異変があれば、それに手を差し伸べて、教職員を守らなければいけない。

⑶　組織（人）を動かす資質

①　組織の活性化

およそどのような組織でも、年度替わりには人の入れ替えがある。3月31日、淡い感傷で職場を後にし、4月1日に新職場に初出勤する緊張の朝を迎える。組織人なら、何度も経験してきた年度替わりの光景である。

組織とは、そのミッション（使命）のためにある。だから、どのような組織でも、放っておいてもそれなりの動きをする。人も、その組織の中で、それなりの動きをする。しかし、動きの鈍い組織は、とかくどこかで油切れを起こしたり齟齬を生じたりする。そうなると、ミッションの達成も危うくなる。

組織の活性化は、管理職にとって今日の学校経営の大きな課題である。全国連合小学校長会機関誌『小学校時報』でも、毎年のように「組織の活性化」を特集テーマに取り上げる。全国から様々な実践が寄せられる。多くの校長は、いくつもの成功事例に学び、自分の学校の組織の活性化に取り組む。成功する学校もある半面、なかなか苦労する学校も散見する。

②　志を高く掲げて力強く前進する

組織を動かすには「志」が必要である。「志」とは、夢と希望と目標で構成される。

「志を高く掲げる」とは、学校経営の目標（塔）を設定し、その方策（道筋）を示すこと。そして、その道筋に課題が生じれば、それを解決するための助言（橋）を行い、教職員とともに汗を流すことである。

戦国武将も、領民から見える高い丘に塔を建て、そこに至る道筋を整備した。そして川が横たわっていれば、橋を架けて領民を迎え入れた。

「志を高く掲げて力強く前進する」という組織の長の姿は、武田信玄も孫正義も変わりない。「志」があれば、多少の難局にぶつかっても、甘い誘いが

114

あってもぶれずに済む。軸足を外さずに自分の手法で邁進できる。

とかく、教師たちは「夢と希望」を語る。しかし、それだけでは成功しない。そこに「目標」が加わらなければいけない。「志」は「夢と希望と目標」で成り立つのである。

③　オーケストラの指揮者

ナポレオンが、あれだけの軍隊を率いることができたのは、多くの兵士の名前を記憶する才があったからだという。田中角栄元総理も陣笠議員はもとより、各省庁の幹部の年次にも通じていたという。名前を知って、言葉を発するから相手はその態度に魅了される。

組織を動かす原則は人を動かすことである。では、人は何によって動くのか。金か、名誉か、出世か。それもあるだろう。それらを否定するほど筆者は若くはない。しかし、最も人を動かす原動力は人生での自己実現のためであろう。自分の理想とする教育を進めたい。素晴らしい子供を育てたい。スポーツや合唱で好成績をあげたい。そのどれも教師が自己実現をしたいという願望である。

自己実現を目指す教師は、そのための労苦を惜しまない。

学校という組織は、オーケストラである。指揮者の管理職は、多様な個性を尊重しながらも、多少の凸凹を修正して全体としてまとまりのある楽曲に仕上げる。それが管理職冥利というものである。

④　「仁」の精神

校長時代を振り返る。初めの2～3年は、10年間の教育委員会勤務の悪癖が抜けていなかった。だから、上意下達で腕力を用いた手法を取りがちだった。それによって、旧来からの悪しき風習を改革したり、教職員の資質向上のための実践を果敢に進めたりすることができた。外部から一定の評価も受けたし、華もあってそれなりの学校経営ができたと当時は思っていた。

しかし、あれから10数年を経て、今、冷静に省察をしてみると、「組織を動

115

かす」という点では、決して満足するものではなかったとも思う。

　若いころから、仕切りたがり屋の性向はずっと変わらない。だから、それは仕方ないと、周りに認めてもらうか、意欲をなくして隠遁するしか道はないと思っている。仕切りたがり屋、目立ちたがり屋であっても、「人を生かす」という基本姿勢があれば、組織は動く。その土台は謙虚であることである。そして、「仁」の精神を保持できるように、己を戒めることだと考える。

(4)　危機管理の資質
①　危機管理の不足

　「危機管理」は管理職が必要とする最大の資質である。リーダーの危機管理能力が不足しているために組織が混乱し、厳しい事態に追い込まれる事例はたくさんある。

　先の東日本大震災の対応について、いくつもの組織が総括している。それらを見ると、最も求められる総理官邸での危機管理が不足している実態が明らかになる。組織人として危機管理に携わったことのない人間が議員バッチをつける。当選回数を重ね組織の長となる現行政治体制の弱点を突かれてしまった。

　これは、対岸の火事ではない。教育界でも、自己点検すべき事例である。

　例えば、教務主任や、生活指導主任等の経験を経ずに、教頭に任用される。危機管理についての知識も経験も不足したまま、学校の防災管理者になる。消防署や警備会社と連絡調整をする。まだ学校全体を見渡せない中で、学校の防災計画を改定したり、地域との防災拠点連絡会に出席したりすれば、齟齬も生じる。

　それは、経験不足のまま任用された指導主事も同様である。学校に緊急事態が発生し、学校へ訪問して、教育委員会としての対応や時には指導助言に当たらなければならぬこともある。

②　危機管理についての研鑽

　日頃から危機管理についての意識をもち、研鑽を積まなければ、いざという

時に適切な行動ができるはずがない。

では、危機管理についての研鑽とはどういうことがあるのだろう。

その一つは、自校の実態を把握することである。校内でのおおよその負傷事故の概要、登下校の状況や危険個所などの把握、事故発生時の対応の教職員の習熟状況の把握など、危機管理にかかわる実態を理解しておく必要がある。

その二つは、重大な事案についての教訓をよく分析することである。そして、類似の事案に遭遇した際に、危機管理についての自分の引き出しから、適切な方策を引き出せるようにしておくといい。

その三つは、進んで火中の栗を拾い、「修羅場」に慣れることである。「修羅場」をいくつかくぐってきた教師は重大な危機に直面しても、あわてずに対応できる。

その四つは、日頃から、「まさかよりもしか」と言う気持ちで過ごすことである。私たちは、危険なことを忌避したい心理がある。だから、目の前に危機が訪れようとしているのに、それを受け止められずに、「まさか」と、思い込みがちである。それは今回の津波直前の人々の退避行動の記録からもわかる。「もしか」と疑う目を持てば、危機を回避することも可能である。

③　備えあれば憂いなし

古人は、「備えあれば憂いなし」と言った。まさに危機管理の要諦である。学校という巨大な空間では、多数の未成年の者が長時間を過ごす。危機は必ず起きる。管理職は、「危機が発生するのは当たり前である」という認識で過ごすことが大切である。また、その対応のために、高額な管理職手当を得ているのだという気概をもつ必要がある。

例えば、４月20日（月）の朝刊の天気図で、春の台風の発生を知った。まだ、沖縄のずっと南の位置にある。予想進路では、４月22日（水）に、九州地方に近づくとある。

こういう記事を見ても、教員や保護者は、あまり関心をもたない。しかし、管理職は、この記事から危機管理の方策を巡らさなければいけない。

117

4月23日（木）の登下校時刻をどうするか。4月24日（金）の5年生高尾山遠足の実施をどう想定するか。延期するのなら何日か。その際、学級担任以外の付添い者を誰にするか。4月25日（土）の地域一斉美化運動の実施をPTAと調整する必要があるか。

検討すべき事項は、たくさんある。ある事物・事象を見たときに、それらが悪く推移した場合にどう対応するか、危機を回避できるのか。それを日頃から思考訓練しておく必要がある。

④　危機管理の研修

近年の教育裁判では、ある事故に際して学校側の責任を問う判例が目立つ。たとえば、雷が遠くで聞こえたのに続けて運動をしていて、落雷の被害にあった事例。学校側がもっと事前に気をつけていれば事故は防げたとする。

あるいは校外での遠足で落下事故。事故にあったのは実地踏査での危険箇所の把握が不十分であったという判例。このように、危機管理に対して、学校の取組が不十分であるいう指摘は今後ますます強くなりそうな気配である。

いくつかの民間企業では「ヒヤリハット」の研修を実施して、重大な事故を未然に防ごうとしている。「ヒヤリハット」を減らせば、それが事故発生につながるという考えである。今後、学校でもこうした研修の機会を多くしていく必要がある。危機管理についての管理職のリーダーシップが求められている。

(5)　豊かな人間性の資質

① 　理想化するモデル

管理職の資質としての「豊かな人間性」を考える。「人間性」とは何か？というそもそも論から始めると、話が抽象的になる。

ここでは、それぞれが良かれと思う「人間性」をイメージすればよい。

例えば、「仁義礼智信」の教え、たくみなユーモアと包容力、皆をリードする牽引力、知と情の調和、組織人としてのバランス感覚。その像はこれまでに理想とした上司や先輩の姿でよい。

118

もし身近にいなければ、歴史上の人物や著名な各界の名士でもよい。要は、自分も職業人として、あのようにひとかどの人物として敬愛されたい、そうイメージできるモデルを設定すればいいのである。

　モデルを仮に設定したら、どうすればそのような人物になることができるのか。そのための修業はどうあったらいいか。それを計画することである。

　平均的な日常生活で、豊かな人間性を磨くのはそう簡単なことではない。与えられた仕事をこなせば、ルーチンワークに精通し、職業人として一定の資質を身に付けることはできる。そのことで、ある種の人間性を磨く人もいる。あらゆるプロの職業人で、一流のレベルまで達すれば、ある程度の人間性も磨かれる。

② 　ミドル教師の心がけ28か条

　しかし、教師という世界では、そのようなレベルになる人は、日常の平凡な生活を越えて、かなりの努力を自身に課している。

　ではどのような努力であるか。筆者はかつて、「ミドル教師の心がける28か条」を記したことがある。[1]

　以下に述べる。

1	自宅で行動を振り返る時間をもつ
2	自分の人生観や教育観形成の基礎作りをする
3	学校全体を動かす役割を毎年経験する
4	子供が意欲的に臨む授業の指導力をもつ
5	他校の校長に氏名を覚えられる存在になる
6	自分に合う手帳術を作る
7	アフター5の研究会に参加する
8	自分の主たる研究教科をもつ
9	自分の実践を蓄える方法を生み出す
10	誰にも負けない特技を持つ
11	一か月に5冊程度の本を読む

12	正しい文章を書ける力を身に付ける
13	要点を順序立てて説明できる力を身に付ける
14	教育新聞か教育雑誌を定期購読する
15	「けれんみ」の無い等身大の自分を描く
16	チームプレイができるようになる
17	自分に合う情報管理術を生み出す
18	スーツにネクタイを基本とする
19	自分の名刺を作る
20	年賀状を元日に届ける
21	上司などの挨拶状に返事を書く
22	積極的に他人と会食をしてその人のよさを学ぶ
23	家庭生活の土台を築く
24	同窓会や各種のＯＢ会を大切にする
25	退勤時間の有効活用に習熟する
26	スキマ時間活用の達人になる
27	「世辞」が言えるようになる
28	体力の低下をできるだけおさえる

27条の「世辞」とは、お世辞ではない。「今日は寒いですね」とか、「お変わりありませんか」などと尋ねる日常の心配りである。

かつての我が国の子育てや躾では、幼少期からこのような世辞を言えるようにしつけていた。今日では、大人になってもとっさにこのような世辞が言えぬ人が増えた。管理職は、それではいけない。ミドル教師時代から修業をしておかないと、一朝一夕には身に付かない。

その修業が不十分のまま校長になると、「なんだあの校長は……。お高くとまっていて……」と後ろ指を指されかねない。誤解を恐れず言えば、女性管理職は特に留意してほしい。世間では、いまだ女性管理職の態度に、辛口の評価をする人が多いのだから。

これらに加えて、40代教師の心がけ12か条も紹介する。

1	自分の人生への「志」をもつ
2	不易と流行を峻別できる目をもつ
3	自分の人生のモデルとなる上司・先輩に出会う
4	兄（姉）と慕ってくれる後輩をもつ
5	自分の上司から一目置かれる存在になる
6	自分の感情をコントロールできる
7	ストレスを克服する術をもつ
8	自分の仕事を国益の視点からも考える
9	大衆迎合的な報道から真実を見抜ける
10	正しい宗教的情操を身に付ける
11	男（女）としての魅力を保持する
12	年齢以上に老け込まない

　8条の「国益の視点」は、なかなか難しい。簡単に言えば、子供や孫たちの時代にも豊かで暮らしやすい国であるよう、自分の仕事を通して努力をしていくという視点である。

　これらの心がけはいずれも、30代から40代の筆者が、日常から実践をしていた「心がけ」である。ぜひ、自分なりの『心がけ〇〇条』を作成して実践をしてほしい。きっと、それが管理職への道につながるはずである。

（1）『ミドル教師—ニューリーダーとしての自己啓発ノート』　向山行雄著　2007年
　　　明治図書

3 夏の章 管理職への基礎固め

⑴ 少子高齢化とこれからの学校づくり

① 高尾山を目指す中高年

　春の遠足シーズンを過ぎると、新宿駅発高尾山口行きの特急電車は、高齢者の登山客が目立つようになる。かつて、山登りをする高齢の女性客の姿などは見たことがなかった。しかし、現在では、さっそうとリュックを背にした女性高齢者の姿が多い。中高年は、映画館や展覧会、各地の名所旧跡などでも主役となっている。

　平日の図書館、ジムやプール、カラオケ、デパートの食堂などは中高年の独壇場である。かつての碁会所や公園での日向ぼっこ、神社仏閣の掃除、病院の待合室という専用スペースから、元気な中高年も「まずまず元気」な中高年も、あらゆる場所へ飛び出している。

② 子供が1割減少

　現在、全国3万の小中学校で学ぶ子供たちは約1000万人。その数が10年後には1割減って、900万人になる。単純に計算すれば、1割の学校、つまり3000校が不要となる。東京都で言えば、130の小学校と70の中学校が不要となる。校長も副校長も事務主事も、それだけの数が不要となる。

　10年後の小中学生が1割減るということは、その後早い時期に生産年齢人口も減少するということである。

　現在、全国に100歳以上の人口は6万人。一つの小学校区に平均3名もいる。100歳の高齢者は、どこでも珍しいことではなくなった。長寿になって喜ばしい。しかし、その反面、施設に入所したくてもできない高齢者は1小学校区平均25名程度いる。それだけの家族が介護で苦しんでいる。認知症の人は1小学校区に平均250名いる。それが10年後には350名になる。つまり、1小学校区の小学生よりも学区内の認知症の人が多くなるのである。

　長年にわたって、我が国では小学生の通学の見回りを実施してきている。制

度化された人員配置もあるし、ボランティアの自主的な見守り隊もある。今後は、それと同様に、認知症の人々へのフォロー体制も必要になる。2016年2月の認知症患者の列車事故を巡る最高裁判決をふまえ、新たな対策も必要になってくる。そこに学校がどうかかわるのか、今後の課題である。

　全国の空き家の数も急激に増えている。住む人がいないのに、更地にしない〔できない〕という老朽化した家屋を壊した途端、これまでは6倍の税金がかかっていた。高齢化して誰も住みたがらぬ家がますます増加する。

　空き家の増加は、防犯、防災、景観などの上でその地域にとって、大きなマイナス要因となる。加えて、今後は、水道管内の水の汚れや水道管汚破損などのリスクも高まると予想される。

③　授業内容1割アップ

　生産年齢人口が1割減少するということは、生産の現場で1割の生産性を高めなければ、現在の豊かさは維持できないことになる。

　生産効率を1割高めることができる能力は、子供時代にどう育てたらいいのか。簡単に言えば、これまでよりも1割賢い子供を育てなければいけないのである。

　1割賢い子供は、これまで以上に「思考力」「創造性」などを備えていなければいけない。あるいは高齢化社会での自分の役割をよく自覚した「責任感」や「使命感」をもつ子供でなければいけないであろう。さらに3Kの生産現場で活動できる「基礎的体力」やタフな「メンタルヘルス」も必要であろう。

　つまり、これまでの学校教育の指針である「生きる力」をさらに進化させる工夫が求められているのである。

　当面は、1時間の授業で、40問問題を解けるなら、44問解けるようにするにはどうしたらいいか。1枚の絵を見て8分で平均10項目の気付きを書けるクラスなら、11項目書けるようにするためには何を工夫したらいいのか。そういう具体的な指導法の工夫が必要である。

123

⑵教師の指導力を高める学校づくり

①　各地域の管理職研修講座、始まる

　５月、各地域での学校管理職養成のための研修会が始まる。参加者は副校長（副園長）か幹部教員。学校での仕事を切り上げて、あわてて研究会場へ駆け込んでくる。

　みんな忙しいのだが、定刻通りに出席をする人が、結局は栄冠を射止める。遅れてきたり、欠席したりして、学校での「緊急対応があって……」と言い訳する人もいる。たまには仕方ないが、いつもそのようなことを言う人は、対応能力が乏しいという印象を与える。予定されている研修会に参加できるようにマネジメントするのが管理職になるための「流儀」である。

　さて、「学校づくり」について述べる。ここでいう「学校づくり」とは、地域住民の信託に応えられる「学校づくり」という意味である。

②　指導力の要は授業力

　「教師の指導力」には、様々な分野がある。学級経営、教科経営、生活指導、教育相談、若手教員の育成、保護者との連携など多面にわたるが、ここでは『授業力』を中心に述べる。「授業」は教師の仕事の、大きなウエイトを占める。管理職直前の幹部教員にとって、「授業以外」の仕事が多くなるのは仕方がない。

　しかし、仕事の原点である「授業」を決しておろそかにしてはいけない。むしろ、「授業をするのはこれが最後になるかもしれない」という気持ちで、授業者としての実践の総まとめをする必要がある。実際、管理職になる直前の授業実践は、長年のキャリアが生きて、ベテランのいい味が出るものである。後に校長になった際に、若手教員の指導の手がかりになる実践にもなる。

　教師が授業力を高める方法は三つある。それは次の通りである。

⑴　他人の授業を見て学ぶ

⑵　他人に授業を見てもらい助言を受ける

⑶　自分で自分の授業を記録して学ぶ

③　授業力向上の具体的な手立て

　他人の授業を見るためには、自分のクラスを〈犠牲〉にしなければならない。自分のクラスを下校させるか自習にするか、補教をしてもらう以外に他人の授業を見ることはできない。だから、年間10回程度しかその機会は訪れない。めったに機会のない授業参観だから大切にしたい。

　「大切にする」ということは授業記録を取って、それを分析することである。よく、学習指導案にちょこちょことメモする人を見かける。それだけでは授業記録にならない。開始から最後までなるべく克明に記録する。できれば自分流の授業記録用紙を作るといい。筆者は29歳から、Ｂ４判用紙１枚に45分間の授業を書き留めるようにしている。35年間で約1800枚を超える授業記録をとってきた。

　その二つは、他人に授業を見てもらうことである。管理職になると、各教員の授業を見る機会が格段に多くなる。

　授業記録が取れたら、それを基にして授業分析をする。およそスポーツ解説でも囲碁や将棋の解説でも、そのプレイや棋譜を再現できるから、分析できるのである。再現のできぬ批評は印象や感想でしかない。管理職は、それではいけない。

　11年間の校長時代に、各教員の授業を年間３回は参観して記録した。必ず、授業開始から終了まで参観する。その間は電話も来客も断る。多い日は、１日で４時間程度の授業記録を取ったこともある。45分間の授業記録でも、大変な労力がいる。それを続ければ疲労は限界までくる。

　授業記録は年度末に印刷して「授業記録」の合本にして全員に配布する。教員は居ながらにして、校内全教員の授業記録で読むことができる。研究授業でなくても、主な発問や指示、授業構成や子供の反応、板書等をとらえられる。

　授業の向上の三つ目は、自分で自分の授業を記録して分析することである。近年は小型で安価な記録媒体が発売されている。それを使えば、簡易に自分の授業を記録できる。月に１回でもいいから、自分の授業の録音を聴いてみる。それだけでも、授業力向上につながる。

授業力向上に王道はない。ここで示した方法を愚直に実行することで、各教師の授業力は向上する。それをマネジメントするのが管理職の仕事である。

(3) 多忙感を解消する学校づくり

① 超過勤務の増加

今日の教員が多忙な状況にあることは、学校関係者ならだれでも知っている。しかし、国民の多くは、「学校の先生は休みが多くて楽な仕事だ」と錯覚している。小学校なら子供は午後4時前は下校する。夏休みも冬休みもたくさんあって、海外旅行に出かけられる。よほどのことがない限り、首にならぬし、定年をすぎても確実に働ける。その上、共済年金もどっさり支給される。国民の一般的な認識は、ざっとこんなところであろう。

学校の多忙感は限界近くまで来ている。やや古いデータだが、文部科学省が2006年度に実施した調査では、教員一人当たりの超過勤務は月平均34時間であった。前回の1966年調査に比べて約4倍に増加した。

我が国の教員の超過勤務は国際的にみても際立っている。特に中学校における部活動の指導が、超過勤務の大きな要因を占めている。

一方、隠れた超過勤務もある。小学校では女性教員の割合が約6割を占める。子育てや介護などの事情で、超過勤務ができない教員は、家庭に仕事を持ち帰る。夕食後、子供を寝かしつけてから、パソコンに向かう教員も多い。これらの仕事は、超過勤務にはカウントされていない。

② 多忙感解消のマネジメント

管理職の流儀としては、教職員が過労にならず、心身ともに健康で生活してもらいたいと切に願う。では、どのようにして多忙感を解消すればいいのか。その一つは、教職員に「時間のコスト意識」を持たせることである。たとえば、40代教師は、給与、交通費、諸経費などで約1000万円の人件費がかかる。これを、年間の勤務時間で割ると、時給約5千円である。平均年齢40代の教職員が20名で1時間の会議や作業をすれば、10万円の人件費がかかる。

もしＡ先生が来なくて、会議開始が６分遅れたら、人件費を１万円も無駄にしたことになる。Ａ先生は全員に一杯500円のラーメンをおごらなくてはいけない。仮にＢ先生の提案の準備が不十分で会議が12分間空転したら、Ｂ先生は全員に１杯1000円のチャーシューメンをおごる必要がある。

　このような時間のコスト意識を持つだけで、学校内の会議はずっと効率的になる。それが多忙感の解消につながる。

　その二つは、不要な会議を減らすことである。例えば、５名で運動会委員会を構成している。何か急ぎの検討事項があり緊急に集まりたい。しかし、学校中から会議室に集合し、数分間で打ち合わせて、各自の部屋へ戻るだけでも15分間はかかる。仮に、「至急」と書いて検討事項を供覧すれば、何もわざわざ５名が集まる必要はない。

　役所は、このような供覧システムで動いていく。泰明小学校時代は、事務主任が供覧者の記入カードを作成した。発信者、供覧を必要とする教員名に印をつけて机に置けばその日のうちに（遅くとも２日後）には、関係者の供覧が終了する。このシステムを導入すれば、学校の会議の多くが省力化される。

　その三つは、「早い時間に退勤しにくい」という雰囲気を打破することである。とかく、日本人の職場環境では、「早く退勤＝ふまじめ」と思われるという〈失愛恐怖症〉に支配されやすい。

　これを打破するためには、校長が率先垂範して早く退勤をすることである。

　管理職時代に、いつも早めに退勤していた。その代り、早朝出勤や休日出勤で、たまった仕事をこなしていた。校長、あるいは副校長が早めに退勤すれば、他の教職員も早く効率的に仕事を切り上げて退勤しようという自覚をするようになる。

③　〈牧歌性〉の回復

　「多忙」と「多忙感」は異なる。教員は、自分のやりたいことに打ち込んでいるときは多忙感を抱かない。たとえば、教材研究や授業の準備、放課後のスポーツや音楽指導、校庭の草花の手入れなど、自分の裁量で効果をあげられる

仕事には熱心である。

その反面、意義も感じないのにやらされている仕事には多忙感を抱く。各種調査のまとめやだらだらと続く会議、成果の不明な校内研修などは、誰もやりたがらない。ルーチンワークを効率的に進めたり、校内研修の質的改善を図ったりすることで、教職員の勤務意欲は高まる。

多忙感を解消したら、次は〈牧歌性〉の回復を目指したい。学校とは、本来、〈牧歌性〉におおわれている空間である。子供たちの人間性や創造性、「生きる力」は、そうした空間で育まれる。義務教育期間9年間の基礎の上に、高等教育が花開くのである。

⑷　学校ブランドを高める学校づくり

①　水の季節の到来

プールの季節。開設している3か月間は管理職は気の休まる時がない。水泳指導での安全管理、半水・満水の水量調節、循環器の操作、部外者のプール侵入など、多方面に目配りをする必要がある。

毎年のように、各地で排水口での死亡事故が起きている。循環器の作動ミスによる藻の大量発生で、水を総入れ替えする。取水弁の締め忘れによる大量の水が流出する。そのどれもが甚大な事故につながる。

校長最後の年。千葉県の海水浴場での臨海学校最終日。最後の水泳練習を終えて浜に上がり、「全員点呼異常なし」の報告を受けた時、心底安堵した。そして、9月の学校プール納め。最後の子供がプールから上がった時、「無事故で過ごせた」と、肩の荷を下して身軽になるのを感じた。

水の事故は怖い。身近にも様々な水の事故を見聞してきた。管理職人生とは夏の3か月間を、ひやひやしながら過ごす人生でもある。

②　ブランドの魅力

学校づくりとして「学校ブランド創造」である。ブランドものの洋服やバッグなどに魅了される人は多い。服飾品だけでなく、出身学校、居住地域、自動

車、食品、酒、ホテルなど、身近にいくつものブランドがある。

多くの人々は、ブランドにあこがれる。それを手に入れれば満足する。高嶺の花で、手が届かぬなら、ブランド品など「くだらない」と切って捨てる。

あるいは、まったくそのような価値世界から隔てた世界で、孤立して生きる人もいる。まさに孤高の人である。

ブランドとして人々に認知されるまでには、関係者の大きな努力が必要である。一定の年月もかかる。反対に、何かミスや齟齬があれば、ブランドは瞬時に瓦解する。一度崩れたブランドのイメージを再建するのは、気の遠くなるような、尽力が必要である。これまでにも、有名企業や老舗の料理屋の不祥事が報道されてきた。

③　学校ブランドづくりの実際

「学校のブランド」を形づくるとは、学校の持っている資源を生かして、人々に「いい学校だ」と思わせることである。

泰明小学校長時代、学校ブランドを高めることを経営の重点にした。すでに一定のブランドは形成されている学校である。それでも、将来に向けて「学校ブランド」を高め、盤石にすることが私の使命であると認識していた。

ではどのようにして、学校ブランドを高めたか。

その一つは、発信力のパワーアップである。Ａ４判２ページのモノクロ印刷の学校だよりを、オールカラー４ページにした。学校要覧はオールカラー８ページ、英語版も作成。音楽会・学芸会・展覧会などの行事案内、ＰＴＡだよりなども、オールカラーでしゃれたデザインにした。

その二つは泰明のロゴ入りグッズの作成である。半纏、Ｔシャツ、セカンドバッグ、原稿用紙・レポート用紙、研究会用袋、教職員全員の名刺、のぼりなどである。原稿用紙は、言語活動の充実に備えてＢ４判２万枚、Ａ４判１万枚を学校で印刷した。結果的に、市販の用紙を購入するより安くなった。

その三つは校内環境の整備である。

空き教室を転用した「日本で２番目にすばらしいトイレ」を開設。泰明資料

室の整備、泰明ギャラリーの開設、資料整理コーナーの開設等をはじめ、校舎内の隅々まで手をかけた。

　その四つは、これまでにないイベントの開催である。周年行事では、東京駅前八重洲口から続く外堀通りを、銀座1丁目から8丁目まで、500名でパレードした。夏休み前には、夕方に始まる盆踊り大会を開始した。

④　地域資源マップの作成

　紙幅の関係でここでは4点だけ紹介した。泰明小学校は、長い伝統と銀座という地域ブランドに支えられ、恵まれた学校と言える。

　全国約3万の小中学校には、それぞれの地域資源を保有している。自然、産業、人間の営み、歴史や伝統、特産品や言い伝え、探せばいくらでもある。それらを、いかに学校に取り入れるか、それは学校の才覚にかかっている。自分の学校や地域を調べれば、知らない事実をたくさん発見する。

　これまで私たちは、自分たちの地域のよさの再発見にあまり熱心でなかった。ぜひ、「地域資源マップ」を作成して、学校ブランドを高めたいものだ。

⑸　教育課題に対応する学校づくり

① 　課題解決のプロセス

　1学期の終業式を終えて、各学校ではいくつかの成果をあげることができた。その一方で、今後に向けての課題も明らかになってきたことだろう。さて、「教育課題に対応する学校づくり」である。

　とかく、勝負事は「先手必勝」である。「先手」を打つためには、今、目の前にある課題、近い将来に起こり得る課題をとらえ、適切に対応しなければいけない。その上で、事後の処理を行うまでが、課題対応である。

② 　課題をとらえる

　「課題をとらえる」ためには、どうしたらよいのだろう。課題を的確に捉えるためには、アンテナを高く張り、高感度な人間でいる必要がある。

例えば、「いじめの発見」という課題でも、鈍感な教師は、いつまでも学級の状況に気付かない。だから、後手に回る。学校全体で、「いじめ発見」についての、しくみをつくっておけば、こじれぬうちに対応することができる。それは、学級崩壊や不登校、校内暴力などでも同様である。早期発見が早期解決につながる。課題に対して「高感度」になるためには、学校で起こり得る事案を多面的に見られるようにする必要がある。

　教師の日常は多忙であるから、つい目の前のことしか目に入らない。毎日が自転車操業になる。こうなると、「課題」はこれでもかというほど、押し寄せてくる。「課題」という魔物は、教師が後姿を見せていると、背負いの傷を負わせる。背中に受ける傷は、時として致命傷になる。それに対して、面と向かう者に対して、「課題」は真正面から飛びかかる。真正面から来れば、向こう傷を負うこともある。「弁慶の泣き所」のように、向う傷は確かに痛い。しかし、背負いの傷と違って、深い傷にはならないし、致命傷にもならない。日々の業務にゆとりをもって取り組めるようにすることが、課題発見につながる。

③　課題についての解決

　「適切な対応」をするためには、課題についての解決策をいくつか、思い浮かべる必要がある。その中から、最も実現可能で効果が上がりそうなものを選ぶ。そして、具体的な道筋をメモする。

　例えば、４年３組のＡ教諭の学級が「学級崩壊」になりかけている。この課題について、どう「適切に」対応するか。

　まずは、短期的な対応としては、早急に学級秩序を取り戻す必要がある。当面は、副校長が学級に入る。体育は合同実施、給食は栄養士や専科教員が、学級担任とともに指導に当たる。学年主任のＢ教諭には、なるべくこまめに、一日の行動計画を打ち合わせるように指示する。

　その上で、首謀者の子供たちとの相談を実施して、不満の原因などを把握する。仮に学級担任の側に「非」があるなら、改善をするようにする。そして、学期末の保護者会で、学級の現状と課題、今後の方策を説明し、家庭の協力を

得る。

　短期的な対応策としては、これで何とか夏休みまでは乗り切る。

　続けて、中期的な対応策として、9月の新学期に向けての取り組みを進める。初めに、A教諭の学級経営力を診断して、弱い部分を克服できるよう研修と指導を進める。また、夏季休業中にA教諭を含めた若手教員の授業力向上研修会を開催する。

　さらに、9月から3月までの7か月間をシミュレーションして、学級集団が危うくなる時期を想定する。その結果、運動会明けの10月中旬から、次第にモチベーションが低下し、学芸会のクラス練習が始まる11月中旬頃が、危ないと推察できる。そこで、その時期に焦点を当てて、マンパワーの応援体制を組み、危機を乗り越えるようにする。

　このような対応を実施できるかどうか。ここに学校の経営力、管理職や幹部教員の指導力が試される。

④　事後の処理

　事後の処理である。この事例であれば、何とか学級崩壊の危機を乗り越えたA教諭へのフォローである。

　たまたま、「適切な対応」によって、非常事態は回避できた。しかし、まだ、A教諭の指導力不足という本質的な課題は解決していない。5年生に進級した当該学級の子供たちの欲求不満の芽は、沈殿したままである。

　一つの危機が去ったからと言って、ここで事後の処理を誤ると、再びA教諭の学級で同様の事案が発生する。進級した新5年生の学級が危うくなる。そういう危険性を感じつつ、事後の処理をしていかなければいけない。

　学校づくりとは、内外の危機からいかに子供や教師を守るかという覚悟を決めた実践でもある。

4 秋の章 管理職への挑戦

⑴ 文章修業の日々

① 正しく文章が書ける

　管理職を目指す者は、時間を見つけて文章力の向上を図りたいものだ。

　「正しく文章を書く」という資質は、職業人として必須の条件である。特に学校の教員は新卒時代から退職するまで、ずっと文章を正しく書く仕事を続けていかなければならない。

　しかし、実際には学校の中で「正しく文章を書く」ことのできる人は、存外多くない。ここでいう、「正しく文章を書く」資質とは、学校の研究集録の理論部分を書ける程度の力量をイメージしている。

　教師は普段、学年通信や通知表の所見程度はそつなく書ける。しかし、それはルーティンの型通りの文章である。若い時代には、市販されている種本を参考にして書き、慣れてくれば経験的に書き進めることも多い。そこでは論理性のある文章も、自己の見解の披歴も必要とはされない。

　一方、研究集録の理論編ともなれば、自分たちの設定した研究主題と方法・内容を、読み手にわかりやすく伝えなければならない。これができる教師は、各学校で２割から３割程度しかいないと推察する。

② 先達の教えを受ける

　管理職になるということは、このようなよい文章が書けるということである。「正しい文章を書く」ためには、その材料が必要である。また書こうとする題材に対する、自分の見解がなければいけない。

　何も考えずに、パソコンに向かっても、そのあたりに転がっている業界用語を並べただけの空虚な『言葉遊び』の文章になってしまう。

　各学校の学校便りや研究集録などを眺めて、どれくらいの教師が「正しく文章を書く」ことができるかどうか、確かめてみるとよい。併せて、自分の文章がどの程度のレベルにあるのか。それを冷静に分析する必要がある。

133

しかし、自分が「正しく文章を書くことができる」かどうか、自身では判断しにくい。そもそも、これまでの教師生活で自分の文章を評価された経験はない。誤字・脱字程度の指摘は受けるが、文章の質そのものの評定はほとんどされぬものである。だから、自分の文章に自己満足しているだけの教師も多い。

これではいけない。尊敬する先達に、自分の文章を読んでもらうことだ。おそらく、多くの地区では管理職研修会があり、論文の添削が行われているはずである。地区の中には、これぞという実力のある管理職もいると思う。失礼のないようにアプローチして、教えを乞うといい。

③　文章修業を続ける

筆者は、若い時代に、文章修業の日々を過ごした。当時のいくつかの資料は今でも、大切に保管している。例えば、文章を分かりやすくするための「コピー」一覧である。

町は子供を育てる学校→地域の教育力
カブトムシを買えても飼えない→子供の直接体験の減少
適所において適材を育てる→学校の組織の活性化
微笑みは万国共通のパスポート→国際社会における資質・能力
共同から共汗へ→児童生徒と教師の信頼関係の構築
隣人はライバルから隣人はパートナーへ→協力、共存の精神の育成
学校の内と外の常識の一致→地域・保護者の期待と要望の実現
カバンが重いと泣いている→学習内容の精選と定着

あるいは、教育にかかわる格言などもまとめた。

十人十色→個性の尊重
人生八十年時代→生涯学習社会の到来
教育は人なり→教員の資質向上
環境は人を作る→教育環境の整備
情報は両刃の剣→情報化社会の光と影
不易と流行→教育改革と伝統の尊重

38歳の頃、このような「コピー」をたくさん作り、論文の柱にしようとしていた。ただ、夢中で文章を書く段階を経て、いかに他人に自分の考えを伝えるか。そこまで省察できるように努力した。若い時代のこうした修業は、その後の教師生活の土台となっている。

⑵　管理職論文の流儀　□1　用語や文法

①　わかりやすい文章

論文とは「論理性のある文章」である。出題された課題に正対して、自己の見解を、読み手に「わかりやすく」伝える文章である。

そのために「用語や文法」でどのような点に留意すべきか。論文で用いる用語は、正しく意味の通るものでなればいけない。そのためには次のような用語は避けたい。

その一つは、借り物の言葉である。書き出しを、「国際化、情報化、少子高齢化」のように、さまざまな文章で使用されている言葉を使う人がいる。題意にふさわしい書き出しならいいが、借りてきた猫のように、どこかに書かれていた言葉を用いても、メッキがすぐはげる。

その二つは、冗長な用語である。たとえば、「……と思う」という言い方は、論文には相応しくない。「……と考える」と言うような用語に置き換えるべきである。同様に、「しっかりと実践する」は「着実に実践する」に、「とっても温かい雰囲気の学校をつくる」は、「同僚性のある組織に改善する」のように、言葉を置き換える。

その三つは、カタカナや英語の用語である。たとえば、近年のユニバーサルデザインとかＥＳＤなどの用語は、そのまま使用せざるを得ない。しかし、イノベーションとかリフレクション、パートナーシップなどの語であれば、適切な日本語に置き換え可能である。

その四つは、「こと」を多用しない。語尾表現を「こと」で終える癖の人がいる。確かに、「こと」という用語は便利であり、幅広い用語を示せる。しかし、「……こと」を多用すると、明示性が薄れ、書き手の主張があいまいにな

135

る。また、文章構成上も、稚拙な印象を与える。

日ごろから「こと」を用いないようにして文章を書く訓練をする。そうすれば、いやおうなしに、多彩な語尾表現の用語を獲得できるようになる。

② 文法に留意する

ベテラン教師にとっては、論文を書くのに何を今さら「文法」だと言われるかもしれない。しかし、意外に文法の基礎基本ができていない人がいる。例えば、どのような乱れか。

その一つは、段落替えである。いくつかの形式段落が構成されて、一つの意味段落ができる。形式段落の冒頭は、一文字空けてわかりやすくする。しかし、形式段落に分けず、ずっと一つに意味段落にしてしまう人がいる。これでは論文が読みづらい。内容が変われば、ひと文字あけて、形式段落を変えなければいけない。

その二つは、主語と述語のねじれである。長い複文になると、主語も述語も複数使われる。その際に、遠くの主語を受けて述語を書くべきなのに、近くの主語に引きずられて、不適切な述語を書いてしまう場合がある。長い文章は読みにくいだけでなく、基本的なミスによって、意味不明な文章になる危険性をはらんでいる。

その三つは、指示語の乱れである。指示語が何を指すのかが分からないために、意味が通りにくくなるケースがある。これも一文が長くなると散見される、文法上のミスである。

その四つは、接続語の誤りである。そのまま続けて順接として述べるのか、別の観点から逆説で述べるのかあいまいなまま論理を展開するので、意味が通らなくなる。

その五つは、読点の多用である。近年はワープロで文章を書く機会が多い。ワープロでは、キーボードをたたくリズムの関係から、とかく読点を多用しがちになる。ワープロ作成文書では気が付きにくいが、手書きで論文を書くと、読点の多用が気になるし、速読を妨げる。

③　文は人をつくる

「用語と文法」は文章を書く際の基礎基本である。小学校1年生から、ずっと作文を書く際に指導されてきた内容である。大学入試や教員採用選考の際にもある程度は練習してきた。

そして教師になってからも、機会あるごとに文章を書いてきた。それだけ、長年文章を書いてきていても、いざ、合格論文を書こうとすると、うまく書けない。それどころか、用語や文法という基礎基本までもが未熟であるという実態が明らかになる。それでも、苦労して文章修業をすれば、ある程度の段階までは到達できる。これとて、管理職を目指して修業しなければ達することのできぬレベルなのである。

管理職であれば、ある程度の話ができるし文章も書ける。それは、管理職になるまでの修業期間を経ているからである　管理職でない人の中にも話のできる人はいる。しかし、できない人も多い。

「文は人をつくる」という。つらい文章修業・論文練習だが、それが立派な管理職を育てる。みんなが通ってきた道である。

(3)　管理職論文の流儀　②　課題への正対

①　出題された内容を理解する

管理職論文は、提示された課題に対して、その見解を述べるものである。

「課題に正対する」とは、課題を受けて正しく対面して、堂々と真正面から自分の見解を披歴することである。正対するためには、出題された文章の言葉を正しく理解する必要がある。また、何を問われているのか吟味する。

加えて、出題の背景を斟酌することも大切である。つまり、なぜその問題を出題したのか、任命権者の教育委員会が、どのような回答を期待しているかを推察することが肝要である。

②　事例問題を読んでみる

例えば、関東近県のある県の教頭選考問題。

「活力ある学校づくりを推進するために、職員の育成と指導について、教頭としてどのように進めていくか、自校の教職員の年齢構成等を踏まえ、具体的に述べなさい。」

ここで尋ねているのは、「活力ある学校づくり」の推進である。県教育委員会としては、現状より、さらに活気あふれる学校運営を期待している。

質問の二つ目の内容は「職員の育成と指導」である。

これらは裏を返せば、前例踏襲主義に陥り、各学校が現状に甘えているのではないかという問題意識である。また、「年齢構成等を踏まえて」とあることから、若手教員の大量配置と指導力の向上という課題への対応も期待されている点をとらえる必要がある。

ここで、「出題に正対する」とは、「活力ある学校づくりを推進する」ために何を成すべきかを、真正面から書くことである。

その際、条件として次の事項をおさえなければいけない。

(1) 教頭としての立場で述べる
(2) どのように進めるかを述べる
(3) 職員の育成と指導について述べる
(4) 自校の職員の年齢構成等をふまえる
(5) 具体的に述べる

これらの条件を踏まえつつ、活力ある学校づくりの推進のために、職員の育成と指導について具体的に述べる。

次の事例も関東近県の教頭選考問題である。やや長い文章となっている。

「学校教育法第30条に、新たに学習指導に関して留意しなければならない事項が規定された。また、学習指導要領も改定され、児童生徒のさらなる学力向上への取り組みが期待されている。

あなたは、これまで学力向上にどう取り組んできたか。また、学校教育法の条文や学習指導要領改訂のねらいを踏まえ、今後、教頭として学力向上にどう取り組むか、具体的に述べなさい」

この出題では、第1段落の文章で、学習指導についての基本的な考え方を述

138

べている。その上で、学習指導への取り組みについて問うている。

　その際に次の事項をおさえる。

(1)　これまでの実践を述べる

(2)　学校教育法第30条の条文を踏まえる

(3)　学習指導要領改訂の趣旨を踏まえる

(4)　教頭としての立場で述べる

(5)　具体的に述べる

　これらの条件を踏まえて、論理性ある文章を書く。

③　正対すると読みやすくなる

　「主題に正対する」とは、尋ねられている事項について、正しく回答することである。必要な内容を述べ、不要な事柄は述べない。

　当たり前のことだが、必要で十分な内容について述べればいいのである。

　尋ねられた課題について、応えるという行動は日ごろから誰でも行っている。しかし、尋ねられている内容から遊離し、くどくどと長たらしい説明をする人もいる。論文も同様である。本人は気付かず、的外れなことから書き始めて、本題にたどり着く前に息切れしてしまう。文章を書くことに慣れていない人に多い。慣れていても、大上段に構えて、いきがって書こうとすると、結論の不明な文章になりがちである。

　今、自分が尋ねられている内容について、「私はこう考えます」という態度で、粛々と書けばいい。うまく見せよう、自分の知識をひけらかせようなどという邪心は、軸足をはずさせるという危険性をもたらす。

　正対した文章は素直である。そして読みやすい。尋ねられている課題に、謙虚に答えているのだから、質の高い論文になる。

　日ごろから、課題に正対して、謙虚に話したり書いたりする態度が、その人の論文作成の力量を向上させる。「簡潔明瞭」は一流仕事人になるための必須条件である。

⑷　管理職論文の流儀　③　より良い表現

① 管理職の書く文章

　台風シーズンは管理職にとって、情報分析力や決断力を試される時期である。かなり早い時期から台風の予想進路をとらえ、その影響を分析して措置を判断しなければならない。判断を誤ると、大きなしっぺ返しがくる。だから腰が引けて、必要以上に学校を閉じる事例も散見される。

　必要にして十分な対応は、トップの「胆力」がなければできない。

　何度も修羅場を越えてくれば、ある程度冷静な判断が下せるようになる。それまでは、トップとしての「胆力」を磨かなければいけない。

　管理職になれば、様々な文章を書く機会が増える。前述した、台風の措置についての保護者向け文書なら、どのような「表現」にすべきか。

　この文章は、緊急的な措置をすべての保護者に周知するためのものである。したがって、正確な情報を簡潔に伝え、各家庭の理解と協力を得るものにする。また、学校の毅然とした姿勢を示す「表現」にしなければいけない。

　それに対して、学校だよりの巻頭の文章は、季節の風物詩を描きながら、一種のエッセィ風の表現で、管理職の「人となり」を印象付けるものにしたい。そこには、たおやかな言葉づかいでも、管理職の教育者としての信念を保護者に伝えるものにしたい。

　では、人事関係の公文書ではどうか。ここでは冗長な表現を避けて、できるだけ公正で妥当な「表現」で、書式にのっとった文書作成をしなければいけない。主観的な見方も極力排除する必要がある

② 採点者の気持ち

　このように管理職の書く文章は、目的に応じて「表現」を工夫して書くようにしなければならない。では、「管理職論文」での表現はどうすべきか。

　あなたの書く管理職論文を採点するのは、たった１人なのである。あるいはたった２人なのである。採点者のみが管理職論文を読むのである。

　では、採点者はどのような心象風景をもって論文を読むのか。

140

(1)期待感があるか。	そんなものはない。与えられ責任を果たすだけ。
(2)興味があるか。	仕事で仕方なく読むだけである。
(3)表現を味わうか。	多くの論文を読むので時間との勝負である。
(4)内容を味わうか。	同じテーマで画一化した内容でつまらない。

　採点者は、なるべく力のある人に管理職になってほしいという願いで採点業務にあたる。しかし、採点者も人の子、前述したような気持ちにもなりがちである。だが、受験者は、このような読み手を意識していない。いつもの論文練習のようなつもりで書くだけである。

　くりかえすが、採点者は同一課題の管理職論文を多数、読みこなさなければいけない。学校の教師が、児童生徒に課題論文を書かせ、それを採点するのと同じである。

　しかし、決定的な違いがある。それは採点者にとって、管理職論文は「誰が書いたかわからない」作文であり、「顔の見えない」文章であるということである。学校の教師が、作文を読む場合は、作者の児童生徒名を見て、ある程度、書き手の思いを斟酌できる。それに対して管理職論文では、一切の予備情報なしに採点者は、答案と格闘する。この違いが大きい。

③　管理職としての表現

　管理職論文の読み手は、その答案だけを手掛かりに淡々と採点する。しかも、一定時間内に多数の論文を読み込まなければいけない。ここまでくれば、懸命な読者は、どのような「表現」をすればよいか見えてくるだろう。

　まず第1に読みやすいことである。書かれている内容が、すぐに理解できる論文がよい。そのためには、これまで述べてきた言葉の用法、文章作法ができていなければならない。

　第2に「光る論文である」ことが大切である。換言すれば、他の論文との差別化である。10枚の論文のうちで選ばれる1枚になるための表現に留意する。

　第3に、採点者をうならせる箇所が欲しい。当たり前の「祝詞」のような文

141

章でなく、自分の言葉で語られる表現は、読み手の心に響くことも多い。しかし、その種の表現を嫌う採点者も一部いる可能性もある。

　第4は、書き手の迫力である。とくに、論文の末尾の決意表現、論文の文字の勢いなどから、受験者の「強い魂」を感じれば、その人への期待が高まる。

　第5は、「管理職としての構え」である。管理職論文は、校長または副校長（教頭）になったつもりで、書かなければいけない。現段階では、昇進前の自分である。それを補って、「管理職としての構え」を示すのである。

　たった一人の読み手に、自分の論文を直球で投げ込む。それは真剣勝負である。その捕手に向けて、前述したような「表現」でストライクを投げられれば、勝利に一歩近づく。

⑸　管理職論文の流儀　④　論文の構成

①　「序破急」と「起承転結」

　本年度の折り返し点を迎えて、4月からの学校運営や自己の業務を4段階評価してみたい。自分はＳＡＢＣのいずれかであったか、と。もし、ＢやＣであったなら、至らぬ点を反省して下半期の実践に期待したい。しかし、上半期に駄目だった人が急速に改善できるとは、本人も上司も思ってはいない。でも、大きく羽ばたくのは無理だとしても、いくらかの「伸びしろ」に期待したい。

　さて、論文構成はその分量にもよるが、普通は3つか4つの段落で構成する。

　3つの段落なら「序破急」という展開が一般的である。

　「序」とは、課題を受けて、それを正面から粛々と述べていく。ここでは、あまり奇をてらわずに、当たり前の論旨を述べていく。いわば、ホップ、ステップ、ジャンプのうちのホップの段階である。陸上競技の3段飛びなら、助走にあたる。

　続けて「破」の段落である。ここでは、「序」で述べた内容を「破る」構成にする。「破る」とは、「序」の内容から一見すると、いったん離れる内容になる。時には、逆説を述べるとか部分否定をすることもある。

　いったん離れてから、「急」で元の論旨へ戻る。その際、「序」で述べた内容

と「破」で述べた内容を統合させる。

　4段落なら、「起承転結」が一般的である。ここでも「起」と「承」で課題を受け、「転」で、いったん離れ「結」で統合する。基本的な構成スタイルは、3段落でも4段落でも同様である。

② 　論文の典型的な構成例

　おおまかな論文構成のイメージをとらえたら、細部を構想する。私が管理職論文の練習をしていた時代の論文構成メモを紹介する。当時は1問2000文字の論文を3問筆答する試験であった。1問2時間程度の持ち時間で、都立高校の教室で仕上げる。

　答案用紙は、1行あたり35文字で、58行を目途に執筆する。

　前文を12行とする。初めの3行をリード文、次に問題点を指摘する文を書く。そして6行目からの文で問題を受け止め、指導主事として（教頭として）具体的な方策を提案する。

　13行目に［1］の柱を書く。次のその柱についての事実を5行で書く。文を『このことから…』と継いで、その事実についての考察を述べる。つまり、事実についての価値論を披瀝する。更に「私は……」と続けて、その考察に基づくこれまでの実践を紹介する。以上の11行を踏まえて、(1)の柱の改善策を9行で述べる。

　34行目に［2］の柱を書き、同様の分量で構成する。この2本の柱を受けて最後に5行のまとめの段落で仕上げる。

　これを、簡潔にすると次のような論文構成になる。

1　導入［合計12行］	
(1)リード文［3行］	(2)問題点の指摘［2行］
(3)問題点の受け止め［3行］	(4)具体的な方策［3行］
2　［1］の柱［合計21行］	
(1)柱のタイトル［1行］	(2)柱についての事実［5行］
(2)事実についての考察［3行］	(4)考察についての実践［3行］

143

(5)柱についての改善策［9行］

　3　［2］の柱［合計21行］

(1)柱のタイトル［1行］　　　(2)柱についての事実［5行］

(3)事実についての考察［3行］　(4)考察についての実践［3行］

(5)柱についての改善策［9行］

　4　まとめ［5行］

③　柱の内容と改善策を吟味

　このような論文構成の典型事例を作り、練習をしていくことで、論理的な文章を書く力が身に付いてくる。

　論文構成をする上で大切なのは、2つの柱の立て方である。柱によって、柱の中の21行だけでなく、導入の内容もまとめの文章も規定される。

　2つの柱が似通っていると、論理を展開していく過程で隘路にはまる。その一方で、離れすぎていると論文にバラバラ感が表出する。2つの柱は、同じ土俵に立ちつつも違う観点で述べることがいいのである。

　例えば、［1］の柱を「教職員の育成」の視点にしたら、［2］の柱を「児童生徒の指導」の視点で書く。あるいは、［1］の柱を「校内組織の活性化」にしたら、［2］の柱を「地域社会との連携」にする。また、この論文構成で大切なのは、柱についての［事例］の紹介を5行程度で簡潔に述べることである。そのためには、日頃の実践事例をいくつかの項目に分けて整理しておく必要がある。

　特に大切なのが、柱の内容についての具体的の改善策を提示できることである。ここで、どれだけのアイディアやプランが示せるか、まさに管理職論文の真骨頂である。採点者はここを注視している。

(6)　自己啓発のススメ

① 　自己啓発を進める環境

　秋の夜長は、自己啓発にふさわしい季節である。筆者は、2007年に『ミドル

教師―ニューリーダーとしての自己啓発ノート』［明治図書］という本を上梓した。その本のなかで、自己啓発を効果的に進めるために自分の置かれている環境をよく吟味する必要があると述べた。それは次の通りである。

② 学校職場環境にかかわる条件
・よき上司や先輩に恵まれているか
・よい仕事をすれば適正に評価してくれる土壌があるか
・仕事のしがいのある学校か
・仕事が忙しすぎて、職場全体が機能不全に陥りそうか
・自分の教師としての力量を高めていく上で障害はないか
・学校や学級でいくつもの深刻な課題を抱えているか
・ミドル教師に処理できないほどの過大な仕事が回ってきてしまうか
・遠距離通勤であるとか、島しょ僻地などのように地理的条件にハンディーがあるか
・悩んだときに相談にのってくれる人はいるか
・学校内でその他の深刻な課題はあるか

③ 家庭環境にかかわる条件
・家庭でも自己啓発ができる時間や費用などを一定程度確保できるか
・家庭内で、皆が自己を高めていこうという土壌ができているか
・家庭内で大きな課題をかかえているか
・これから配偶者を見つけたり家庭を築いたりしなければならないのか
・子育て又は両親の介護などで時間的条件が厳しいか
・給料だけで生活するのは、現段階でも経済的に厳しいか
・将来的に自宅の購入や子供の教育費積立などで、経済的に苦しくなりそうか
・夫婦関係や子供との関係で緊張感を強いられているか
・両方の実家との関係で、何か課題があるか
・家庭内でその他の深刻な課題があるか

④　本人の資質などにかかわる条件

・仕事を進めていく上で心身の健康に課題があるか

・ミドル教師として、これからの教師人生の歩み方に悩みがあるか

・本を読んだり文章を書いたりする上で、自分の資質に課題があるか

・子供を好きになれないという感情があるか

・英会話やパソコン、その他の機器操作など著しく苦手か

・教師としての規範意識が低く、服務事故を起こしそうな懸念はないか

・お酒が全く飲めないなど、飲食の会に出席できない訳などがあるか

・出身大学や学歴などでハンディーがあるか

・本人にその他の深刻な課題があるか

⑤　誰にでもあるハンディキャップ

　これが自己啓発を進める上での自己診断シートである。29の条件のうち該当する項目はいくつあったであろう。

　もし、10個ほどの条件があったら、自己啓発をしにくい環境であろう。筆者自身、管理職受験をしていた時代には該当項目は6個あった。

　一つも当てはまらぬ人は、よほど運のいい人である。そういう人はめったにいない。おそらく多くの教師は数個の該当項目があるはずである。誰しもそのようなハンディーをかかえた環境の中で自己啓発を進めるのである。

　自己啓発しない人は言い訳をする。「時間がない」「学校の仕事に全力投球して余裕がない」「仕事と家事で精いっぱいである」などの理由である。

　ぜひ、前述した自己診断シートで自分の置かれている状況を振り返ってほしい。自分の抱えているハンディキャップを明らかにすれば、次第にそれを解決する方途が見えてくる。解決できないほどの課題なら、その課題とうまくつきあって、かわしていく方便も見えてくる。

　大切なのは、「ハンディキャップのせいでできない」「誰かのせいでできない」などと他へ転嫁しないことである。他へ転嫁すれば、それを言い訳にして、その場を逃れることができる。いつまでもそれを続けていると、やがて

146

『負け犬の遠吠え』となる。

⑥　学び続ける教師

　一日は誰しも24時間である。一人あたりの業務量に差があることは確かである。教頭［副校長］が休職した学級担任代理としてクラスを受け持つことはあるし、教務主任が力量のない教師の補助として授業を行うこともしばしばある。しかし、よほどのことがない限り、3人前の仕事にはならない。

　幹部教員が、自分の本来業務の他にも、何かしらの仕事を抱えるのは当たり前の光景である。これは何も教員の世界だけではない。管理職を受験しようとしている人は〝学校一のオイソガ氏〟である。そのことを踏まえても、なお自己啓発をしなければいけない。

　自己啓発は本人のためでもあるし、次世代リーダーとしての使命でもある。怠惰で声だけが大きい者がわがまま顔したら学校は滅びる。学び続ける者が、教育界を牽引しなければいけない。

(7)　合格への決意

①　合格への「志」

　秋の文化的行事シーズン。幼い時代に体験した文化とのふれあいは、子供の人間形成に大きな影響を与える。筆者も校長時代、雅楽、常磐津、歌舞伎の人間国宝やサッカーJ1代表、東京マラソン外国招待選手、北極探検家、女優など多くの方々を学校に招いた。その道の第一線で活躍する人はオーラがあり、子供たちはその一挙手一投足を注視する。仮に体験談の内容が難しくても、その姿勢から感化を受ける。

　「精神論」を述べる。自分の人生を意義あるものにするため、何が大切か。筆者は「志」であると考える。「志」とは、「夢」と「希望」と「目標」である。

　多くの人は、自分の将来に対して「夢」と「希望」を抱くまではする。しかし、それだけでは目標は達成できない。「夢」と「希望」に加えて「目標」を設定しなければいけない。この三つの要素が統合され、初めて「志」となり得

るのである。

② 　人生の目標設定

　「志」の要素に目標を取り入れた。ここでいう「目標」とは自分の教師生活で、どの段階でどのような立場になるかという人生設計である。

　算数の成績で全員90点を取らせるとか、サッカー大会でベスト４に入賞するという次元の目標ではない。

　あくまで、管理職になる、管理職になってからの役割を果たすという意味での「目標」である。そういう点では、決してきれいごとではない、自分を戒めるためのドロドロとした【戒律】とも呼ぶべき目標である。

　こうした「目標」は他言する必要はない。自宅の机にしまって、時に応じて取り出して読む。そして、怠惰に流れがちな自身に鞭打って、静かに決意すればいいのである。

③ 　合格不合格の分かれ目

　おそらく、どのようなテストでも最上層の２割程度と最下層の２割程度は別としても、残り６割の受験者の合否は紙一重である。つまり、わずかな差が合格の幸運と不合格の悲運を分けるのである。

　そのわずかな差を埋めるのは、「合格への決意」という受験者の精神的な強さである。その強さは、面接選考はもちろん、論文選考でも表出する。

　これまで、何回も論文選考や面接選考に携わって、多くの受験者に接してきた。その経験から、「合格への決意」という「精神論」が大切であると思い描くようになった。

　この20数年で管理職選考をめぐる環境は、ずいぶん変わった。受験倍率は大幅に低下し、かつての「大人の受験戦争」という状況は影を潜めた。

　だから年長者たちは、近頃の受験者は覇気がないと嘆く。確かにそういう面もあることは否めない。そういう面はあるにせよ、試験なのだから合格する人がいて、不合格の人がいる。幸運な人がいて悲運な人がいるのは事実である。

結びに、不合格で悲運の人に言いたい。あなたは、「合格への決意」をしかと胸に抱いていますか。その決意を持って、仕事に自己啓発に全身全霊を傾けていますかと。もし、自分に絶対の自信があれば合格はそう遠くないはずだとエールを送る。

(8)　ああ管理職人生に幸あれ
①　「何とかなる」の文字

　自宅の机の前に「何とかなる」という言葉を掲げてある。これは、筆者が尊敬する師匠が、30年ほど前の危機的状況の中で、私たちに投げかけた言葉である。

　管理職になって1か月目の深夜、筆ペンで書いたものである。管理職として着任して1か月、ようやく周りの状況が見えてきた。あまりの課題の厳しさに、「この局面を自分で打開できるか」という不安が襲ってきた。その時、ふと湧いてきたのが「何とかなる」という言葉であった。爾来、18年間この言葉を見ながら歩んできた。

　管理職になれば、いくつもの困難な場面に遭遇する。子供の事故やけが、学級崩壊や問題行動、保護者や地域からの苦情、教職員をめぐる問題、年間数十件を超す課題が発生する。それらの課題の中には、ぬきさしならない事案もいくつか含まれる。管理職によって、ダメージの受け方は異なるが、キャパシティの小さい人だと、かなりメンタルヘルスをやられる。

　管理職の中には、いつも苦虫をかみつぶしているような顔をしている人がいる。この世の不幸を一手に引き受けたような、暗い姿勢の人がいる。そのような学校は、たいがい教職員も子供も暗くなる。いつも、ノーテンキに明るく振る舞えとは言わないが、せめて、淡々とした表情を見せるくらいの器量があってもよい。

②　管理職としての器量

　人間の器量は、いくつ修羅場をくぐったかで決まるものだという言葉を聞い

たことがある。

これまでに、評判の芳しくない管理職を何人も見てきた。そういう人は、たいてい器量が小さかった。器量が小さい人は、自分がため込んでおく懐が狭いから、すぐ誰かに対して攻撃的になる。

つまり、自分に甘く他人に対して厳しくなる。いくつもの厳しい課題を抱えていれば、つい愚痴を言ったり責任を追及したくなる。それが人情である。そうなる気持ちもよくわかる。しかし、そのことを斟酌したとしても、厳しくしすぎて部下の心が離れてしまったら学校経営はできない。

教頭（副校長）時代は、あまり評価が高くなかったのに、校長になったらぐんと株を上げる人がたまにいる。そういう人は、やや大雑把で事務的な仕事は苦手だが、胆力があって部下をかわいがる。だから、教職員は嬉々としてついていく。

一方、教頭（副校長）としては有能なのに、校長になってからうまく学校をまわしていけない人がいる。そういう人は、たいてい重箱のすみをほじくるようにして、細かい所まで教職員を指導する。子供にもそのように接する。だからみんな息が詰まる。

管理職とは難しいものである。ナンバー2時代は有能できびきびして、ナンバー1になったらどっしり構えて、鷹揚に皆を束ねる。たった一人の人格が、それを演じ切るためには、それまでの長い人間としての修養が必要である。それこそが管理職としての流儀である。

③　真摯な努力は退職して果実に

筆者はこの原稿を書きながら、これまで出会った多くの管理職の現役時代の顔を思い浮かべている。

その一方で、管理職を退職した後の顔を思い浮かべられる人も多い。すばらしい管理職だった人は、退職後20年を経ても、なお当時の部下や保護者、子供たちから慕われている。豊かな管理職時代を過ごしているから、老境期にさしかかった今日でも、実にすがすがしい顔をしている。

管理職としての現役時代は、今そこにある危機への対応に追われる。とても退職後の姿など思い浮かばない。しかし、現役時代の真摯な努力は、退職後に見事な果実となる。

　その反対に現役時代に、威張り放題で我儘だった人は、さびしい老後になる。「おてんとうさま」は実に公正な裁きを下す。

　管理職を退いてみると、誰も「大変だったがやりがいのある仕事だった」と述懐する。「管理職などやるものではなかった」と言う人はほとんどいない。

　東京を始め全国にいる筆者の知人たちは、管理職として退職した後も、次の人生のステージで活躍をしている。そこでは管理職時代に培った諸能力が見事に開花している。

　管理職人生は忙しいし苦しいこともある。家族にも多大な迷惑をかけるかもしれない。そして自分自身の心身の健康とのバトルという側面さえある。

　それでもなお、管理職人生とはすばらしいものである。

　管理職合格を目指している皆さんへ、大きな期待を込めて声援を送る。「管理職人生に幸あれ」と。

Ⅲ　変化する社会と教師

1　いじめ問題と教師

⑴　大津いじめ事件とマスコミ報道

①　大津いじめ事件

　2012年12月28日に読売新聞は第1面に3段抜きの見出しで「大津いじめ　書類送検」という記事を掲載した。事件発生から1年余を経ても、大きな扱いをしているのは、大津市におけるいじめ事件について、社会的な関心が高い証左である。同日の記事の概要は次の通りである。

　「大津市で昨年10月、いじめを受けていた市立中学2年の男子生徒（当時13歳）が自殺した問題で、滋賀県警は27日、加害者とされる中学3年の少年2人（ともに15歳）を、生徒を殴打した暴行容疑などで大津地検に書類送検した。当時、13歳で刑事罰の対象とならない別の少年（15）は、暴行などの非行事実で児童相談所に送致した」

　大津市でのいじめ事件の概要と警察の捜査の経過については、同日の読売新聞では次の通りにまとめている。

〈2011年〉	
10月11日	男子生徒が自宅マンションから飛び降り自殺
11月2日	大津市教委が全校アンケートの結果の一部を公表。「いじめはあったが自殺との因果関係は不明」
〈2012年〉	
2月24日	遺族が、加害者とされる少年3人と保護者、市を相手取り、損害賠償を求めて大津地裁に提訴
7月4日	市教委アンケートで「自殺の練習をさせられていた」との回答があったと公表
7月10日	市教委が追加アンケート公表。「事実確認が不十分だったと謝罪

153

7月11日	滋賀県警が男子生徒への暴行容疑の関連先として学校と市教委を捜索
7月18日	男子生徒の父親が少年3人を暴行など6容疑で大津署に告訴
7月26日	県警が生徒約360人から聞き取り開始
9月1日	県警が少年3人から任意での事情聴取
12月27日	県警が少年2名を暴行容疑などで書類送検。1人を暴行などの非行事実で児童相談所に送致

② 文部科学省の対応

こうした状況の中で、文部科学省は2012年8月1日に「いじめの問題に関する児童生徒の実態把握並びに教育委員会及び学校の取組状況に係る緊急調査」を実施した。その結果は同年11月22日に公表された。この調査では、国公私立の小・中・高等学校・中等教育学校・特別支援学級のいじめ認知件数が全国で144,054件と年度途中であるにもかかわらず前年度（70,231件）の約2倍となった。

児童生徒1000名あたりの認知件数は、第1位の鹿児島県が159.5人であるのに対して、46位の佐賀県で1.3人、第47位の福岡県で1.0人であった。

これらのことから、何をもっていじめとするのか、それをどう把握するのかという取組は、難しい課題であることが再確認された。

なお、文科省は同年11月27日付で『「いじめの問題に関する児童生徒の実態把握並びに教育委員会及び学校の取組状況に係る緊急調査」を踏まえた取組の徹底について』という通知を出した。

また、文部科学省内に子ども安全対策支援室を設置し、官房長を室長にして全庁的な取組を開始した。特に平成25年度概算要求では、「いじめ対策関連事業」として、対前年度比約27億円増の約73億円を掲げた。

ここで基本方針として、「国は、『子ども安全対策支援室』の事務体制を強化し、学校や教育委員会が、いじめの問題等の重大事案に迅速かつ適切に対応できるよう、強力に支援を行う」という方針を周知した。こうした文科省の対応

は、大津事件が発生してあわてて取り組んだように誤解されている面もあるが、それは当てはまらない。

直近で見れば、文科省は次のような対策を講じている。2008年3月から「児童生徒の自殺予防に関する調査研究協力者会議」の審議を開始している。2009年には「教師が知っておきたい子どもの自殺予防」マニュアルを作成し、2010年には「子どもの自殺が起きたときの緊急対応の手引き」を作成した。そして、2010年、2011年には「児童生徒の自殺予防に関する普及啓発協議会」を、教育委員会関係者や校長、教頭を対象に実施している。

これで十全とは言えないが、文科省をはじめ関係機関はいじめ防止や自殺予防などについて可能な限りの努力をしてきていたのである。その矢先に、大津でのいじめ事件が発生した。

③ 大津事件報道の過熱

大津地裁における口頭弁論は、2012年5月22日から始まった。初めはマスコミの報道も目立たず、国民的な関心も薄かった。こうした中で、週刊新潮は、7月11日発売の記事の見出しとして「父が京大医学部卒、母がPTA会長……」という中吊り広告を鉄道車内に掲示した。

この頃から、各種メディアで繰り返し報道されるようになった。特に平日午前中のテレビワイドショーでは、学校や教育委員会の姿勢を糾弾する内容で報道された。筆者の実兄向山洋一も、みのもんた氏の司会するテレビ番組へ出演して、学校におけるいじめ対策などについて説明したが、まわりの出演者の態度は厳しいものがあった。

8月15日には、市教委の沢村憲次教育長が大津市役所の教育長室で、さいたま市の大学生にハンマーで殴られ、顔面打撲で全治3週間のけがを負った。

9月18日には、当該校長が緊急記者会見を開き、少なくとも教諭3名がいじめを認識していた可能性が高いと、これまでの説明を一転させた。

10月29日には、第三者委員会が調査のために市教委から取り寄せた関係書類に多数の「黒塗り」部分があることがわかり、第三者委員会委員の間から批判

155

の声が上がった。

　これら一連の事案により、大津いじめ事件は繰り返し報道が続けられた。

　また、インターネット上で本事件専用のページが開設された。2012年12月25日現在でも一日3300名余がアクセスし、これまで約40万人閲覧した。このサイトでは、加害生徒の実名と写真も掲載されている。別のサイトでは、担任教諭やその夫人、自宅の写真、当該中学校の全教員や転任先住所なども掲載されており、プライバシーが著しく毀損されている。

　さらに、今回の大津いじめ事件が報道されてからの、2012年9月からの2か月間は、他のいじめ事件も相次いで報道された。

　『内外教育』2012年12月7日号（時事通信社）は、次のようにまとめる。

9月2日	兵庫県川西市で県立高校2年男子がいじめにより首つり自殺
9月5日	札幌市立中学校1年男子がいじめを示唆するメモを残して自宅マンションから飛び降り自殺
9月10日	熊本県八代市教委が、昨年4月に市立中学校3年男子が自殺した事件は、いじめが原因だったと発表
9月11日	宮崎市教委が、市立中学校2年男子がいじめを受けている動画がインターネットに掲載されたと公表
9月12日	千葉県松戸市教委が、今年5月から7月にかけて市立中学校1年男子が暴行され負傷した事件は、いじめが原因だったと発表
9月13日	埼玉県川越市教委が、今年1月に市立中学校2年男子が暴行で意識不明の重体になった事件で、いじめの存在を認める
9月26日	品川区で区立中学校1年男子がいじめが原因で首つり自殺
10月10日	島根県境港市の市立中学校3年男子が、いじめが原因で校舎から飛び降り重傷
11月1日	千葉県館山市教委が、08年に市立中学校2年男子が自殺した事件で、いじめの存在を再調査すると発表

　このようにマスコミは各地のいじめにかかわる事件を次々と報道した。こうした連日の報道で、子供を持つ保護者の不安は急速に高まった。そして、学校

や教育委員会に対する信頼も次第に低下をしていく。

④いじめ事件が過熱する理由

　これまで、いじめ自殺については、福島県いわき市、東京都中野区などの事件が大々的に報道されてきた経緯がある。

　1994年愛知県西尾市立中学校でのいじめ事件後に相次いで、いじめの関連書が刊行された。塚原正彦（1995）は「いじめ加害者である児童・生徒は、学校以外の地域や家庭ではそういうふるまいはしておりません。……問題となっているのは学校教育でいじめを制御するための機能が正常に働かなくなってしまったことにあると考えられるのではないでしょうか」[1]と述べる。

　また、景山任佐（1997）は「最近ではこのような遊び型から動機の希薄な被害者も弱者なら誰でもよいといった無差別的な犯罪、非行が増大してきております。……犯罪という非日常的行為によって、日常的な空虚を破壊し、埋めるということがなされております。これからは、このような型の犯罪や非行が増大してくるというのが私の主張であります」[2]と述べる。

　そもそも、少年の自殺事件は2010年に小学生7名、中学生76名、高校生204名、2011年では小学生13名、中学生71名、高校生269名である。この数年は毎年300名の自殺者を出している。[3]痛ましいことだが、平均するとほぼ毎日1名の自殺者を出している。普段、マスコミは少年の自殺事件をほとんど報道しない。また、いじめの関与が疑われても、それほど大きくは報道しない。

　しかし、数年おきにいじめが大きく報道される状況が出現する。この時には、国民的にもいじめについての関心が高まる。これまでのいじめ事件報道はカウントの仕方にもよるが「6年周期」又は「8年周期」で出現してきた。

　ではなぜ、今回の大津市でのいじめ事件がこれほど大きく報道されたのであろうか。大津市での事案については報道で見る限り、学校や市教育委員会の対応が不十分であったように見受けられる。その点が、マスコミに大きく取り上げられる契機となったと推察される。しかし、事件からかなりの月日が経過しても、いまだに関心が高い状況が続いているのは、以下のような理由によるの

ではないかと推察する。

　事件発生から6年とか8年を経過すると、次のような変化が起きる。

　①児童生徒が入れ替わる　②保護者が入れ替わる　③学校の管理職が入れ替わる　④教育委員会の担当者が入れ替わる　⑤マスコミ関係者が入れ替わる

　6年や8年を経て、かつてのいじめ事件は風化し、人々の記憶から忘れ去られる。そこで、あるいじめ事件が発生すると、それについて、「新鮮な気持ち」で立ち向かおうとする。マスコミ関係者は、学校教育においてこんな事件が起きて許されるのかと正義感で報道する。それを見聞する保護者はいじめ事件の続発を嘆く。教育委員会の担当者や学校の管理職も、対応能力が十分でなく、所管の事案について右往左往する。このように、子育てに直接かかわる人々が「新鮮な気持ち」でいじめ問題に関心を抱く。

　こうした関係者の「新鮮な怒り」がいじめ報道を過熱させる。文科省もすでに対策は講じてきているにもかかわらず、新たな方策を示さざるを得ない。

　そうしなければマスコミも国民も国会も許さない。それは地方自治体にあっても同様である。

　今回の大津事件は、これらに加えて民主党政権の政治の行き詰まりや大震災などによる国民のストレス増大などとあいまって、大きくなったのではないかと推察される。

⑵　いじめは根絶できるか

①　学生のいじめについての意識

　教職大学院の授業で、大津市におけるいじめ事件やこれまでのいじめ事件の発生と東京都教育委員会や地方教育委員会の取組状況について概説した。その上で、学生に4問の課題を答えさせた。以下に3名の学生の回答を紹介する。

　ストレートマスター（以下SMと表記）のS学生は、次のように述べる。

Q1　あなたは学校から、いじめを根絶できると思いますか？　ＮＯ
Q2　その理由は？
　小さくすること、薄めること、命を守ることはできるが、無くすことはで

きない。また、必要悪であると考えている。習うこと学ぶことでは身につかない。傷ついた者だけが持てる優しさは大人になるにあたって必要であると考えるが、昨今の紙上のいじめ（※報道されているいじめの意味か　補足向山）は、もはやただの犯罪である。

Q3　あなたは、大津中学生自殺事件の報道についてどう感じましたか？

　報道としては仕方ないこと。なるべくして、なるようになった。

Q4　あなたの小学校〜高校時代、身の回りでいじめがありましたか？
あったとしたら、どういういじめでしたか？

　悪ふざけという名のいじめ。具体的には無視、暴力等。今考えれば、自分自身も行っていたともいえます。

　現職教員のF学生は次のように述べる。

Q1　NO

Q2　一つの集団の中で変化し、根絶は可能ではないか。学校は次から次へと新しい子供が入ってくるので、最初にいじめを経験した後、その周囲からなくすことは可能ではないか。成長とともに根絶はできる。しかし、いじめそのものをゼロにすることは、人間の性質上はありえない領域なのかもしれない。

Q3　報道は予想される範囲内だと感じる。いじめで自殺をしたときに、さわぐことはマスコミの役割の一つではないか。それをもとに又、いじめ根絶に向けての道を各自が歩むのだと思う。いじめがなくならないものであったとしても、いじめのたびに周囲や新聞、マスコミはさわぐべきだと思う。いじめはあってはいけないという考えを示すためにも。

Q4　いじめの種類としては"ムシ""グループからはずす"などが、中学の時はよくあった。自分たちのグループでもよくあったし、周囲のグループでも常にあった。中学の頃は少し荒れていたので、生徒が先生に対していじめる（？）ムシする（？）などの行為があった。生徒は罪の意識はなかったと思う（私も傍観者として）。

ここでF学生は、傍観者であった自分の立場を振り返っている。傍観者に対する働きかけは、すでに各書で指摘されている。例えば、『「いじめ」Q&A』(1994)[4]では、次のように述べる。

「いじめが発生した場合、『観衆』や『傍観者』たる子供の集団が、そのいじめに対して批判的あるいは非好意的な態度をとる場合には、いじめは通常その支持基盤を失い、あるいはいじめに対する周囲の子供の批判的な態度がいじめに対する直接、間接の「抑止力」として作用することになり、一定の過程を経て、最終的には終息の方向に向かうと思われます。」

また、矢部武（2008）は「傍観者をかえればいじめ問題は解決する」として、行動する（しない）傍観者の心理を分析している。[5]

管理職候補の現職教員Y学生は次のように述べる。

Q1　NO

Q2　人と違うことをしただけで糾弾される社会が大人社会にも根付いている。海外とは違い、他人との協調性を優先する日本の中で、個を尊重する風潮が重視されていない。このような社会の中では、いじめを根絶するのは難しいと思うから。また、学校という閉鎖社会の制度の中では、このようないじめを増長している気がするから。

Q3　学校内のいじめは、現場の教員でしか救えない問題だと感じている。報道では教育委員会ばかり攻撃されていたが、実際には子供を直接見ているのは現場の教員だ。いじめが起きてから動くのではなく、普段から学級内での教員の子供を見守る目を耕すことが大切だと思った。また、災害などの危機管理マニュアルはあるが、いじめマニュアルはあまり浸透していない。いじめを未然に防ぐには何をするべきなのか、真剣に考えて取り組むべきだと感じた。

Q4　小学校　音楽で使う笛を机の中に置きっぱなしにしていたら、「カビがはえる」とバイキン扱いされ、「○○菌」といじめられる子がいた。

中学校　流行の音楽、芸能人の話についていけない子がいると「あの子遅れている」と話しかけられても、ムシしている子がいた。中学校のいじめは

些細なことから「シカト、ムシ」が流行していた。

　　高校　　見かけたことはありません

　以上の3名の学生は、学校でいじめを根絶できると思うかという問いに「NO」と答えている。ちなみに、学生のうち「YES」と回答したのは3名、「NO」と回答したのは11名であった。

　総じて、学生はマスコミ報道に影響を受け、それに基づく問題意識を醸成しているようにうかがえた。また、自身の義務教育学校時代の経験やこれまでの学修に基づいて、いじめについての理解をしているが、皮相的な理解にとどまっているように推察された。

② 「いじめは面白いもの」という意見

　学生の皮相的な理解をゆさぶるために、学生がこれまで接してこなかった意見を紹介した。曽野綾子（2011）は次のように言う。[6]

　「いじめについての最近の論争はどこか的外れである。そもそもスタートが見極められていないところに問題がある。単純な出発点だ。『いじめはおもしろいものだ』ということである。……いじめは世界中に、まさにどんな土地にも、どんな階層にも、どんな年齢にも、どんな職業にもある一つの普遍的な情熱である。だから、いじめを子供や学校生活から一掃しようという計画や目標ほど、現実性のないものはない。……自殺が起きる度に、最近では、親が学校を告発する。いじめを放置したのだというのだ。しかし、誰よりも子供の変化を感じるのは、生活をともにする親でなくてどうするのだ。親にも察知できなかった異変を、学校がどうして感知できるのだ。」

　確かに、いじめの発見は難しい。筆者の次女が中学校時代、日ごろは活発なのに数日間元気がない。何も話さないので妻は気付かない。ある朝、玄関で靴を履く次女の首筋にジンマシンを見つけた妻が問いただし、ようやくいじめの対象になっていることを理解した。妻が学級担任と相談し、学校の対応でいじめは沈静化した。

校長時代、5年生のある学級を参観して、A子の机が隣と5センチメートルほど離れているのが気になった。それを学級担任のHに伝えたが、特に問題はないとのことだった。それから、しばらくしてA子がいじめられているという訴えがH教諭にあった。H教諭は力量のある教師で、学級経営もよくできていたがA子をめぐる学級内の人間関係に気付かなかった。

曽野の意見について、そのような見方があるのかと驚きを抱いた学生もいた。例えばSMのM、K、Y、H学生などである。

また前出したY学生は次のように述べる。

「曽野綾子さんの言葉、『いじめはおもしろいものだ』という出発点だということが一番衝撃的だった。今までにいじめに関する文献は読んでいても、負に変わる情熱エネルギー＝いじめという考えは私の中にはなかった。その視点から、いじめについてもう一度考えてみたいと思った」

このように、曽野の大胆な提言は、学生たちに一定の衝撃を与えた。

⑶　いじめ問題の先行研究の活用

①東京都「いじめ問題」研究報告書

前述したように1994年11月27日、愛知県西尾市で中学生がいじめを原因とする事件が発生した。マスコミはこの事件を大きく取り上げた。この1年間に少なくとも10人がいじめを原因とする自殺事件が相次いだ。

東京都では都知事を本部長とする東京都いじめ問題緊急対策本部を設置し、全庁をあげていじめ問題に取り組んだ。都立教育研究所（当時）では、1995年2月から全所をあげていじめ問題の解決に向けた研究に取り組み、1996年3月に本報告書を作成した。[7]　本報告書は、A4判257ページで7章から成る。構成は次のとおりである。

| 第1章　研究の基本的な考え方 |
| 第2章　いじめの構造の解明 |
| 第3章　いじめ問題と教育行政 |
| 第4章　いじめ解決の方策 |

162

第5章	提言―いじめ根絶に欠かせない家庭、地域社会、行政の役割と学校―
第6章	「いじめ問題」に関する意識調査集計・分析結果
第7章	今後の課題

② 学生の報告書の読み方

　Ｆ学生は第4章の第3節「いじめ根絶への教育内容・方法の開発　いじめ根絶への教育内容の開発に当たり重視すること」という45ページの内容を1週間で読み込み、Ａ4判4枚のレポートにまとめた。

　内容は次の通りである。

○いじめ根絶にはたらく学習指導の工夫と改善

○望ましい人間関係を育てる学級経営・生活指導の工夫と改善

○正義感の育成

○情報を正しく判断できる能力の育成

　Ｆ学生は、「思いやりや規範意識を育てる道徳教育がいじめ防止になるか」という問いに、中学校では小学校に比べて「そう思う」という回答が、約2倍になっていることに着目した。そのように期待されているにもかかわらず、中学校では小学校に比べて道徳教育が実践されていない現状があるのではないかと投げかけている。

　現職の中学校教諭であるＦ学生にとって、道徳教育に対して期待が高いにもかかわらず、低調である現状を悔やんでいることがわかる。

　Ｆは、授業を終えた感想で次のように述べた。

　いじめ報告書は今から16年前のもの（平成7年）でありながら、ほとんど現在に使える内容だと感じました。（一部、情報社会の弊害を含めれば）だが、なぜいじめが解決できなかったのかという点に、焦点をあてて考えていく必要があるのではと感じました。平成7年から平成24年まで、東京都あるいは全国で、どの程度のことが具体的に対策として出されていたのか、報告書が出る平成7年以前と何が変わったのか。もしかすると、報告書を読んで終わりの人が多いかもしれない。

163

現実には、現場の個々の教師の情熱が最もいじめをなくせるかどうかの鍵になると思います。しかし、今回の発表であったように、いじめの構造や歴史的な流れを理解することは、教師として必ずやっておくべきだと感じました（できれば定期的に）。

　その上で、自分で考え身の回りに起きていることも注意深く見て行動できるように、教師一人一人の心がけ（情熱）が鍵になると感じました。

　F学生はこのように、15年前の報告書であっても十分参考になったと感想を述べている。また、多くの人は「報告書を読んだだけで終わっているのではないか」と危惧している。

　しかし、これは事実と異なる。正しくは受け取った校長もほとんど読まずに校長室の戸棚にしまっただけ。多くの人はこういう報告書が出されたことも知らない。残念ながら、これが当時の東京都の状況である。

　本報告書は、東京都教育委員会が、この20年余で発行した各種資料でも出色のものである。筆者は文京区教育委員会でいじめ対策担当であったし、その後は東京都教育庁のいじめ対策室担当であったので、多くのいじめ関連書に目を通してきた。そして今も目を通している。その中でこれだけの完成度の高い文書は見当たらない。

　当時の東京都が総力をあげて作成した貴重ないじめ対策資料であるが、現在の東京都の各学校には本書はほとんど見当たらない。すでに廃棄したか、誰も目を通す機会のない倉庫の中で眠っている程度である。これだけ有用ないじめ対策文献であるにもかかわらず、現時点で本書の存在を認知している教育関係者はほとんどいない。

　実は、こうした状況がいじめ問題を「6年周期」なり「8年周期」で再燃させる遠因になっている。つまり、教育界で先人たちが懸命に作り上げてきた財産が継承されていないのである。だから周期的に同様の事態を繰り返す。

　筆者は、これまで校内研修や学級で課題を抱えている教員に本書を紹介してきた。例えば、学級を統率できず、子供同士のトラブルが生じがちなT教諭に

164

は本書の第4章第2節第1項「いじめ解決と危機管理の基本的な考え方」、第2項「いじめのサインの発見と情報の受け止め方」をテキストに解決策を指導した。すでに、学級内でいじめが発生してしまったH教諭には、第2章第2節「いじめの心理と構造」及び第4章第2節第3項「いじめにかかわる子供の指導とその保護者への対応」を示し、関係の保護者の協力を得る方法について助言した。

　管理職が本書をこのように利用することで、教員への指導助言をより的確にすることができる。こうした取組で、いじめを鎮静化したり根絶したりすることができる。幸い、本書は現在でも東京都教育相談センターのホームページにアクセスすればダウンロードすることができる。16年も前の文献でネットいじめやケータイの普及などへの対応は掲載されていない。しかし、そのことで本書の価値が落ちるものではない。広く各学校での活用を期待したい。

⑷　いじめ問題についての研修

①　初任者研修でのいじめ問題

　教職大学院で、初任者研修におけるいじめ問題の研修を想定した授業を行う。テキストは東京都教育相談センターのいじめに関する研修用テキストである。事例は以下の通りである。

　Aは動作がやや緩慢で、他の子供から、「のろま」と言われることがあった。担任のB教諭は机上に学用品を準備していないAに「まだ、何も準備していないですね。何回言ったらちゃんとできるのですか。皆に迷惑をかけることになりますよ」といった。

　他の子供も、B教諭の言葉に呼応するように、「そうだよ。迷惑しているんだぞ。のろまなんだから」と言った。それから、他の子供たちが、Aに対して「ぐず」「のろま」「迷惑だ」と言ってはやし立てるようになった。

　本事例では「学級担任のB教諭の課題について解説を聞き、教員として配慮しなくてはいけないことをまとめてください」という質問についてワークシートに記入する。

本事例について下記のように分析し、その視点で研修生に記入させる。

○すでに「のろま」といわれていることを放置していた。その上でB教諭が「迷惑をかける」と発言すれば、学級の他の児童は学級秩序の維持という「大義名分」から批判する

○Aへの指導を全員の前でしない。個別に指導する

○これまでもAに不満をもっていた学級児童の態度を煽り立てる結果となった

○「ぐず」「のろま」という言葉から「迷惑」という語が飛びかい、Aは学級集団からはじかれつつある

○B教諭の言動によって引き起こされた状況を管理職に報告して事態の鎮静化を図る

○Aが何回やってもできないことから、ＡＤＨＤなど発達障害の可能性も視野に入れて、今後保護者とも相談をしていく

この事例について、前出した教職大学院のF学生は次のように述べる。

・「のろま」と言ってはいけないと子供に伝える。人それぞれスピードが違うのでそれをばかにすると、それを教師も子供同士でも認めない

・注意をするとき、自尊心を傷つけてしまう言い方はしない。なぜ、いつも準備ができていないかAに聞く。休み時間にできるよう促す、全体の前で注意しない。できるまで待つ

・きちんと準備できる子供を褒めてみんなができるようにする。だが、実際中学校では難しい。現実は違う

F学生はこのように、休み時間に準備するよう促したり、できるだけ待つようにしたいと「たてまえ」としての指導法を述べる。しかし、そのことは実際の中学校現場では難しいことも吐露している。

さらに前出したY学生は次のように述べる。

（課題）　なぜ、Aはいつもゆっくりな動作なのか、支援を必要としているのか。頭から「まだ何も準備していない……」という教員の声かけがAを逆に追いつめていることになっている。また、周りの子供が呼応したときに

166

も、教員は制する声かけが必要である。

　２つの視点　Ａへ…①見通しを持たせる②意欲を持たせる③行儀をほめる
周りの子供へ…①はげます②見通し③見守る

　（配慮すること）　なぜＡは学用品を準備していなかったのか。背景を問わ
なくてはいけない。もし、支援を必要としている子供だったら、しっかり準
備することの大切さを伝える。周りの子供たちにもどのように対処したらよ
いか、わからせる。底流にあるものは教員の未熟さ。未熟さにどう気づく
か、今後に生かす。

　Ｙ学生はこのように述べ、Ａ児の背景をさぐることが大切だと考える。いわ
ゆる教育相談的アプローチである。中学校籍のＦ学生が生活指導的なアプロー
チに力点を置いているのに対して、好対称をなしている。この両者の違いは、
現在の義務制の学校でも、「中学校的なものの見方」と「小学校的なものの見
方」が存在している証左である。

　「ものの見方の違い」は、例えば、受験と学力観、授業評価、授業研究の手
法、若手教員の育成、校内研修の運営、部活動の意義、道徳教育の意味付け、
総合的な学習の時間の展開、小中連携の意義、学年教師集団の権能、特別活動
の意味、キャリア教育の推進など多岐にわたる。

　さて、Ｂ教諭の未熟さが原因となっているので指導力量の向上が重要である
としている。つまり、教師力は向上していくものであり、未熟な段階で事例の
ような問題が発生するという視点である。学生には、ぜひこの視点で学習を深
めさせたいと考えた。

　初任者研修での第２の事例である。

　Ｃは食が細く、給食を残すことが多かった。担任のＤ教諭は、少しでも食
べる量を増やしていけるよう、日ごろから給食時間中にＣへの指導を続けて
いた。

　ある日、授業中にＤ教諭が、子供たちに世界で飢えで苦しんでいる人がい
るという話をして、最後に、「食べ物を大切にしましょう」と言った。子供
たちは大きくうなずき、給食を残さないようにしようと申し合わせをした。

その後、食の細いCは、他の子供たちから、「給食を残すのはいけないことだ、かわいそうな子供たちのことを考えなければだめだよ」というようなことを言われるようになった。Cは「給食を残すから皆にいじめられる」と言って、登校をしぶるようになった。

　F学生は、次のように述べる。

　周りの子供　①食べ物を大切にするのはいいことだ　②食べ物を残すことは悪いことだ　③食べ物を残してはいけない　④みんな食べ物を残さないようにしないといけないとして、正義感が固定化されてしまうとする。また、先生の話の文脈の違いに子供は気付けない。この子供たちの正義感をどうするのか、子供を認めつつ、正義を強制せず？　クラスで共通理解を図る、クラスで話し合ってクラスルールを決めればいい。

　Cの心情　どうしよう。食べ物を残してはいけないけど食べられない。先生に怒られるかもしれない。友達に責められるかもしれない。食べたいけど食べられない。逃げ場がない。友達にいじめられてつらい。

　一方、Y学生は次のように述べる。

　3つの観点（で述べる）　①給食指導について　②事例の解決を配慮　③いじめに対する配慮　そしてこの事例の背景として、①一元的正義　②異質なものの排除　③日本の学級風土　を掲げる。また、学級の児童とC児の心情について次のように分析する。

　周りの子供　世界には困っている人がいるんだ。だから給食も残さず食べなくちゃ。ここでCのことを書いている人がいたら、いじめにつながりやすいので気をつけることを取り上げる。

　Cの心情　食べ物は大切だけどどうしよう。苦手な物がいっぱいあるから、給食で残したらみんなに責められちゃうよ……。給食が怖いよ。

　ここでY学生は日本の学級風土を問題にしている。河村茂雄（2010）は、日本の学級風土について次のように言う。「日本の学級集団が単なる機能体ではなく、共同体の面を有しながら、同時に学習集団としての機能も担っている、という特性があるのではないだろうか。単なる物理的な人数の問題よりも、集

168

団の質、すなわち学級集団の状態や雰囲気、子供たちの人間関係への対応が大きな影響を与えるのである」(8)

　Y学生は、日本の学級集団のもつ独特の雰囲気として一元的な価値支配をあげ、それが異質なものを排除するエネルギーとなっているととらえている。

　従って、初任者教員であっても、なるべく「未熟さ」を克服して、多面的なものの見方ができるようにしなければならないと考えているように推察する。

　そして、この事例においても、「なぜ食べられないのか背景を知ることが大切」としており、教育相談的なアプローチの重要性を指摘している。実際、発達障害のある児童の中には極端な食べ物の好き嫌いがあり、給食を苦手としている子供も散見される。

　グループでの話し合い後、ＳＭ（ストレートマスター）のＮ学生は次のようにワークシートに書いた。

> 　事例１、事例２に共通して言えるのが、「なぜそのような行動にうつすのか」その子を理解することが指導の始まりであることです。また、配膳を少なくし、おかわりをしたときに褒めるなど、子供の達成感を味わわせるのも非常に大切だと思いました。

　Ｆ学生は次のように書いた。

> 　教師は個への対応を見落とさないこと。全体（学級）でルールを決めて、教師の正義感を子供に伝えても100％守れる訳でもない。守れなかったとお互いを責めるのではなく、みんな（学級全体）でどう解決すればよいのか知恵を出して考えることが大切。できない子を排除しないこと。

　Ｙ学生は次のように書いた。

> 　食への関心を広げる。「残さず食べよう」と言うのではなく「食べられる量を考えよう」「食べるのって楽しい」「感謝の気持ち」というように。
> 　事例の解釈と配慮　①子供の人権を尊重する言動をとる　何げなく言った一言が子供の心を傷つけてしまうこともある。「子供にも自尊心はある」という認識をもって行動することが大切である。②周りの子供を育てる意識をもつ　問題行動をとる子供だけに指導しがちだが、周りの子供一人一人を育

169

ていく。さらに、個を見て集団を育てていく。

　ＳＭの学生の多数は、Ｎ学生のように子供理解が大切であるとする。その視点は正しい。しかし、いじめの根絶という点からみると、そこにとどまっていただけではいけない。実効性のある方策を示さなければいけない。実際に初任者研修を運営する際には、担当者がそのような視点をもって指導助言する必要がある。

　このように、現職教員もＳＭの学生も、提示された事例について、その背景を読み取り、解決策を提案した。それぞれ真摯に受け止め懸命に考えてはいるが、事例についての分析がまだ十分とは言い難い。それを、次の10年次研修の授業でさらに深めていくことにした。

②　10年経験者研修におけるいじめ問題の研修

　10年経験者研修を想定して、次の事例でいじめ問題を考察した。

〈指導体制が不適切であった事例〉

Ｃ教諭　教職経験10年目を迎え、初めての生活指導主任

Ｄ教諭　教職経験12年目　Ａの所属の学年主任

Ｅ教諭　教職経験９年目　Ａの所属の学級担任

Ｆ教諭　教職経験５年目　Ｂの所属の学級担任

　ある日、用務主事からＡが下級生のＢをいじめているようだと、生活指導主任のＣ教諭に情報が入った。早速、Ｃ教諭は、Ａの学年の学年主任のＤ教諭と担任のＥ教諭に尋ねたが、いまだに事態を把握しきれていなかった。そこで、Ｃ教諭とＤ教諭は、同学年の他の子供からの聞き取りをＥ教諭に頼んだ。Ｅ教諭は、加害状況があいまいなままでの情報しか受けることができなかったが、そのままＣ教諭に報告した。

　次の日、Ｃ教諭は、Ｂの担任のＦ教諭に、Ｂから事情を聴いてもらうことにした。ところがＦ教諭もいじめの状況に気付いておらず、至急聞き取りを行ったところ、いじめの事実をＢから聞き、明らかになった。

　そこでＦ教諭はこのことをＥ教諭に知らせ、Ａへの指導を求めた。Ｅ教諭

は、自分の指導に対して指摘されたように受け止め、性急にこの情報をAに突き付け叱責した。

　その後Aは、E教諭に反発し、放課後Bに仕返しを行った。この日からBは、Aの仕返しが怖くなって登校をしぶるようになった。F教諭は、心配したBの保護者から連絡を受け、初めてBの学年の学年主任に相談をした。

　F教諭はE教諭の配慮不足を批判し、やがて子供の保護者から、学校の対応に対する不満の声が出た。

　本事例を配布した後で、担当したH学生（SM）が、全校の指導体制と生活指導主任等それぞれの役割を理解する研修であるとねらいを述べた。

　またK学生（SM）は、10年目の教員を対象とした研修なので、事例のC、D、Eの教員の立場で指導体制の課題についてまとめるようにと説明をした。

　F学生は、事例のF教諭を取り上げ、次のようにワークシートに記入した。

　F教諭はAへの指導をE教諭に求める際に、学年で情報を共有化していない点が課題である。いじめの事実をBから聞いて明らかになった時点で学年対応をしなければいけないとして次の対策を述べる。

　第1に自分は他の教員と情報交換をする。他のメンバーに対しては　①学年主任やC教諭にBから聞き、明らかになったことを伝える　②FからEへの直接対応にしないで、学年主任間の連携を意識する　③Eに知らせる前での学年対応、またはC、Dへの報告をする。

　第2に、今後の対応と役割分担をする。他のメンバーには、①クラスの子供から聞き取りを行う　②Bの日常の観察を十分に行い、変化を読み取る　③指導は求めずEとの連携を図る。

　中学校籍のF学生は、中学校における学年集団が対応の核になることを踏まえて、学年内における情報の共有化を対策のトップに掲げる。その一方で、学年集団がセクト的になる恐れも抱いている。そして、F教諭とE教諭が連携を図ることは大切であるとしながらも、学年どうしが調整して対策を講じるべきであると考えている。

　Y学生は、事例のD教諭を選択して、次のようにワークシートに記入した。

171

D教論は、Aへの聞き取りを一緒に行わず、E教論に頼んだこと、Aへの指導体制を学年主任として連携をとっていないことが課題である。

　そして自分がD教論のように学年主任であったならば次のような方策を講じるとしている。

　Aへの聞き取りを学年主任として一緒に行う。無理であったら、後で必ず報告してもらう。場合によっては、Bからも聞く。

　Aへの指導をどのように行っていくのか、学年間で共通理解を図る。C教論、F教論との連携や報告体制が整っていないので明確にする。C、D、E、F教論での話し合いを行い、対応を計画的に進める。

　また、E教論はAから事情を聴いたり、周りの子供から事情を聴いたりして、それをC主任に伝えるように求めている。さらにD教論がC主任や管理職と相談しながら学年での対応方針を決めるべきであるとした。

　このようにY学生は、学年主任のD教論の行動の分析と改善策の提示はよく書けている。その一方で、教職経験10年目で初めて生活指導主任になったC教論についての分析が不十分である。

　それは組織体としての学校のとらえ方が不十分であるからである。組織についての理解が弱いゆえに、対応策もこれまでの、自身の既有経験をもとにしたものしか立案できない。教職の専門性を高める上からは、より高度化した対応力を持たせる必要がある。そこで筆者は、事例にある当該学校の組織図を板書した。そして、次のような説明をした。

　加害者であるAと被害者であるBが異なる学年に所属している、従ってAの担任のE教論とBの担任のF教論は異なる学年集団に所属している。E教論の学年D主任は事例に登場するが、F教論の学年主任（X主任）は登場していない。生活指導主任のC教論は、X主任及びD主任から事情を聴取すべきである。

　特に、中学校では学年集団の独立性も高い（その一方でセクト的な雰囲気もある）ので、学年間の調整が必要である。それを校務分掌上の長である生活指

導主任がリーダー性を発揮すべきである。あるいは、小学校であれば生活指導主任の権能が十分でないこともあるので、管理職との報告・連絡・相談が必要であることなどを説明した。

その上で、①事例を読み解く力が現実の問題が発生した際に、事実をとらえる力になること、②人間の理解や集団の中での関係性の理解などが重要であると指導した。

③　主幹教諭研修でのいじめ問題の研修

学校教育法第37条２項で「その他必要な職員をおくことができる」という規定と、地方教育行政の組織及び運営に関する法律に定める組織編制権に基づき新たな職である「主幹」を設置した。主幹には従来の主任にはない職責として、①教頭の補佐　②調整機能　③人材育成　④監督機能を付与した。

主幹研修で配布した事例は次の通りである。

〈いじめのとらえ方が教員同士で一致していない事例〉

Aは２学期になってから腹痛や気分の悪さを訴えて、保健室に何度か来ている。B養護教諭がそれとなくAに家庭の様子や友人関係について話を聞いたところ「夏休みに家族旅行と重なって部活の練習に出られなかったことから、その罰としてジュース等を買いに行かされる」と語った。B養護教諭の「いじめられているのかな」という問いには、「いじめられていない」とAは答えた。

しかし、B養護教諭はAがいじめられているのではないかと心配になり、担任のC教諭とAについて話し合いをもった。C教諭は、「Aは、ここのところ体調を崩しているかもしれないけれど、部活動にはほとんど休まずに参加している。普段、学級の中でも部活動の仲間と一緒にふざけたりしている。仲間内で多少のトラブルはあるかもしれないが、いじめられているということは絶対にないと思いますよ」と、B養護教諭の心配を否定した。

B養護教諭は、Aのことが気になり、生活指導主任のD教諭に相談した。そこで、D教諭はC教諭にAから事情を聴いてほしいと伝えた。

173

企画調整会議の中で、部活動でいじめられている子供がいるらしいという報告があり、Ｅ主幹（教務担当）が初めてＡの情報を知った。

　※「部活動」については、小学校では放課後の活動等に置き換える

　日ごろどこの学校でも、生じがちな事例である。

　学生は、本事例について「いじめのとらえ方が一致していない原因、主幹としての４機能の視点からいじめの防止策についてワークシートに記入した後で協議した。

　本研修を担当したＭ学生（ＳＭ）は、いじめ撲滅について今後、次の取組をしたいと述べた。

　…まずは学校全体でいじめについての意識を持っていくことが必要であり、いじめに対する考え方や対応の仕方について学校にいるすべての教師が共通理解を持っていることが不可欠だと考える。そのため、私が教師になった際には、いじめ問題に関する研修会に積極的に参加していきたい。

　また、共通理解を図るために、日ごろから他の教師といじめ問題について話し合い、教師間で協力していじめに対して取り組むことが重要だと思う。……

　このようにＭ学生は、学校の教職員の共通理解や教師間連携が重要であるとして、自らも努力していくと述べる。今日の学校現場では、いじめの対応について、当該教師任せになる傾向がある。そういう点で、Ｍ学生のように、学生時代から組織的な対応の視点をもつことは重要なことである。

　また、現職教員として本研修を担当したＮ学生は次のように述べる。

　一つ目は学校、学年、学級における支持的風土づくりである。職員、子供たちが成長に向けて目標をもつことで事象「日々の出来事」への見方が肯定的になり、良い面に着目した人間関係が構築できると考える。いじめが起こりにくい風土へつながると思う。

　二つ目は、いじめが起こったとき、その芽を発見したとき、気付いたときである。加害者、被害者と立場が分かれるが、そもそも、そう単純なことではない。加害者には加害したという認識がなく、ふれあいやコミュニケー

ションととらえている場合もある。それぞれの立場でそれぞれの現実がある
と考えられる。現場でこのことをしっかり認識し、丁寧な聞き取りや事実の
整理に現実とのズレをうめていくことを行っていく必要があると考える。

　この二つは、今までの勤務校において体験し感じたことである。

　N学生は、これまでの経験を踏まえていじめの未然防止といじめ発生時への
対応について述べる。

　N学生は、いじめ防止には支持的風土が欠かせないとしている。これは、前
出した都立教育研究所のいじめ報告書でも、相互啓発的な授業がいじめ防止の
上で効果が高いと指摘していることと軌を一にしている。また、いじめ発生時
の対応についても関係者の認識のズレをどう埋めるかという点について、いじ
め問題解決の難しさを改めて振り返っている。

⑸　いじめ問題への取組—学生の考察

①　学生の課題小論文

　教職大学院でいじめ問題について第5講までの授業を終えて、学生に「あな
たは、いじめ撲滅に向けて、今後どのような取り組みをしていきますか」とい
う課題を課した。

　S学生（SM）は、前期の筆者の教職論の授業を聴講していた。その講義の
内容をもとに次の問いを設定する。

　大津でのいじめ事件で、最も責任があると思うのは誰か？　①被害者　②加
害者　③被害者の保護者　④加害者の保護者　⑤担任（もしくは教師）　⑥管
理職　⑦教育委員会　⑧文部科学省　⑨地域　⑩クラスメイト　⑪教師養成の
ための指導者

　今回の大津市の事件をいじめ問題として考えるとき、ここで偏った考え方
であるが、誰が一番悪いのかということを考えることとする。私は、個人的
に一番悪いのはやはり担任であると考える。同時に管理職、教育委員会であ
る。ちなみに同様の質問を帝京大学教育学部の教師を目指す1年生72名にし
たところ、過半数を超える44名が加害者と答えていた。私は教師として加害

175

者を悪いとすることはできないと考える。理由は加害者もまた守るべき児童・生徒であるからである。悪いことをしても罪をおかしてもどうしようもないことをしても、やはり生徒であることに変わりはないはずである。

　むしろそうなる前に食い止められなかった教師に大きな責任があると感じる。罪を犯した生徒はこの先どのように生きていくのだろう。

　結局、大津市は自殺した被害者も加害者もそれらを見ていた傍観者の心も何一つ救うことができなかった。報道を見る限りでは、救おうとする態度すら見受けることができない。いじめに気付けなかった（もしくは見て見ぬふりをした）ことは、大きな失態であり、あってはならぬミスであるが、起こってしまってそのあとの対応を見て、やはり目を覆わずにはいられない。

　これは大津市に限ったことではない。報道関係者やそれを傍観している者も同様に感じる。このようないじめ問題が発覚した際に真っ先に考えなければならないこと、行わなければならないことは、事実の確認や調査方法や責任追及ではない。

　ちなみに一連の出来事の中で「私が悪かった」とした人間は、教師、保護者、友人、加害者等、結局一人もいないではないか。

　教育に従事する者（学んでいる私たちも含めて）は当然、今現在いじめにあっている者に働きかける必要性が今一番大きいはずである。……よく学校目標や学級目標で見かけるが、豊かな心をもち思いやりをもち、相手の痛みがわかる子、であるのはまず私たち大人である必要がある。

　S学生は、教師である者に対して責任の大きさを指摘するとともに、周りの大人たちが誰も「自分が悪かった」と反省をしてない現況を嘆く。そして、子供の目線に立つことができるように、大人自身が変わらなければいけないと主張する。

　F学生（現職教員）は、次のように述べる。

　いじめ撲滅に向けて、今回改めて研修の資料を見直したり勤務校の取組や市のいじめ対策を読み直したり、市販の関連の本を買って読むなどして、自分なりにいろいろ考えてみた。

176

教職員や子供を取り巻く大人が変われば、いじめを撲滅できるかもしれないと思うようになった。私たち大人が子供を見ていないからいじめが起こるのだと思う。また、いじめが起こったことに気付かなかったり、見過ごしてしまったりしている。肝心なのは、子供をよく見るセンサーを大人がしっかりと意識的に持って、働かせつづけることだと思う。

　それは教師だけではできない。子供を取り巻くすべての大人が身の回りにいる子供を守る意識を持たないと、いじめは撲滅できないと思う。

　そのためには、大人自身の心のゆとりや他人（他人の子供）への関心を取り戻すことが必要だと思う。今の社会の風潮として、大人も子供も周囲のごくわずかな人にしか関心をもたず（情報を通してのかかわりはあっても）、本当に人と人の対話や関心はとても狭い範囲に限定してしまっていると思う。（中略）私たち大人は昔のようにもっと地域のつながりを大切にして、地域の中で子育てをして、人と人とのつながりや生きていくことの意味を、伝承的に学ぶべきではないかと最近とても感じている。大人が身近な人と具体的につながれなければ、子供にそれを示すこともできない。また、大人が他人の子供に関心をもつこともできない。だから、地域の活動に少しでも参加することから始まると思う。

　F学生はこのように述べて、伝統的な地域社会とのつながりやコミュニティの再生を訴える。そして、地域の中で子育てをし、子供を見守ることが、いじめの防止に役立つとして地域活動参加の重要性を主張する。

　学校における中堅世代であるF学生が、このように「伝統回帰」の方策を述べることに注目したい。すでに地域コミュニティの劣化が進んだ1980年代に義務教育を受けた世代が、このような視点をもつようになることで、今日の学校教育の「よい意味での連続性」が担保される。

　このことは、いじめ問題への対応だけでなく、今後の我が国の学校教育を担う中堅層が持つべき「世代としての統治能力」であると考える。そして、こうした世代が、ミドルリーダーとして活躍しなければ、世界に冠たる我が国の学校教育の質が維持できないのだと危惧する。

Ｙ学生（現職教員）は、次のように述べる。

　「いじめ事件」は、どんな場所においても雑草のようにはびこっていく気がする。見つけたら、すぐに抜かないとどんどん増えていってしまう。そのために、私は今後３つのことに取り組みたい。

○　学校内における組織体制づくりの強化

　教員が率直に意見を述べられる雰囲気作りも大切になってくる。（以下略）

○　日々の学級経営の基盤の向上と教員の意識改革

　日常の子供の変容を一番把握できるのは担任である。休み時間、授業内における子供の言動をしっかり看取り、いじめにつながるシグナルをキャッチできるアンテナをいつでも立てておく必要が求められている。そのため、担任は子供の目線に立って考えたり学級全体を見たりと幅広い視野が必要である。日常の学級経営を固めて、「絶対にいじめは起こさない」「小さな変化も見逃さない」という意識改革が大切である。

○　いじめが起きた時の子供への指導

　体制づくり、意識改革を行っても、いじめが起きる場合がある。撲滅させるにはいくつかの対策があるが、まずは「いじめを行っている子」「周りにいる子」「傍観者」への指導を働きかけたい。その中で、私は特に「周りにいる子」「傍観者」への指導を重点的に考えたい。

　それは、「周りの子」たちの「いじめを止めたい、なくしたい」という心を喚起すれば、いじめを食い止める大きな抑止力になると思うからだ。

　Ｙ学生はこのように、学校における組織体制の確立や教師の指導力の向上を述べている。このことはこれまでのいじめ対策でも、繰り返し提言されてきた事柄である。Ｙ学生は、いわばこのような「模範解答的」な論を展開した。

②　小論文から見えてくること

　Ｙ学生の論文の中で、「教員が率直に意見を述べられる雰囲気作りも大切になってくる」と述べている箇所に注目したい。

　今日の学校体制批判の一つに「同僚性の低下」がある。教員の協同的な連携

や、相互扶助が低下しているという指摘である。その理由として、勤務の多忙化や業績評価制度による競争意識、コミュニケーション力不足などが挙げられている。

同僚性の低い学校では、いじめの未然防止もいじめ発生への対応も十分にはできない。だから、日ごろから、「教員が率直に意見を述べられる雰囲気」が大切であるという指摘は重要である。

校内研修が盛んで職場の雰囲気が風通しの良い学校のほうが低くなるのではないか、というY学生の意見を推察することができる。

受講した学生の小論文を見て、いじめ撲滅に資する即効薬は提案されていない。それは、学生がいじめ撲滅の難しさを学んでいる証左ともいえる。

S学生（SM）は「私が実際に担任を受けもつようになったら、放課後誰もいない自分の教室に入り、誰も座っていない机を見る取り組みをしていく。そして、机を見ながらその日のその子の様子を思い出すといった時間を設けたいと考えている」と決意を述べる。

まさに教職の専門性を高めるのは教師のこうした行為である。筆者自身も若き日のこうした日々の行為の中から、子供への接し方や授業の反省をしてきた。

学校に通う子供たちの、いじめを防止できるのは「現場にある」教師以外にない。学生たちはそのことを踏まえて、今後も実践していきたいとしている。若い力に大いに期待したい。

⑹　いじめ問題の対応の難しさ

①ターゲットにされる学校

世間は、学校の教師ならいじめは発見できると言う。テレビも新聞も、学校の管理責任を問い詰める。しかし、いじめの発見はそう簡単なことではない。

いじめ発見を追及するマスコミ関係者に問いたい。「あなたたちは、あなたの職場内に起きているいじめを発見できますか」「もし発見したら、それを短時日に解決できますか」と。

こう問えば、反論が出る。「教師は専門職である。いじめを発見し、関係の子供を指導するのは教師の責務である」「大人は陰湿であり、そのいじめを発見しにくいが、子供はまだ幼く、子供のいじめは容易に発見できる」と。こういう言説は、一定の市民権を得る。それに対して、学校関係者は「お人よし」の集団だから、その言説に反論せず、嵐の過ぎ去るのをじっと待つ。

いじめ事件を巡っては、大概の場合、学校が悪者にされてきた。加害者やその家族、被害者やその家族、学級集団の「観衆」や「傍観者」であった子供への責任は学校ほどには追及されてこなかった。

1980年代、東京のF中学校で自殺事件があった。自殺した生徒の背景を複数の関係者から聴くと、報道されていることとズレがあった。自殺した生徒は、祖母宅のある盛岡駅まで出かけ、構内のトイレで自殺した。事件直後、筆者はその生徒の深層風景を追いかけて盛岡駅まで赴いた。そして、自殺したトイレに入って冥福を祈ってきた。

マスコミ報道は家庭の環境を伝えにくい。個人情報の保護やプライバシー権や名誉棄損などの恐れもある。そして何よりも、テレビ視聴者や新聞読者の感情への配慮もある。この点について、田中喜美子（1996）は、次のように述べる。

「親の子育てを問題にせず、学校や教育制度だけを非難することだけで、どうしていじめの問題を解きほぐすことができるでしょう。M紙の若い記者にこの感想をぶつけてみました。すると彼はこともなげに言ったのです。『親の子育てを取り上げるって、そりゃ田中さん無理ですよ。読者全体を敵に回しちまうことになりますもん』」[9]

このように、マスコミは家庭についての報道に二の足を踏む。その分、学校がターゲットにされる。

② 見えにくい「いじめ」

いじめの被害者本人に事実関係を尋ねても、プライドもあるし自尊感情の低下を恐れて、本音を吐露することはめったにない。加害者と疑われる子供を問

い詰めても「あれはプロレスごっこだったし、今回のことはふざけっこをしていただけ」とにべもない。今回の大津事件でも同様である。「観衆」である子供は加害生徒に加担して「ふざけっこ」と証言するし、「傍観者」である子供は「俺は関係ない」「私はよく知らない」としらを切る。

　筆者も、これまで何回もいじめ事件の対応をしてきた。短時日に解決できる事案はほとんどなく、どれも長い年月を要するものばかりであった。最長期間の事案は、学級のいじめの構造を破壊するまでに1年6か月を要してしまった。一定の力量のある教師なら、いじめ発見とその解決の難しさを実感している。教師は、いじめ発見と指導の難しさを、世論に訴えていく必要があると考える。

　いじめ事件を含めて、少年事件が発生すると、昔はこんな残忍な事件は無かった。今どきの子供は、どうしてこのように悪くなったのかと、世の大人は嘆く。だが、大人たちがかつての子供時代をなぞらえるとき、照射しているのは自分の生きた学校とその周辺での体験である。つまり、「半径500メートルの日常」にしかすぎない。全国的な事件など、子供のことだから目にしない。そもそもメディア環境が大きく異なる。仮に、全国的な事件を目にしても、30年を経て忘却の彼方へと過ぎ去っている。

　半径500メートルでの少年事件などたかが知れている。その一方で、大人になって、今日比較するのは、全国的に報道されている事件である。それは多くの場合、ショッキングな事件である。つまり、半径500キロメートルのオールジャパンの空間で発生する事件を比較すれば、「昔」がよくて「今」が悪いに決まっている。

　1997年、神戸市で「少年A」による首切り事件が発生した。その残虐性ゆえ、前代未聞の事件として繰り返し報道された。しかし、1960年代にも多摩川の土手で私立高校1年生が同級生の首を切り落とす事件があった。同様の事件は、すでに昔から発生していたが、その事件を記憶している教育関係者は1割か2割程度だった。[10]

　このように、どのような事件でも風化していく。過去のいじめ事件も同様で

ある。大きく報道されれば、事件を報道する記者自身もデスクも、教育関係者や保護者も「うわっ大変だ」とあわてる。議員たちも議会で取り上げるから、国や地方自治体のトップも何かの対策を講じますと答弁せざるを得ない。施策を講じるのはよいとしても、歴史の教訓を踏まえないと、その場限りの熱さまし程度の処方箋にしかならない。

③　日本の教師たちの努力

　とかく、変化を見る際に、「悪くなった変化」には敏感だが、「良くなった変化」には鈍感なものである。少年の凶悪犯罪で、殺人、暴行、強姦などはかつてと比べると激減しているがあまり評価されてない。

　例えば、殺人は1969年で265件、2003年で96件、暴行は同8518件から2009件へ、強姦は2515件から256件へと減少している。[11]　このように、少年の凶悪犯罪は関係者の努力で大幅な改善が図られている。国民は、この事実を正しく評価しなければならない。

　また、少年事件を何でも「いじめ事件」として取り上げがちな風潮を改めなければいけない。文部科学省は2012年11月2日に「犯罪行為として取り扱われるべきと認められるいじめ事案に関する警察への相談・通報について」という通知を出した。

　同通知では、強制わいせつ（刑法176条）傷害（同204条）暴行（同208条）強要（同223条）窃盗（同235条）恐喝（同249条）器物損壊等（同261条）などの犯罪行為の可能性がある場合には、直ちに警察に通報してその協力を得て対応するように求めている。

　学校は何でもいじめとしてとらえるのではなく、少年犯罪ならば臆することなく警察へ通報し、その対応を任せるべきである。そして、学校は、学校内で発生する問題行動などに毅然として対応するなど責任の所在を区分して、「やるべきことをやりぬく」という姿勢を打ち出すべきである。

　このことは、学校が問題から逃げるということではない。なんでもかかえこまされ、悲鳴をあげている今日の学校教育を蘇生させるための手立てとして実

現すべき改善策である。

日本の教師は、学習指導や生活指導、部活動などの課外活動、保護者との連絡など、よく努力をしている。これだけ、献身的に仕事をする教師集団は他国にはみられないと専門家はいう。それに教師としての力量も高い。これだけの教師集団だから、今日の様々な教育課題にも対応できているのである。

今回、重大な関心を集めたいじめ事件だが、日本の学校や教師が悪かったから、蔓延したという誤解だけは解かなければいけない。

森田洋司（2010）は言う。「いじめはどこにでもあるといっても、社会問題として取り上げるかは、国や社会、あるいは時代によって異なる。世界を見わたしても、飢えや貧困、あるいは激しい戦禍に巻き込まれている国々では、いじめが社会問題と見なされることはない。経済先進国でも、オランダやアメリカのように、犯罪・非行・校内暴力が大きな社会問題になっていると、社会を挙げて取り組むべき課題としては位置づけられない」[12]

大津いじめ事件は確かに痛ましい事案である。遺族の方々へのフォロー、加害者の子供への指導など、関係者の苦労は大変なものがあるだろう。

その一方で大津事件を契機として再び、学校や教育委員会への信頼感が低下したという今日の教育状況を憂える。マスコミによってつくりだされた、センセーショナルな学校批判は、後日、学校バッシングとなって具現すると歴史が教える。

この数年、トレンドとして学校の信頼基調にあった我が国の学校教育が、再び「学校不信」の時代へと突入するのかどうか。いま、岐路に立たされている。そして、国民の世論は、新政権による新たな教育政策にも一定の影響を及ぼす。しかし、決して大衆迎合的な教育政策を作ってはならない。

もし、そのような施策が講じられ教育行政が展開されたら、今日の学校の多忙感はますます高まる。学校のもつ「牧歌性」も失われる。そして数年後、現に今、意欲的に学んでいる学生たちは、極めて難しい教職生活を強いられることになる。

いじめ問題についても、過去に経験してきた世代が勇気を持って発言するこ

183

とで、状況をいくらかでも改善し、学校と教師が自信を取り戻せるようにすることが肝要であると考える。

〈引用・参考文献〉

（１） 塚原正彦（1995）『教育で「いじめ」はなくせるか』P 92　教育開発研究所

（２） 景山任佐（1997）『仮面をかぶった子供たち』P 256　ＨＩＲＡＫＵ

（３） 「平成22年中における自殺の概要資料」「平成23年中における自殺の状況」警察庁

（４） 法務省人権擁護局内人権実務研究会（1994）『「いじめ」Ｑ＆Ａ　子どもの人権を守ろう』P 31　ぎょうせい

（５） 矢部武（2008）『間違いだらけの「いじめ」対策』P 99　ＰＨＰ

（６） 曽野綾子（2011）『貧困の僻地』 P 9 ～ P 12　新潮文庫

（７） 東京都立教育研究所（1996）『平成 7 年度「いじめ問題」研究報告書―いじめ解決の方策を求めて―』

（８） 河村茂雄（2010）『日本の学級集団と学級経営』P 57　図書文化

（９） 田中喜美子（1996）『いじめられっ子も親のせい？』 P 15　主婦の友社

（10） 筆者が1990年代から各地の管理職研修会などで、参会者に質問した際の回答者は 1 割から 2 割程度であった。

（11） 「犯罪白書」平成16年度版　法務省

（12） 森田洋司（2010）『いじめとは何か』P 7　中公新書

2 体罰問題と教師

⑴ 大阪府桜宮高校体罰事件とマスコミ報道

① 桜宮高校の現況

　大阪市立桜宮高校は、1980年4月に体育科、1999年4月にスポーツ健康科学科が設置されている。大阪府においては、体育科を設置している府立高校は4校であり、スポーツ健康科学科の設置は桜宮高校のみである。

　桜宮高校の2012年度学校要覧では、「全員が運動部に所属しスポーツ活動の実践を通し、高度なスポーツ技術を学ぶと共に、『知・徳・体』の調和のとれた人格の形成、ならびに体育・スポーツの振興発展に寄与する人材の育成を目指す」とされている。

　2012年の1学年の募集定員は普通科163名、体育科80名、スポーツ健康学科40名の合計283名であり、専門科の生徒数は全体の約42％。専門科では、運動系のカリキュラムが3年間95単位のうち、24から28単位。運動系カリキュラムが多いことから、体育科担当教諭は、全教員55名のうち15名、約27％を占めている。学校組織でも体育科担当教諭の占める割合が高く、運営委員会15名中6名、風紀委員会5名中4名が体育科教師である。

　また専門科の生徒は、陸上競技部、野球部、ソフトボール部など14の運動部のいずれかに所属することになっている。過去には5人のオリンピック選手を輩出している。なかでも、バスケットボール部は大阪府の強豪校で、この5年間にインターハイに3回出場している。

② バスケットボール部の体罰事件

　2011年9月、バスケットボール部顧問B教諭（47）が体罰を加えているという公益通報があった。大阪市教育委員会は、学校に生徒からの聞き取りの指示を出したが、校長はB教諭からの話を聞いただけで、「体罰はない」と回答した。

　その後、2012年12月23日早朝、自宅の部屋で、バスケットボール部主将のA

君（17）が制服のネクタイで首をつった状態で家族に発見された。

生徒の遺書には、「私が死んだら迷惑がかかりますが、でも死ぬことを選びました。今までありがとうございます」とあった。

前日の石川県の高校との練習試合で、A君はB教諭から体罰を受けている。B教諭の証言によれば、「両方の平手で顔を挟むように数回たたいた」とのことである。また、その練習試合では副顧問ら教員2名が同席していたが体罰を黙認していた。

A君は自殺前日、母親に「今日もかなり殴られた」と打ち明けている。また、A君はB教諭に宛てた手紙で、「どうして僕だけがしごき回されるのか」「毎日のように言われ続け、本当に訳が分からない」「もう僕はこの学校に行きたくない、それが僕の意志です」と述べている。さらに、母親には「他の生徒も同じこと（ミス）をしているが、自分だけがたたかれる。つらい」と打ち明けていた。

③　大阪市教育委員会の対応

2012年12月23日の事件発生以来、本事案は、連日大きく報道された。「スポーツ名門校における体罰による自殺」というセンセーショナルな内容であったこともある。

だがそれ以上に、桜宮高校の設置者が大阪市であり、橋下徹大阪市長の言動や対応策が注目された。ちょうど衆議院選挙が終わり、橋下徹、石原慎太郎共同代表が率いる日本維新の会の大躍進が見られたばかりであった。橋下市長は、今後の国政を動かすキーパーソンの一人であり、本事案にどう対応するか大阪市民ばかりでなく、広く全国民の注目するところであった。

橋下市長は、桜宮高校や大阪市教育委員会へ批判を繰り返した。その言動は、本事案に対して怒りを覚える多くの国民の声に応えるかに見えた。その姿は、桜宮高校の設置者である大阪市長であるより、かかる体質を大阪市の教育を改革する気鋭の政治家であらんとする「演出」のようにも感じられた。橋下市長は、桜宮高校の在り方や入試について矢継ぎ早に発言するが、受験生や市

186

民、学校関係者に多くの不安を与えた。

　我が国の教育委員会制度の良さは、このような事案の発生においても、政治的中立性を担保しつつ判断を下せることにある。地方政治ではなく国政をにらんだ政治家である橋下市長には、慎重で冷徹な判断を求めるのは難しい。本来なら、大阪市教育委員会の対応に任せるべきであるが、マスコミとともに大阪市教育委員会批判をしている橋下市長には、そのようなガバナンスも選択しにくい。

　こうした状況とは別に、大阪市教育委員会は事件発生から2日後に、本事件の全容を外部監察チームに委嘱した。また、4日後に市教育委員会は、当該部員を対象にアンケートを実施した。その後、5名の弁護士から成る同チームは、2013年4月30日に大阪市教育委員会委員長に報告書を提出した。

④　外部監察チーム報告書
　同報告書は、Ａ４判13ページで次の構成となっている。
　第1　体罰（暴力行為）が根絶されない理由について
　第2　本件高校における特殊事情について
　同報告書では、桜宮高校バスケットボール部、バレーボール部、野球部についての体罰を調べ、体罰（暴力行為）について、異を唱える者が少なく、問題視されることがなかったためとしている。

　また、市立中学校3校の体罰（暴力行為）についても同様であるとしている。そして、次のように述べる。[1]

　「当外部監察チームは、『愛のむち』という言葉で表されるところの社会において存在すると思われる体罰に寛容な考え方を背景として、このように、大半の体罰等が、生徒及びその保護者がこれに異を唱えないため、顕在化されることなく、処理されてきたことこそが、これまで体罰が根絶されていない根本的理由の一つであると考える」

　さらに桜宮高校の校内の状況については、次のように述べる。[2]

　「本件高校においては、専門科が存在することに起因して、体育系部活動が

187

活発である反面、スポーツ指導の場においてはある程度の体罰等があって当然であるといった風潮のもとで、部活動によっては、体罰等が恒常的に行われ、保護者の中にも、体罰等に寛容でこれに異を唱えない傾向にあったと考えられる（中略）体育教員のなかに、本件高校に長期間在籍している教員が多数存在したことにより、体育教員の意向偏重及び体育教員への依存という弊害が生じ、これらのことにより、体育教員による体罰等が顕在化しにくい土壌が形成されていたと考えられる」

　このように述べて、外部監察チームは、桜宮高校における体罰黙認の風土や体育教員の発言力の強さなどを指摘した。外部監察チームの努力は多とするところだが、そもそもどのようなメカニズムの中で体罰行為が行われていたのかという視座が見えてこない。大阪市教委が、事件発生直後に委嘱した観察チームは5名とも弁護士であった。そこには学校関係者もスポーツ指導専門家も教育心理の研究者も含まれていない。弁護士だけで構成された外部監察チームでは、教育指導上の問題点を究明するのは限界があったのではないかと考える。

⑤　桜宮高校の学校評価

　桜宮高校の2012年度末、学校評価では、「次年度への改善点」として、次のように述べる。[3]

> 　平成24年12月に本校バスケットボール部の2年生男子生徒が自ら命を絶つという痛ましい事案が発生した。顧問教諭による当該生徒への暴力行為等があったことも判明している。二度とこのような事案が起きないよう、部活動をはじめ全ての教育活動について一切の体罰・暴力行為等を排した桜宮高等学校の新しい伝統を築き、健全な学校運営が実現できるマネジメントを確立する

　ここでは、「新しい伝統を築き」として、これまでの桜宮高校の教育を全面的に見直すという気概が見てとれる。また、「健全な学校運営」の実現を目指すという文言から、桜宮高校の学校体制がある種の「不健全さ」を伴っていたことも覗える。

この改善点の具体策として7項目を掲げている。その第1に「体罰のない教育活動の達成」をあげ、部活動の在り方や指導方法について議論するとしている。このほかに、学力向上、自他尊重の意識醸成、健康相談体制、人権研修、進路指導、保護者との連携などを挙げている。しかし、力に頼らない教育活動をどう進めていくかという、根本的な究明が看過されているように思われる。

　改革の柱として、「学校体制の抜本的刷新」を掲げるなら、教員同士が具体的な教育実践を分析し協議するなどの手法を取り入れるべきである。しかし、高校の教員だけで自己評価して改善策を見出そうとしても、おのずから限界がある。

　「健全な学校運営」には、校内組織の活性化やよき同僚性の確立も大切である。この点からのマネジメントも期待されるところである。

　なお、桜宮高校学校関係者評価では次のように述べる。[3]

　全教職員が学校教育目標や各分掌の目標達成に向けて熱心に業務を遂行し、一定の成果をあげていただいていると評価している。（中略）二度とこのような事案が起きないよう全教職員が深く反省し、部活動をはじめ全ての教育活動において一切の体罰・暴力行為等を排した新しい教育方針のもとに健全な学校運営が実現できるマネジメントを確立していただきたい。そして、生徒・保護者・地域とともに全国のモデルとなるべき先進的な一切の体罰・暴力行為等を排した新しい教育方針のもとに健全な学校運営が実現できるマネジメントを確立していただきたい。そして、生徒・保護者・地域とともに全国のモデルとなるべき先進的な学校づくりをすすめ、桜宮高等学校の新しい伝統を築いていただけることを切に願っている

　ここで注目したい内容が2点ある。桜宮高校の学校関係者評価委員は2012年度の教育活動について一定の成果を挙げていると肯定的な評価をしていることである。もう1点は「新しい伝統を築く」「健全な学校運営の実現」という、次年度改善へのキーワードを追認していることである。

　学校関係者評価委員の構成にもよるが、よく言えば、これからの桜宮高校の「抜本的刷新」に期待をしているという現れでもある。しかし、もう一方から

見れば、本事案のような深刻な状況でも桜宮高校の関係者は、「学校第一主義」の中に閉じこもっているようにも考えられる。

「健全な学校体制」「新しい伝統の確立」は、相応の長い年月の中で実現できるものである。春夏秋冬の教育活動を少なくとも2～3サイクルを重ねて、その方向性が見えてくる。となれば、この改善策の実現状況は3～4年後に評価されるべきものである。しかし、その頃には状況が大きく変化している。在校生や保護者は入れ替わる。管理職はもちろん、大多数の教職員も異動し、教育委員会関係者も変わる。学校関係者評価委員も変わるし、本事案を報道してきたマスコミ関係者も変わる。国民の関心も薄れる。

こうして、本事案も風化し、桜宮高校も改善策も世に伝播されぬままになる。学校関係者評価の「全国のモデル」という期待に応えられように望むところだが、そう簡単なことではない。

⑥マスコミの報道

本事案は、発生以来度々マスコミで報じられてきた。主な批判の矛先は、バスケットボール顧問のB教諭、桜宮高校長、大阪市教育委員会である。

当該のB教諭は、バスケットボール指導では一定の知名度があったこと、義父が大阪のラグビー名門校の常勝監督で全国的にも有名であったことから注目を浴びた。また、当該校長はこれまでの体罰事件にかかわる対応が後手に回ったこと、大阪市教委は有効な手を打てなかったことから批判された。

体罰の是非については、国民的に賛否両論がある。したがって、体罰事件をめぐる議論はいじめ問題に比べると、そうヒートアップはしない傾向がある。

その背景には、「やられた側にも原因がある」や「先生も熱心さのあまりやったのだ」という同情論があるからである。しかし、今回の事案は大津いじめ事件から間もないこともあり、「学校バッシング」は一気に高まった。

筆者が中央教育審議会初等中等教育分科会委員として議論した2013年3月の会合でも、本事案を巡って各委員から学校の批判が相次いだ。

筆者は、「体罰にばかり目が向くと、学校での毅然とした指導ができにくく

なる。そのことで一部生徒は、さらに暴力的な行動を取ることになり、学校内のいじめや暴力行為が増える可能性がある。だから慎重で多面的な方策を講じるべきだ」と発言したが、同調者はなく学校批判が続けられた。

テレビも新聞も基本的には、国民の世論の多数派に与しようとする。本事案で、B教諭を弁護する報道はほとんどなされない。そういう中で月刊『文藝春秋』2013年3月号は「桜宮高校体罰　書かれざる複雑な事情」という森功の署名記事を掲載した。

同記事では、B教諭がA君を小学校4年生頃から育ててきたこと、A君一家は両親や兄もB教諭のシンパであったこと、全国大会に行くためにはビンタくらいは覚悟しておかなければいけないと、他の保護者に話していたことなどが掲載されている。

また、A君はこれまでの選出方法とは異なり、自らが立候補して主将になったこと、B教諭はA君と二人で話すなどフォローをしていたことなどを紹介している。

おそらく、当事者であるB教諭の弁明を聴けばさらなる事実も明らかになるであろう。しかし、大阪市教委は、2013年2月、B教諭こと小出元教諭の体罰は「暴力行為」であり、自殺との因果関係があったと判断した。そして、同教諭を懲戒免職処分とした。また、後日、大阪地方検察庁は小出元教諭を傷害と暴行の罪で在宅起訴した。生徒が自殺した事案とはいえ、小出元教諭の行為が懲戒免職処分に相当するかどうか。今後多面的な検討が必要と思われる。

(2)　文部科学省の対応

①　体罰の実態把握調査

文部科学省は、桜宮高校の体罰事件を受けて、2013年1月23日付で、初等中等教育局長及びスポーツ・青少年局長の名で、各都道府県・指定都市教育委員会等に対して体罰禁止の徹底と体罰の実態を把握するように通知した。

ここでいう体罰とは、学校教育法第11条に規定する児童生徒の懲戒・体罰であり、文部科学省は事例を示している。その上で、個別の事案が体罰に該当す

191

るかを判断するにあたっては個々の事案ごとに判断する必要があるとしている。

　2013年8月9日、文科省は、2012年度中の体罰実態調査の最終報告をまとめた。その結果、全国の4125校で合計6721件の体罰が発生していた。

　発生件数は、小学校1559件、中学校2805件、高校2272件である。体罰発生時の状況で見ると、小学校では授業中が約6割を占めるのに対して、中学校、高校では部活動が約4割で第一位だった。また、体罰が行われた場所は、小学校は教室が多いのに対して、中学校、高校では校庭・体育館が多かった。

　このことから、小学校では学級担任が教室で体罰を行うのに対して、中学校、高校では部活動の場で行うケースが多いことが改めて明らかになった。

　体罰が起きた学校の割合は、私立学校が22％、公立学校が70％、国立学校が8％となっている。また、各都道府県、指定都市別の発生状況を見ると、かなりバラツキのあることも明らかになった。発生件数（公立）で見ると、長崎県（452件）、大阪府（434件）、大分県（382件）などが上位である。それに対して、発生件数が少ないのは福井県（14件）である。

　児童生徒数と勘案しなければならないが、体罰を巡る学校風土に差があるのか、個別の事案の処理の仕方で差が生じるのか、今後のきめ細かい分析が必要である。

② 　運動部活動の在り方に関する調査研究

　第2次安倍内閣において設置された教育再生実行会議は、2013年2月26日の第1次提言において、体罰禁止の徹底と、子供の意欲を引き出し、成長を促す部活動指導のガイドラインを国において策定するように求めた。

　この提言を受けて、文部科学省は2013年3月に、運動部活動の在り方に関する調査研究協力者会議を設置した。同会議は5回の審議を経て、同年5月27日にその報告書を提出した。同報告書では、「本ガイドラインはこれまで文部科学省が運動部活動での指導において必要である、又は考慮が望まれる基本的な事項、留意点をあらためて整理し、示したもの」としている。

そして、「運動部活動での指導の充実のために必要と考えられる7つの事項」
を明示した。それは以下の通りである。

ア	顧問の教員だけに運営、指導を任せるのではなく、学校組織全体で運動部活動の目標、指導の在り方を考えましょう
イ	各学校、運動部活動ごとに適切な指導体制を整えましょう
ウ	活動における指導の目標や内容を明確にした計画を策定しましょう
エ	適切な指導方法、コミュニケーションの充実等により、生徒の意欲や自主的、自発的な活動を促しましょう
オ	肉体的、精神的な負荷や厳しい指導と体罰等の許されない指導とをしっかり区別しましょう
カ	最新の研究成果等を踏まえた科学的な指導内容、方法を積極的に取り入れましょう
キ	多様な面で指導力を発揮できるよう、継続的に資質能力の向上を図りましょう

③　運動部活動における体罰の態様
　文部科学省の「体罰の禁止及び児童生徒理解に基づく指導の徹底について」
では、教員が児童生徒に対して行った懲戒行為が体罰に当たるかどうかについ
て次のように述べている。
　「当該児童生徒の年齢、健康状態、心身の発達状況、当該行為が行われた場
所的及び時間的環境、懲戒の態様等の諸条件を総合的に考え、個々の事案ごと
に判断する必要がある。この際、単に懲戒行為をした教員等や、懲戒行為を受
けた児童生徒・保護者の主観のみにより判断するのではなく、諸条件を客観的
に考慮して判断すべきである」。
　これを受けて部活動指導において、スポーツ指導での共通的及び各スポーツ
種目の特性に応じた指導内容や方法等を考慮しつつ実践していくことが必要で
あるとしている。
　本調査研究報告書では、各スポーツ種目の特性に応じた指導の必要性を述べ

193

ていることに注目したい。とかく、団体スポーツにおいては、チーム力の向上のために、チームの一員としての行動が期待される。仮に、あるメンバーが緩慢な行動をとったり、チームの和を乱す態度をとれば、チームの士気が低下する。指導者はそれを恐れる。

それに対して、個人競技であれば緩慢な行動は大部分がその当事者へのリスクへと反映される。したがって、指導者もある程度寛容になれる。とかく、団体競技、それも球技において体罰が横行しがちであるという見方がある。特に、バレーボール、バスケットボール、ハンドボールなどボール運動競技である。

早稲田大学大学院生の庄形篤（2011）は、強豪校であるＡ高校の女子ハンドボール部を観察して次のように述べる。[4]

「Ａ高校女子ハンドボール部では、部員同士を友達と呼ばない。必ず『仲間』という表現が用いられ、友達とは差別化して語られる。（中略）当該部活動では、部員同士厳しい指摘をする。時には言い争いになることもある」

このような集団の中で、顧問教師は体罰を必要と位置づけ、現役部員も卒業した元部員もこれを許容するメカニズムが働いていると述べる。

桜宮高校バスケットボール部も、Ａ高校女子ハンドボール部のような、体罰を容認するメカニズムが働いていたのではないかと推察される。

(3) 東京都教育委員会の対応

①体罰調査の概要

東京都教育委員会は、2013年2月に教育次長を委員長とする体罰調査委員会を設置した。また、事実関係の調査を行うため体罰調査部会を置き、教育庁人事部職員課長を部会長とした。

体罰事案について、指導面からアプローチするのは指導部であり、人事管理面から迫るのが人事部である。本部会では、部会長を職員課長がつとめ、委員会と調査部会の庶務を人事部職員課が行うことから、本調査は人事管理面の色彩が強いように感じられる。

調査委員会は、都内の全公立学校の体罰の実態調査を実施した。都立学校に

おいては東京都教育委員会が実施し、義務制の学校においては区市町村教育員会を通じて2184校を対象に実施した。

　調査の内容は、2012年度中における暴力による体罰、精神的・肉体的苦痛を感じる体罰の疑いの有無についてである。調査方法は、教職員については校長による聞き取り、児童生徒については質問紙調査によって実施した。調査期間は2013年1月21日（月）〜3月15日（金）までである。

② 体罰調査の結果

　調査の結果、全体で1439件の申告があった。最も多いのは、中学校の1121件で、次いで高校の162件、小学校151件、特別支援学校5件である。申告者では、児童生徒本人が最も多く549件、次いで、教職員本人の406件、他の児童生徒345件、他の教職員98件、保護者37件と続く。

　ここで注目したいのは、中学校において児童生徒からの申告が439件、他の児童生徒からの申告が284件と全体の約半数を占めていることである。また、申告数全体の約8割が中学校である。この調査で見る限り、東京都における体罰は中学校において多発していることがわかる。

　東京都教育委員会が実施した調査方法は、児童生徒への質問という手法を用いたために、教師と児童生徒の信頼関係を損ねるのではないかという懸念もある。しかし、中学校においては、教職員本人や他の教職員からの申告の2倍もの数があったことから、この方法を用いたことによって、改めて体罰の実態を明らかにすることができたとも言える。その点で、本調査の結果を有効に生かすことで、懸念を払拭していくことが大切だと考える。

　次に申告の内容であるが、東京都の分類では、「不適切・行き過ぎた指導（児童生徒の身体に対するもの）」が最も多く503名、次いで「体罰」182名、「非該当」142名、「指導の範囲内」117名、「不適切・行き過ぎた指導（教職員等の発言・行動によるもの）」39名で合計983名となっている。

　「体罰」に関する調査ではあったが、体罰とされた事案は20％弱であった。この数字を低いと見るか高いと見るか様々な意見がある。筆者は、予想より少

ないという見方をしている。

③　体罰の具体的内容

体罰を行った182名を分析すると、中学校が110名でも最も多く、次いで高校40名、小学校31名、特別支援学校1名となっている。また、体罰を加えたのは教職員153名、卒業生・上級生20名、外部指導員9名となっている。

体罰が行われた場所は、小学校ではすべて授業等の教育活動中であり、中学校、高校では部活動の時間のほうが多かった。

体罰の態様としては、「たたく」が最も多く88名、次いで、「たたく、殴る、および蹴る等」が28名、「蹴る」が26名、「物でたたく、殴る」が11名「殴る」が9名、「投げる・転倒させる」が3名、「物をぶつける」が1名である。

これらを学校種別で見ると、小学校では「たたく」が全体の約55％を占めている。中学校では、「たたく、殴る及び蹴る等」や「殴る」「蹴る」などの体罰が、全体の約38％を占めている。これらのことから、一端、体罰に及ぶと小学校に比べて中学校では、エスカレートしやすい傾向を覗うことができる。実際、体罰によって、傷害を負った児童生徒31名のうち、17名が中学校であり、小学校7名、高校7名に比べて断然多くなっている。

体罰に対する認識では、「感情的になってしまった」が最も多く65名である。次いで「言葉でくり返し言っても伝えられなかった」49名、「体罰と思っていなかった」32名、「人間関係ができているので許されると思った」18名、「高い成績、成果の期待に応えようと思った」10名、「体罰を行う以外考えられなかった」8名の順である。また、体罰に至る原因では、最も多いのが「態度が悪い」で58名である。特に中学校では、この項目が断然高くなっている。次いで、「指示に従わない」が45名、「意欲が求める水準に達しない」27名、「問題行動を止めるため」24名などとなっている。

これらの調査結果から、体罰にいたる場面をある程度推察することができる。それは、反抗的で非社会的行動をとる児童生徒の指導に手を焼く教師の姿である。

言葉で繰り返し指導しても、非社会的行動は改まらず、やむにやむを得ず体罰を加えた教師の姿が浮かんでくる。

　内藤朝雄（2012）は言う。[5]

　「学校というのは数々の『強制』でがんじがらめにされた非人道的な場なのだ。（中略）第二次成長期以降の子供たちは大人と同程度に残酷なことができる心と、それを可能にする成長した体をもっている」

　中学校において、毅然とした指導する中で行われる体罰について、私も10年間の教育委員会時代にしばしば遭遇してきた。当該教諭や校長からの事情聴取、体罰を受けたとされる生徒からの聞き取りなどもしてきた。あるいは、「被害者側」が依頼した弁護士との協議もあった。

　体罰の態様は様々だが、なかにはやむを得ぬ状況の中で発生した事案もあった。したがって、今回、東京都教育委員会が一律に公表をした方法について私は、やや懐疑的である。

④　体罰調査チームによる調査

　東京都教育委員会は、都立学校で発生した体罰のうち体罰調査委員会設置要綱第３の規定に掲げる要件に該当する事案について調査を実施した。

　同要綱３の規定とは以下の通りである。

①反復・継続的に行われているもの

②被害が広範囲に及んでいるもの

③その他児童・生徒の指導上の観点から緊急の対応が必要なもの

　この規定の該当する体罰として、都立雪谷高校、同片倉高校、同保谷高校及び同国分寺高校を調査対象校とした。

　例えば都立雪谷高校での調査は次の通りである。

○調査機関
　2013年２月20日から３月６日
○調査対象者
　校長、副校長、外部指導員（体罰を行った者）、教員（７名）、生徒（23名）、

197

保護者（8名）、卒業生（3名）の計44名

○事案の概要

2012年7月25日、野球部のミーティング中にトランプをしていた部員5名を指導した際、平手で同部員の顔を1回ずつたたいた。

同年9月5日、公式戦ユニフォームを洗濯せずに返却した部員1名を指導した際、平手で頬を5回たたき膝蹴りを1回行った。

同年10月1日、集中できずに試合でミスが続いた部員を指導した際、平手で同部員の顔を1回たたいた。

体罰を行った外部指導員は同校野球部のＯＢであり、15年以上指導にあたっている。また、同校が甲子園出場時にもチームを率いていた。生徒たちは、体罰の原因は自分たちの側にあるととらえ体罰とは思っていない。保護者も行き過ぎがあるという意見の一方、しつけとして行っているという意見がある。

教員は、野球部の指導について豊かな経験をもつ外部指導員に、遠慮しているような状況にあったとみている。また、管理職は外部指導員には体罰に関する研修を行っていないとの回答であった。

体罰調査チームは、体罰を行った顧問や外部指導員の認識・考え方として次のようにまとめた。①独善的な考え方・指導方法、②一時的な感情の高まり、③絶対的な権力関係、④勝つことに対するプレッシャー、⑤体罰の再生産、⑥体罰に関する認識不足、⑦教員としての基本的な指導力不足

また、生徒の認識・考え方として次のようにまとめた。①自己起因（技術向上面）と捉えた受容意識、②自己起因（生活指導面）と捉えた受容意識、③絶対的な権力関係、④個人差のある体罰の定義付け

さらに、保護者の認識・考え方は次の通りである。①子供の成長や試合の勝利への期待、②生活指導を親代わりとして捉える意識、③自己の体験からくる体罰許容意識、④個人差のある体罰の定義付け

そして、報告書の巻末で体罰調査チームは次のように総括した。[6]

「体罰が絶えない背景には、教員や生徒、保護者等の『体罰に対する意識』に大きな関係があるとの分析に至った。（中略）一部の体罰事案を基に、安易

に指導の在り方の幅を狭めるようなことは避けなければならない。今日の社会的な風潮として、運動部が体罰の温床になっていると思われるのは非常に残念なことであり、熱心に指導している教員が萎縮することなく、引き続き運動部活動を通じて生徒の心身の健全な育成に取り組むよう願って止まない」

　体罰調査チームの結語は、「安易に指導の幅を狭めない」と述べるとともに、「指導の萎縮」を懸念している。まさに、今後の学校教育の有り様を考えていく時に、このスタンスが重要である。

⑤　外部指導者の扱い

　体罰調査チームが取り上げた事案 4 校のうち 2 校が外部指導員による体罰であった。外部指導者の法的位置づけについて、坂田仰（2013）は次のように述べる。[7]

　「外部指導者の法的位置付けは、必ずしも明確にされていない。雇用・委嘱の形態一つをとってみても、学校設置者が直接雇用・委嘱する例ばかりではなく、設置者とは関係なく、保護者会、後援会等が費用を負担し雇用する例、卒業生等がボランティア的に無償で協力している例等、その関係は複雑である。そのため、指揮命令系統や不祥事発覚時の処分手続き等、法令で明確に規定されている公立学校教員とは異なり、曖昧な部分が極めて多く存在している」としている。

　そして、2007年 3 月岡山地裁倉敷支部が、私立高校外部指導者の体罰事件で、「教育従事者」として、学校教育法第11条を準用して、「必要があると認める場合には、生徒に懲戒を加えることができる」と判断したことに注目している。

　下級審の判断であるが、今後他にも同判決のような判断が示されるようになると、これまで教員にだからこそ与えられていた懲戒権を巡り、教員の専門性とは何かという吟味も必要になってくる。

　なお、坂田は東京都教育委員会体罰調査委員会の学識経験者 2 名のうちの 1 人であり、同報告書の作成に当たって一定の影響力を発揮したと推察できる。

前述した体罰調査委員会報告では、外部指導者の扱いについて、次のように指摘している。[8]

　「教員の中には、大会実績や指導技術、指導年数の違いから外部指導員に対して意見しにくいという遠慮意識も見られる。（中略）学校（長）と外部指導員との関係や、顧問教諭と外部指導員との関係など、学校における外部指導員の活用形態を改めて調査し、雇用関係、権限と責任、研修等に関する規定を整備していく必要がある。その際、外部指導員の指導範囲を生活指導や人間形成についても認めるのか、技術面の指導に限定するのか、指導範囲についても検討すべきである」

⑥　区市町村教育委員会の対応

　東京都教育委員会から、体罰調査を依頼された区市町村委員会は、所管する学校の状況をまとめた。どの教育委員会事務局も、定例教育委員会や議会文教委員会等で報告した。また、その結果をホームページなどで住民に公表した。

　東京都中央区教育委員会は2013年5月28日付で次のような内容をホームページに掲載した。

　「平成24年4月から調査時までの間において、中央区立学校では、教職員や外部指導員による体罰に当たる事案はありませんでした。しかしながら、中学校の部活動で上級生による暴力が1校で確認され、東京都教育委員会に報告しました。被害生徒にけがはなく、すでに関係生徒への指導を行い解決にいたっております」

　このように報告して、体罰はなかったものの生徒間暴力があったこと、すでに解決したこと、東京都教育委員会に報告したことを明らかにしている。このような対応をすれば、ホームページを見た地域住民は安堵感を抱くであろう。

　しかし、これで一件落着でいいのであろうか。中央区には中学校が4校しかない。その中の1校で発生した生徒間暴力である。その気になって検索すれば、どの中学校で発生したものであるか特定できる可能性も高い。仮に学校が特定されれば、当事者の生徒さえ明らかにできる。

通常の問題行動調査では、調査結果を具体的にホームページで掲載することはない。したがって、個別の案件について、地域住民もそう関心は抱かない。しかし、今回の体罰調査では、東京都教育委員会が調査結果を公表したことに伴い、各区市町村教育委員会も同様の措置を取らざるを得なかった。

　公表すれば、その情報は独り歩きする。いつインターネット上でその情報が取り上げられ、書き込みが始まるか予想がつかない。

　東京都教育委員会がまとめた区市町村教育委員会の主な取り組みは次の通りである。

○メッセージの発信

　・体罰根絶に関する教育委員会メッセージの発信

　・全小中学校で「いじめ根絶・体罰によらない学校宣言」の公表

○研修の実施

　・運動部の指導者対象

　・人権教育研修

○意識啓発

　・体罰と懲戒の区別に関するリーフレットの作成・活用

　・体罰根絶に向けての報告書を作成し、意識啓発

○誓約書・確認書の提出

　・部活動の外部指導員から「体罰的指導を行わない」誓約書の提出

　・体罰等を行わない旨の確認書の全教職員の提出

○調査・検討

　・部活動検討会による体罰防止にかかわる検討を実施

　・「服務事故防止に向けた教育管理職の管理の徹底と体罰根絶に向けた校内体制の整備状況の調査」の実施

　このまとめを見ると、各区市町村が苦心をしていることがわかる。しかし、実効性の面からみると、疑わしい施策も散見される。各教育委員会では、もっと体罰について深い理解を促す研修や学校への応援システムを期待したい。

⑦　悩む学校の姿

相模原市で次のような事案があった。

2013年7月23日、体罰を行った男性教諭（28）を戒告。市教育委員会に報告しなかった校長（57）を文書訓告処分にした。

相模原市教育委員会は、文部科学省からの体罰調査でゼロと回答していた。

この事例では、体罰を起こした生徒宅を校長らが訪問して保護者の了解を得られたので報告しなかったとのことである。

おそらく、この校長は穏便にことを済ませたかったのであろう。それは、校内に波風を立たせたくなかった、体罰によるけがはなかった、28歳の若手教師の将来を慮る、校長自身の監督責任を問われたくなかったなどの理由が考えられる。

その若手教師が教室から抜け出した生徒を諭している間に起こした体罰である。体罰は確かに悪かったが、そもそも教室から抜け出し、その行為を諭しても素直に受け入れない生徒自身の態度や保護者の養育責任にこそ、真の原因がある。

この若手教員は、体罰に及んでしまったことから指導に未熟さがあったことは否定できない。しかし、教室から抜け出した生徒に敢然と立ち向かう使命感は評価に値する。相模原市教育委員会は、戒告処分を告げる際に、服務担当者から説諭をしたであろう。願わくば、この若手教員の使命感を大切にしながら、生徒指導の力量を高める激励の言葉をかけてあげたいところである。

⑷　神奈川県教育委員会の対応
①体罰防止ガイドラインの策定

体罰が社会問題になったことで、各県教育委員会は、それぞれ対応策を講じた。その一つとして神奈川県教育委員会の対応を見ることにする。

神奈川県教育委員会は、2013年7月に「体罰防止ガイドライン—神奈川からすべての体罰を根絶するために—」を作成した。同ガイドラインは全8章と参考資料からなる。特に全体の半分程度のページを、部活動における体罰につい

て取り扱っている。

　県教委では、神奈川県としての体罰の考え方を示し、他に不適切な指導の例も紹介している。特に注目したいのは第3章の2で「毅然とした厳しい指導のあり方」を述べている点である。同ガイドラインは次のように述べる。[9]

　「毅然とした厳しい指導とは、問題行動が生じた状況を見逃さず，行為を制するとともに、その責任を明確にして、行動が改善されるまで粘り強く指導することです」

　そして、次のように指導例を示している。

〈毅然とした厳しい指導の基本パターン〉

ア　問題行動を発見する

イ　発見した教職員が素早くその場で指導を始める（決して見逃さない、指導のタイミングを逃さない、冷静に対応する等）

ウ　他の教職員へ連絡をする。状況を把握し、他の児童・生徒の安全を確保する

エ　危険な行為や間違った行動を毅然と制する

オ　危険な物や不要な物を取り上げる

カ　起きた行為の事実、そこに至った背景を把握する（複数での対応、必要に応じた関係機関との連携、真実を明確にする等）

キ　心情は理解しつつも、行為に対しては間違った方法であることを理解させる

ク　責任の取り方や今後の行動を考えられるまで粘り強く指導する（定期的な面接指導、家庭訪問、作文指導、カウンセリング等）

ケ　本人の行動が改善されたとき、その変容を認めるとともに、その努力を褒める

　このように、指導の基本パターンを示すことで、若手教員にも「毅然とした指導」が理解しやすいようにしている。特に、問題行動を発見した教員が見逃さずに指導するという基本パターンは重要である。

　過年の大津市のいじめ自殺事件でも、被害生徒が他の生徒からいじめを受け

203

ていた場面を遠くから目撃したにもかかわらず、毅然とした指導をしなかった若手女性教員の行動が問題とされた。

② 指導事例の現実的応用の難しさ

神奈川県でも、少なからぬ生活指導上の事案が発生している。「毅然とした厳しい指導」は、その対応策の一つでもある。

同ガイドラインでは、「毅然とした厳しい指導と考えられる指導例」として6点紹介している。その一つは「教室でバットを振り回し、ガラスを割ったり、机を叩いたりして暴れまわる生徒を押さえつけて落ちつかせた」という事例である。この事例の生徒の体格や運動能力、興奮状態にもよるが、「暴れまわる」生徒を「押さえつけられる」のは、注意した教師がかなり剛健で、当該生徒との間に「腕力格差」がある場合である。現実的には、このような事例ばかりではない。

「問題行動を見逃さずに発見した教職員がすぐにその場で指導する」ことを、同ガイドラインは求めている。仮に発見者が女性教師であったり、体力的に弱い男性教師であったりした場合はどうなるであろう。当該生徒は「バットを振り回して、暴れまわっている」のだから、例えば「刺股」を用いて壁際に押さえつけるとか、近くにあった竹刀で腕を強くたたいて、バットを床に落とす程度の行動が必要であろう。これは、通常の警察官が、同様に暴れまわっている被疑者を取り締まるのと同様である。

仮にこの程度の事例まで認めれば、「毅然とした厳しい指導」の事例として、現実味をおびる。しかし、このような事例を紹介することは誤解を招くし、一定の批判を浴びることになる。したがって、教育委員会が作成する文書には掲載できない。

③ 苦悩する現場教師の思い

こうしたことから、現場の教師は「事件は現場で起きているのだ」というテレビドラマの青島刑事のセリフに共感する。そして、教育委員会が作成する文

204

書は「きれいごとであり、役に立たない」と錯覚をしがちになる。

このような事例が発生したら、間髪をいれず警察官の出動を要請するのが現実的であろう。

筆者の40数年前の大学紛争時の経験からも、本気で棒を振り回す者と対峙するのは、並大抵の恐怖ではない。こちら側が大けがをするかもしれない状況において、「冷静な対応」を求めるのは非現実的である。

校長時代に、暴漢に見立てた警察官を刺股で押さえ付ける訓練をした。男性教職員3名でも相当に難しい。最高責任者の自覚があり、訓練であるにもかかわらず身長179センチメートルの私でもたじろぐほどである。「暴力」の現場とは、それほどすさまじいものである。

1990年、文京区教育委員会指導主事となった。文京区立X中で発生した体罰事件を巡り、連日対応に追われた。テレビの特集番組でも放映された。その後も、Y中学校、Z中学校、A小学校で体罰事件が発生した。文京区教育委員会では体罰防止が重要課題であり、様々な機会をとらえて体罰根絶を訴えた。しかし、中学校の「現場」は私たちの訴えに冷めた反応であった。

問題行動に対応する教師たちが、真に役に立つ指導資料を作成するのは難しいものである。その後、1997年に筆者は東京都教育委員会でも体罰資料作成のプロジェクトチームの一員となった。1年間かけて協議して、作成した体罰資料を各学校へ配布したが、どれほど現場で役立ったかどうか手応えはない。

④　校内研修ツールの作成

神奈川県教育委員会は、「体罰のない学校づくりを推進するため」に「校内研修ツール」を作成した。[10]

同ツールの研修の基本的方法は次のように示されている（実際には確保できる時間や参加人数、会場の形態、外部講師の有無などで、多様な実施方法が可能である）。

はじめに　研修内容の確認
ステップ1　体罰に当たる行為の確認

ステップ2　　事例を基にグループ討議
ステップ3　　全体で討議内容の検証
振り返り　　各自で振り返りシートを作成

同ガイドラインでは中学校、高校の事例を次のように扱っている。

　授業中にE教諭は、携帯電話をいじっている生徒Fに対して注意したが、生徒Fが注意を無視して携帯電話をいじっていたので、取り上げようとしました。その際、生徒Fは「他のやつも、いじっているじゃねーか。なんで俺ばかり言うんだよ」と反抗的な態度をとり、なかなか携帯電話を差し出しませんでした。E教諭が、無理矢理携帯電話を取り上げようとしたところ、興奮した生徒FがE教諭の胸を突いてきました。

　その時……。|生徒Fから少し離れようとしましたが、なおも胸を突き、頭突きをするように顔を近づけてきたので、生徒Fの腕を振り払い、身体を押さえ込んで壁に押しつけました。|

(1) E教諭は|　|のような行動をとりましたが、この対応は体罰と考えられるでしょうか。また、どのような対応をしたら、体罰になったでしょうか。「その時…」の後に続く対応を考えてみてください。

(2) このような事例が発生したときに、この他に対処しなければならないことは何でしょうか。

(3) 生徒FがE教諭に対して胸を突くという反抗的な行動をとってしまったのはなぜでしょうか。生徒の気持ちを考えてみましょう。

(4) このような生徒に十分な対応をするためには、学校としてどのような生徒指導体制を構築する必要があると考えられますか。

　このような事例を基に、グループ討議をするプログラムとなっている。(1)ではこの事例が体罰に当たるかどうか尋ねている。すぐに、どのような対応が体罰になるのか尋ねていることからも、この事例が体罰ではないことは明白である。

　続いてこの事例で、どのような行為をとったら体罰になるかを考える。生徒Fは「頭突きをするように顔を近づけてきた」のである。しかも、興奮をして

いる。E教諭は、危機を回避するためにも正当防衛権を行使できる状況である。では、とるべき選択肢はどうか。

(1)近づけてきた顔を殴る

(2)E教諭側から頭突きをする

(3)生徒Fの足を蹴って倒す

(4)生徒Fの顔を強く手で挟み込む

　この程度の有形力を行使できれば、何とか対教師暴力から自身の身を守ることができるであろう。この事例では、体罰に当たる行為の解答例は記載されていないが、おそらく上記(1)から(4)の行為は体罰に当たると判断されてしまうに違いない。

　この事例では、頭突きをするように近づいてきたF生徒の「腕を振り払い、身体を押さえ込んだ」とある。

　こうした状況で、事例の行為ができる教師は、男性で生徒Fと著しく体格差、腕力差があり、とっさに腕をとって振り払うことのできる敏捷性を備えた者ということになる。しかも、相当に冷静である教師である。年齢は30代半ばから50代はじめまでの、壮健で冷静さをもつミドルリーダーからスクールリーダークラスのスター教師である。

　このような教師の指導なら、そもそも生徒Fも、「なんで俺ばかり……」というような反抗的態度はとらない。

　では、そうでない教諭を想定したらどうか。女性教師、新卒の教師、退職前で病気がちの年配教師……。これらの教師が、「頭突きをするように顔を近づけてきた」生徒Fの腕を振り払うことができるかどうか疑問が残る。

　同研修ツールでは、事例のヒントを手掛かりにして討議を進める。「『正解』を追求するのではなく、それぞれのワークシートでなるべく多くの回答を導き出すように取り組んでください」とある。実際に討議する際に、どのような対応を考えるのか。現場教師の本音の議論に期待したい。

⑸　体罰を巡る司法判断

①　体罰にかかわる規定

　我が国の近世の体罰について江森一郎（1989）は次のように述べる。[11]

　「江戸時代には例外的な思想家や教育者も存在したが（これはいつの時代でも同様）、大勢としては体罰を是認、容認する社会ではなかった」

　江戸時代の教育は各地の藩校や寺子屋で行われており、全国を統括する規範はない。また、全国的な調査結果もない。そうした中で、江森は多数の文書を丁寧に読み込み、前掲書において江戸時代は「体罰の少ない時代」であったとしている。

　時代を経て、1879年の教育令において「凡ソ学校ニ於テハ生徒ニ体罰ヲ加フ可ラス」と規定された。続いて、1890年の小学校令では「小学校長及教員ハ児童ニ体罰ヲ加フルコトヲ得ス」と定め、1900年の小学校令でも「小学校長及教員ハ教育上必要ト認メタルトキハ児童ニ懲戒ヲ加フルコトヲ得但体罰ヲ加フルコトヲ得ズ」と定めていた。

　戦前に教育を受けた高齢者が体罰を受けたことをしばしば口にするし、児童を長時間廊下に立たせるシーンが繰り返し映画や小説などで描かれる。これらのことから、現実の教育活動で体罰はかなり横行した可能性があるが、少なくとも法規上は体罰は禁止されていた。

　そして、戦後、学校教育法第11条において「校長及び教員は、教育上必要があると認めるときは、監督庁の定めるところにより、学生、生徒及び児童に懲戒を加えることができる。ただし、体罰を加えることはできない」と定めた。

　その後、1948年、法務庁法務調査意見として「児童懲戒権の限界について」と題する回答が出された。そこでは、「学校教育法第11条にいう体罰とは、懲戒の内容が身体的性質のものである場合を意味する。すなわち、⑴身体に対する侵害を内容とする懲戒—なぐる・けるの類—がこれに該当することはいうまでもないが、さらに⑵被罰者に肉体的苦痛を与えるような懲戒もこれに該当する。たとえば、端座、直立等、特定の姿勢を長時間にわたって保持させるというような懲戒は体罰の一種と解されなければならない」と示されている。今日

の体罰事案を巡っては、これらの規定に基づいて処分内容を決定している。

② 近年の大阪府教育委員会の体罰の処分例

桜宮高校のある大阪府では、教職員の体罰に対してどのような処分が行われてきたのであろうか。早﨑元彦（2009）は、情報公開で入手した文書を基にして、大阪府における体罰事案の処分について、次のようにまとめた。[12]

2001年～2005年までに、大阪府（大阪市を除く）教育委員会が下した処分は60件である。内訳は停職3月（5名）、停職2月（1名）、減給3月（1名）減給2月（1名）、減給1月（7名）、戒告（4名）、文書訓告（37名）、厳重注意（6名）である。年齢が明記されている者では、30歳代（3名）、40歳代（30名）、50歳代（18名）である。

同書によれば、最も重い処分である停職3月の事案は次の通りである。「□」は非開示部分である。

「中学校　男性教諭（56）　2年男子が授業中、玩具で遊んでおり、提出するように指示されたが生徒は提出せず、その後□の時間中に、再度玩具を提出するように指示した。生徒が指示に従わなかったために、教師は教室から廊下に出ていた生徒の手をつかみ教室に戻し、両手で生徒の頭と体を掴んで、体を□回壁に押し付け、後頭部を壁にぶつけ、右手でこみかみあたりを□回、頭を□回たたいた。……壁に押し付けて、右手で頭を押さえつけ、左の甲の部分で腹部を□回たたいた。さらに、左手に持っていたボトル缶で□回、手の平で□回それに対して、生徒が「暴力教師」と言ったため、『何やその口は』と言って、生徒の口を右手の甲の部分で□回、手の平で□回でたたいた。加えて、生徒の頭を持って、左に倒し、□したところ、右ひざで生徒の後頭部を押さえた。また、生徒が□したところ左手で額を押して、頭を壁と床に□回打ち付けた。その結果、生徒は□及び□の傷害並びに精神的障害を負い、学業に支障をきたした」

本事案では、当該生徒が、教師の指示をきかず反抗的な態度をとっていたことがわかる。それに対して男性教諭は11種の体罰を繰りかえし行っており、極

209

めて重篤な暴力行為であると言えよう。その結果、傷害及び精神的障害を負ったとある。これだけの体罰事案であるが、停職3か月という処分であり、当該教諭は現場へと復帰できた。それに比べて、桜宮高校の体罰事案では、当該生徒が自殺をしたためか、懲戒免職処分となっている。

　当然、懲戒免職処分では現場へ復帰することもできず退職金も支払われない。大阪府教育委員会のこれまでの処分の経緯と、大阪市教育委員会の今回の判断を軽々に比較することは難しい。だが、今回の桜宮高校の事案について、マスコミで大きく取り上げられたから、橋下大阪市長の政治的発言などから、処分が重くなったとしたら、大きな憂いを残すことになる。

③　体罰にかかわる最高裁判断
　最高裁判所第三小法廷は、2009年4月28日、これまで争われてきた熊本県で発生した事案について「体罰ではない」とする判断を下した。
　最高裁の判決によれば、事実関係は次の通りである。

(1)被上告人は、平成14年11月当時、本件小学校の2年生の男子であり、身長は約130センチメートルであった。Aは、その当時、本件小学校の教員として3年3組の担任を務めており、身長167センチメートルであった。Aは、被上告人とは面識がなかった。

(2)Aは、同月26日の1時限目終了後の休み時間に、本件小学校の校舎1階の廊下で、コンピュータをしたいとだだをこねる3年生の男子をしゃがんでなだめていた。

(3)同所を通り掛かった被上告人は、Aの背中に覆いかぶさるようにして肩をもんだ。Aが離れるように言っても、被上告人は肩をもむのをやめなかったので、Aは、上半身をひねり、右手で被上告人を振りほどいた。

(4)そこに6年生の女子数人が通り掛かったところ、被上告人は、同級生の男子1名とともに、じゃれつくように同人らを蹴り始めた。Aは、これを制止し、このようなことをしてはいけないと注意した。

(5)その後、Aが職員室へ向かおうとしたところ、被上告人は、後ろからAの

でん部付近を2回蹴って逃げ出した。

(6)Aは、これに立腹して被上告人を追い掛けて捕まえ、被上告人の胸元の洋服を右手でつかんで壁に押し当て、大声で「もう、すんなよ」と叱った（以下、この行為を「本件行為」という）

(7)被上告人は、同日午後10時ころ、自宅で大声で泣き始め、母親に対し、「眼鏡の先生から暴力された」と訴えた。

(8)その後、被上告人には、夜中に泣き叫び、食欲が低下するなどの症状が現れ、通学にも支障を生ずるようになり、病院に通院して治療を受けるなどしたが、これらの症状はその後徐々に回復し、被上告人は、元気に学校生活を送り、家でも問題なく過ごすようになった。

(9)その間、被上告人の母親は、長期にわたって、本件小学校の関係者等に対し、Aの本件行為について極めて激しい抗議行動を続けた。

　この事案に対して、2007年6月、1審で熊本地裁は体罰に該当するとして児童側の請求について約65万円を限度として認容した。

　控訴審で2008年2月に、福岡高裁は体罰に該当するとして、児童側の請求について約21万円と判断した。

　この判決を不服として、B教諭側が上告したものである。

　最高裁は、本件行為は、その目的、態様、継続時間などから判断して教育的指導の範囲を逸脱したものではなく、体罰ではないとして、B教諭の違法性は認められないとしたものである。

　最高裁が民事法廷で、教員の具体的な行為について「体罰でない」と判断したのは初めてであり、各界から注目された。当時、全国連合小学校長会長であった筆者は、校長会の会合で画期的なこの判決の意義を伝えた。

　最高裁判決の事実関係を見る限り、Aの行為は有形力の行使であっても、当該児童の行為を止めるためのものであり、到底体罰とは認められない。

　熊本県天草市の講師として勤務していたAは、係る事案のために6年5か月間も、裁判の場に身を置かされることになった。気の毒という他はない。

　最高裁で体罰ではないと認められたからいいものの、見過ごせないのは熊本

211

地裁、福岡高裁の判決である。このような判断が横行すれば、学校内の規律維持は困難になる。幸い、最高裁は「原審の判断に、判決に及ぼすことが明らかな法令の違反がある」と述べ、その誤りを指摘した。

そして、もう一点は、長期にわたって「極めて厳しい抗議行動」を続けた母親の存在である。同判決の後で、この母親は学校関係者に謝罪をしたのか、与えた損害に対して償いをしたのかどうか。仮に、金銭の損害賠償は無くても、道義的責任を明らかにすべきである。

④　司法判断に見る体罰の原因

金政克典（1992）は、体罰発生の原因が比較的詳しくおさめられている20の判決文を調べた。

例えば、金政の分析した事例１は東京都私立芝学園中学校において発生したもので、1958年５月28日に東京地裁が判決を言い渡している。本事例は、新任の保健体育の教員が、担任生徒を指導中に、他組の生徒等が教室を覗いたり騒いだりしたことに憤慨し、こぶしで生徒の顔面を５回程度殴打して死亡させたものである。

金政は、「要因及び要因析出の根拠」として「自制心」を挙げ、「誘因及び誘因析出の根拠」として、「無礼」を挙げている。このような方法で20の判決を次のように分析した。[13]

「教師の原因として、指導方法、自制心、児童・生徒理解、誤解が、そして児童・生徒の原因として反抗、ルール違反、ルーズ、虚言、無礼、悪賢さ、聞き分け、いじめ、誤解、いたずら、要望、成績不良を析出した。（中略）体罰発生に係る反省すべき原因は教師の児童・生徒に対する横暴さ、児童・生徒のしつけの不十分さ、児童・生徒の横暴さ、教師と児童生徒の不信感に集約できる」

今から20年前の研究であるが、ここで指摘した教師及び児童・生徒の体罰発生の至る原因は、十分に説得力がある。

余談になるが、事例１の芝学園中学校は、筆者の育った品川区旗の台からそ

う遠くない地にあり、名門校としての評価が高い。小学校の同級生M君は、同判決5年後の1963年に同中学校に進学し、その後も50年間私と交流がある。また、1988年には、港区立芝小学校で教え子のK君を同中学校に進学させた。その点で同校に対して一定の親近感を抱いていた。しかし、本事例のような事件が起きていたことを今日まで知らなかった。

桜宮高校の事案は、教師の結果として生徒が自殺をしたものである。それに対して、本事案は教師の直接的な体罰（暴力行為）によって、生徒を死亡させたものである。教師に問われる責任の重さは格段に大きい。

筆者が本事案を知らなかったことは、筆者自身が幼少期にあったことによる。また、芝小学校勤務時代は事件から30年間も経過していたことにもよる。しかし、当時の社会環境にあって、本事案を今日のようにセンセーショナルに扱うこともなかったから、それほど人々の関心も高くなかったのではないかと推察する。

(6) 生徒指導を巡る課題

① 問題行動を防ぐ学級運営

2004年6月に、長崎県佐世保市で小学校6年児童が同級生を殺害する事件が発生した。これを受けて、文部科学省では、2006年10月に『児童生徒の問題行動対策重点プログラム』を作成した。同プログラムでは、今後の取組のポイントとして次の事項が示されている。

1　命を大切にする教育の充実
⑴命を大切にする心を育む教育の充実
⑵伝え合う力と望ましい人間関係の指導の推進
⑶社会性を育む体験活動の充実
2　学校で安心して学習できる環境づくりの一層の推進
⑴複数の視点から子どもの変化に対応できる体制の確立等
⑵生徒指導体制の確立
⑶犯罪抑止教育の推進

(4)関係機関との連携の強化

3　情報社会の中でのモラルやマナーについての指導の在り方の確立

(1)子供に対する情報モラル教育の充実

(2)家庭における情報モラル教育や有害情報対策への支援

(3)有害情報対策の推進

　同じ時期に、国立教育政策研究所の滝充（2006）は、「新たな荒れ」への対応について述べている。[14]

　「『旧来の荒れ』は、規律や秩序に対する反発・反抗という、反社会的行動がもたらす無秩序状態ととらえることができよう。それに対して、『新しい荒れ』は、小学校における『学級崩壊』やそれに相当する中学校の問題状況に対して用いられる。それは、規律や秩序に対する無関心・無関与という、非社会的行動がもたらす無秩序状態ととらえることができよう。（中略）『新しい荒れ』は、『社会性が育っていない子ども』の登場とそれに『対処できない指導力不足の教師』との図式からでなく、『対処する教育力のない教師集団や学校体制』との図式から引き起こされるのである」

　このように、滝は子供の社会性の欠如を学級の荒れの一因とする。子育て世代の保護者が、こういう警鐘をどう受け止めるか。家庭や地域において、社会性を育むための活動をどう展開していけばいいのか、前途は険しい。

　我が国の子供たちの社会性を一定のレベルまで引き上げるまでには、多くの施策と労力と時間を必要とする。それまでに、対応を期待されるのがここでいう「対処するための教育力ある教師集団」である。

②　学級経営力の向上

　教師と子供との間に信頼関係が成立すれば、学級崩壊は起こらない。[15]

　新学期、教師が子供の学級担任になって、まだ互いの様子を探りあっている段階で、子供の信頼を損ねる態度をとってしまう。また、子供の反発を招く言動をしてしまう。その積み重ねの中で、次第に学級崩壊の芽が出現し、やがて学級の空気を席巻する。

その逆に、初期の段階から、子供の信頼を獲得していく教師の言動は、学級経営を盤石にしていく。小学校においては、かように学級担任の力量が学級経営の質を左右する。

　経営が安定している学級では、教師の言動は子供にそのままストレートに感化を与える。教師の言動を揶揄したり、まして反発したりする行動は起こり得ない。したがって、こういう学級では、教師の一方的な体罰は起こらない。

　2013年の文部科学省体罰調査では、小学校の体罰の約6割は授業中に発生している。また、発生場所の約7割は教室内である。このことから、その多くが学級担任による体罰であることが覗える。

　小学校における体罰を減少させるためには、学級経営を安定させ、子供が満足度の高い学校生活を送れるように努力することが大切である。

(7)　体罰防止に向けて

①「体罰の会」の主張

　体罰肯定論は、今日においても一定の支持を得ている。特に、運動部系の関係者（教師、外部指導者、保護者、生徒、OB）に、少なからず存在する。「体罰の会」は、体罰を教育上、必要な行為として、学校教育法第11条の体罰禁止規定を解除する運動を進めている。

　同会の趣意書は次のように述べる。[16]

　「体罰とは、進歩を目的とした有形力の行使です。体罰は教育です。それは、礼儀作法を身につけさせるための躾や、技芸、武術、学問を向上させて心身を鍛錬することなどと同様に、教育上の進歩を実現するにおいて必要不可欠なものなのです。（中略）人生において進歩向上すべき最も重要な時期に、不快なくして進歩しようとする怠惰な心の赴くままに身を委ねてしまうと、進歩することはできません。（中略）自主性とは理性が完成していることを前提としていますので、理性の未熟な子供に自主性を期待することはできません。そのために、教育的矯正が必要となってきます」

　「体罰の会」の加瀬英明会長は、「子供には体罰を含む教育を受ける権利があ

る」として、「子供を救うため」に、学校における体罰を見直すべきであるという。

「体罰の会」の発起人には、思想的に右派の人々の名前が並んでいる。また、スパルタ教育で有名な戸塚ヨットスクールの戸塚宏校長の名もある。

「体罰の会」の主張は、いわば「父性の原理」で子供を厳しく育てようとするものである。そして、体罰も虐待や暴力も混同している風潮に疑問を投じている。さらに、家庭体罰は認められているのに、学校体罰を禁じている今日の法体制の論理的矛盾を指摘している。

「体罰の会」は、今日の教育状況に憂いを抱いて活動しているが、桜宮高校事件以来の体罰問題を巡る状況の中で、国民各層からどのような支持を集めるのかどうか注目をしたい。

② 体罰の類型（向山モデル）

筆者は、かつて下記のように体罰の類型を整理した。[17]

体罰の類型（向山モデル）

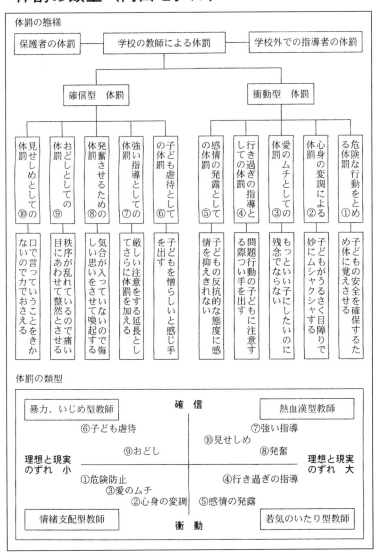

先ず、体罰を、「衝動型体罰」と「確信型体罰」に二分した。そして、「衝動型体罰」を①危険な行為を止める体罰、②（教師の）心身の変調による体罰、③愛のムチとしての体罰、④行き過ぎの指導としての体罰、⑤感情の発露としての体罰　に類型化した。また、「確信型体罰」を、⑥子供虐待としての体罰、⑦強い指導としての体罰、⑧発奮させるための体罰、⑨おどしとしての体罰、⑩見せしめとしての体罰　に区分した。

　これらの体罰の態様を、縦軸に「確信」と「衝動」の要素を置き、横軸に「理想と現実のずれ　大」「理想と現実のずれ　小」を置いて整理したのが、「向山モデル」である。

③　向山モデルでの教師の類型

　向山モデルの第1象限は、「確信」が「大」であり、「理想と現実のずれ」が「大」である時に起こる体罰である。ここには、⑦の強い指導としての体罰、⑧発奮させるための体罰、⑩見せしめとしての体罰が含まれる。この第1象限のような状況にあるのが「熱血漢型教師」である。

　運動部活動系の指導者が、自分のチームを強くしようとして厳しい指導を展開する。しかし、目の前の子供たちの動きが緩慢で、自らの指導に応えようとしない。特に、力を出し惜しみする主将の態度がチームの士気を低下させている。そのような時に、その指導者がチームメイトの前で気合を入れるために体罰をふるう。このような「熱血漢型指導者」が第1象限での体罰である。大阪の桜宮高校の事案もここに含まれる。

　第2象限は、「確信」が「大」であり、「理想と現実のずれ」が「小」である。ここには、⑥子供虐待としての体罰、⑨おどしとしての体罰　が含まれる。この第2象限のような状況にあるのが「暴力、いじめ型教師」である。

　例えば、若手のX教諭が子供たちを担任して1か月を経て次のような状況が生じた。

　学級の秩序が乱れ、学級担任である自分の指導を3年生の子供たちは聞こうとしない。運動会の全体練習開始も近いのに、集合時に整列も満足にできな

い。特に、後ろの男子4〜5名がいつもふざけ合っている。このようなときに「あなたたち、いいかげんにしなさい。そんな子たちは運動会に参加させないからね」とその男子たちの頭を次々にぶった。これが「おどしとしての体罰」である。このような体罰は、まだ教師と子供たちの間に体力差のある時期に行われる。

　第3象限は、「衝動」が「大」であり、「理想と現実のずれ」は「小」である。ここには、①危険な行為を止める体罰、②（教師の）心身の変調による体罰、③愛のムチとしての体罰が含まれる。

　X教諭は、学級経営がうまくいかずに行き詰まっており、不眠症で悩んでいた。今日も、多動なY君が掃除時間中に窓から身を乗り出して騒いでいた。それを見かけたX教諭は、「窓から落ちたら死んでしまうわよ」と叫びながらY君の頬を強くたたいて鼓膜を損傷してしまった。

　これが、第3象限の「情緒支配型教師」による体罰である。これらの体罰には、一定の情状酌量の余地のある事案も含まれている

　第4象限は、「衝動」が「大」であり、「理想と現実のずれ」が「大」である。ここには、④行き過ぎの指導としての体罰、⑤感情の発露としての体罰が含まれる。

　5年担任の若手のZ教諭は、明朗で子供の人気も高い。クラブ活動の時間、自分の学級のおとなしい子供に乱暴している6年生を注意した。しかし、翌週も同じように乱暴しているので、強く注意すると、ふてくされた態度で反抗してきた。そこで、Z教諭は思わず6年生の子供の足を蹴り飛ばした。それを6年生は、自分の学級担任に「あれは体罰だ」と訴えて明るみに出た。

　これは、第4象限の「若気のいたり型教師」により体罰である。私自身も、20代の頃に同様の経験がある。2009年最高裁判決の熊本県天草市で起きた事案もこの第4象限の状況に分類される。

④　体罰防止のために
　体罰の発生要因を、前述したように分類してみると、体罰発生のメカニズム

に迫ることができる。

それぞれの教師に、自分自身が第1象限から第4象限までのどこに位置づいているかを省察させる。例えば、新卒2年目の英語科教諭は、授業中は第4象限の状況にあり、放課後のバスケットボール部での指導は第1象限にあると分析した。

しかし、管理職は「おどしとしての体罰」の恐れがあるとみている。つまり、授業中の指導も部活動指導も、自身の力量不足を補おうとして、いたずらに強がっている。そのために、生徒との信頼関係がなかなか構築しにくい。このままではいつ衝動から体罰を行うかもしれない。

そこで、ヒヤリングの際に、授業や部活動の指導について、これまでの実践を冷静に振り返り、本質的な気付きを促し改善策を講じる。このようなリフレクションの機会を設けることで、体罰をさらに減少させることが可能である。

⑻ 体罰問題と毅然とした指導

桜宮高校の体罰事案をめぐる「騒動」で、当面は体罰件数は減少するかもしれない。しかし、やがて数年を経過すれば、元の状況にも戻っていく可能性を否定できない。それは、いじめ事案が「6年周期」なり「8年周期」でくり返されるのと同様である。

筆者の教師生活も体罰事案で振り返ると、いくつかの出来事がある。

1974年、新卒1年目、運動会練習中にいつもふざけて言うことを聞かぬ学年主任の学級の男子を私が蹴った。学年主任とともに歓送迎会の席でその保護者に詫びを入れた。

1990年、指導主事1年目、区内の体罰事案が4件発生し、その対応に追われた。1997年、東京都教育委員会指導主事として体罰指導資料作成プロジェクトの一員として携わった。東京都教育委員会に報告される体罰事案が後を絶たぬために、緊急的に召集されたチームだった。幼稚園、小学校、中学校、高校、養護学校（当時）籍の指導主事たちが参集して、東京都としての防止資料を作成し各学校へ配布した。

1999年、品川区教育委員会指導課長としても体罰事案とかかわった。ある中学校のバレーボール部顧問の女性教諭が体罰を起こして、生徒と保護者からボイコットにあい、出勤できなくなった。たまたま、品川区の学校を取材している大手新聞女性記者の目に留まり、自宅まで執拗に取材攻勢を受けた。筆者は、その女性記者に会い、女性教諭とその母親が心身に変調をきたすので、取材を控えてほしいと依頼した。幸い、女性記者も手を引き、取材攻勢から守ることはできた。しかし、今度は人事異動の壁があった。異動要件を満たしていない中での、他地区への異動は一筋縄ではなかった。何とか、関係者の努力で異動させることができ、本人はもとより校長をはじめ学校関係者も胸をなでおろした。

　体罰事案はこの他にも何回かあったが、体罰をした教員の弁明を丁寧に聞いた。その後も校長になって、所属教員が体罰を行ったという訴えがあり何回か対応した。その際にも、部下の弁明に耳を傾けた。

　多くの場合は、体罰をされたとする子供の側にも問題があり、やむにやまれずに行われた事案ばかりであった。教員の体罰を巡る行為を、一方的に断罪するのでは、学校の秩序維持はできない。これが、長年、体罰事案とかかわってきた実感である。

　教育行為は、冷静で大局的な観点で行われるべきである。決して、大衆迎合的な言説に左右されてはならない。子供の将来に責任を持つ者こそが、その信念と勇気をもってリードすべきである。

　10年後には、義務教育で学ぶ小中学生は1割減少する。将来の生産年齢人口がそれだけ減る。そういう中にあっても、今日の豊かな日本の国を維持していかなければならない。それを支えるのは、人間の生きる力と日本人の素晴らしい資質である。

　各学校では校内秩序を保ち、子供たちが落ち着いた環境の中で学習や生活ができるようにしなければならない。そのためには、これまで以上に教師の指導性を高め、教師の良き「聖性」を取り戻す必要がある。

　一連の体罰問題も、この視点から再度吟味することが肝要である。

221

〈引用・参考文献〉

（1） 大阪市教育委員会外部監察チーム（2013）『報告書』 P 9

（2） 前掲書 P 14

（3） 桜宮高校（2013）『学校評価書及び学校関係者評価書』

（4） 庄形篤（2011）『運動部活動における体罰受容のメカニズム―A高等学校女子ハンドボール部の事例―』P 46

（5） 内藤朝雄『いじめ加害者を厳罰にせよ』（2012）P 34 ベスト新書

（6） 東京都教育委員会（2013）『体罰調査委員会報告書』P 35

（7） 坂田仰（2013）「体罰と外部指導者」『内外教育』2013年 8 月 2 日号 P 19 時事通信社

（8） 前掲『体罰調査委員会報告書』 P 34

（9） 神奈川県教育委員会（2013）『体罰防止ガイドライン』 P 62

（10） 神奈川県教育委員会（2013）『体罰防止ガイドライン』 別冊「校内研修ツール子どもたちの思いとともに」

（11） 江森一郎（1989）『体罰の社会史』P 274 新曜社

（12） 早﨑元彦（2009）『体罰はいかに処分されたか』P 17及びP 155 法律文化社

（13） 金政克典（1992）『判決文にみる体罰発生の原因』P 136 兵庫教育大学大学院学位論文

（14） 滝充（2006）「『新たな荒れ』の克服をはかるマネージメント」『子どもの人間力を育てる学校改善マネージメント―その方策と実践―』 教職研修総合特集173号 P 108－110

（15） 学級経営研究会（1998）『学級経営をめぐる問題の現状とその対応―関係者間の信頼と連携による魅力ある学級づくり―』 国立教育政策研究所

（16） 体罰の会（2009）「『体罰の会』趣意書」

（17） 向山行雄（2003）『平成の校長学―学校バッシングとどう向き合うか―』 P 151 明治図書

3 いわゆる「学級崩壊」と教師

⑴ 全連小調査に見る「学級崩壊」の実態

① 全連小調査の概要

　全国連合小学校長会（以下、全連小と表記）は、全国2万の公立小学校長で組織する職能団体である。全連小は各委員会を組織して調査研究を行い、活動の基礎資料としている。その一つに健全育成委員会における調査研究がある。2013年度における健全育成委員会は、委員長は東京都、副委員長は埼玉県、書記は高知県の校長が務め、他に北海道から九州までの委員合計9名で組織している。

　健全育成委員会の調査内容は以下のとおりである。

○「少年非行」に関する現状と未然防止のための対応策
○「携帯電話やインターネット」等の犯罪に関する現状と対応策
○「学級経営上の諸問題」に関する現状と具体的な対応策
○「児童虐待」に関する現状と具体的な対応策
○「小1プロブレム」に関する現状と具体的な対応策
○「いじめや不登校」問題に関する現状と対応策
　同委員会の調査方法は次の通りである。
○調査期間　2013年7月6日から8月26日
○調査対象　各都道府県の校長10名を対象
○調査方法　質問紙及び自由記述
○調査結果　「平成25年度研究紀要」として2014年2月に発行、全国の会員
　及び関係機関やマスコミに配布。

　このうち「学級崩壊」についての調査は、「『学級経営上の諸問題』に関する現状と具体的な対応策」という項目において実施している。

② 学級崩壊の調査結果

　健全育成委員会では同調査の趣旨について次のように述べる。[1]

223

「近年、学校において、学級経営上の様々な問題、いわゆる『学級崩壊』が起きています。ここでは、『集団教育という学校の機能が成立しない学級の状況が一定期間継続し、学級担任による通常の手法では問題解決ができない状態に立ち至っている場合』（以下、『ある程度長期間にわたって機能しない状態』と表記する）について調査します」

2013年度調査では、全国約20100の公立小学校のうち、467校を対象に調査を行った。これは全公立小学校のうち約2.3%にあたる。

設問と回答の概要は以下のとおりである。

問1　あなたの学校で、平成24年度に「ある程度長期にわたって機能しない状態」の学級がありましたか。

○ある　34校（7.3%）

○ない　433校（92.7%）

　　この数年の経年変化は、次の通りである。

平成14（2002）年度　　14.6%

平成15（2003）年度　　10.0%

平成16（2004）年度　　11.0%

平成17（2005）年度　　11.1%

平成18（2006）年度　　11.7%

平成19（2007）年度　　13.4%

平成20（2008）年度　　10.4%

平成21（2009）年度　　14.9%

平成22（2010）年度　　11.8%

平成23（2011）年度　　 9.7%

平成24（2012）年度　　 7.3%

こうして、11年間の推移をみると、約10%程度の学校で、「学級崩壊」が見られる。2012年度の発生率は10%を下回ったが、この数年間は減少傾向にあると言える。

この調査から類推すると、全国の約2万校の公立小学校のうち1500校程度で

224

「学級崩壊」が生じていることになる。

なお、やや古いデータだが2001年の国立教育政策研究所の調査（全国公立小学校長・教員調査）によると、全国で抽出した1154小学校のうち、校長の26.0％、教員の32.4％が自分の勤務校に学級崩壊があると回答している。

同調査は、全国の20分の1の小学校1154校を無作為に抽出して質問紙で調査したものである。同調査は、校長と教員（教頭を含む）を対象に質問しているが、両者の「学級崩壊」についての認識には次のような「ずれ」がある。

① 教員と校長が一致して「崩壊」があると認知している学校
　　　　　　　53校［10.0％］
② 校長は「非崩壊」としているが、2名以上の教員が「崩壊」と認知している学校　　152校［25.2％］
③ 校長は「崩壊」としているが、2名以上の教員が「非崩壊」と認知している学校　　85校［16.1％］
④ 教員と校長が一致して「非崩壊」としている学校
　　　　　　　238校［45.1％］

同調査では、約4割の学校で校長と教員の間に認識の「ずれ」が見られた。

このように、学級崩壊の現象について実際に起きているのかどうかを判断するのは難しい作業であることを踏まえておく必要がある。その上で、各種調査を見ていくことにする。

同調査では、実に校長の4分の1が「自校に学級崩壊あり」と回答している。それに比べると、全連小の経年比較の調査では学級崩壊の発生率は10％程度の低い数字となっている。調査方法等にもよる違いかもしれぬが、現時点で両者の数値の違いについて分析できていない。

いずれにしても全国の約1～2割の小学校で学級崩壊のある学級が生じている可能性があり、ゆゆしき事態であるという認識をもつ必要がある。

全連小の平成25年度調査では、続いて次の質問をしている。

問2　あなたの学校の「ある程度長期間にわたって機能していない状態」の背景・原因として、どのようなことが考えられますか。（複数回答）

（　）は前年度　前年度の調査対象は466校

① 教師と児童、児童相互の好ましい人間関係を築けなかった　31校（36）

② 特別な支援や教育的配慮を必要とする児童がいた　22校（28）

③ 子供の気質の変化（我慢、集団行動ができず規範意識が薄れた）がある　14校（25）

④ 問題行動へ適切な対応ができず、その状況が広がった　14校（23）

⑤ 授業内容や方法に不満を持つ児童がいた　12校（20）

⑥ 家庭の教育力（しつけ等）が低下した　11校（19）

⑦ 幼少期からしつけ、生活習慣、社会性が積み上がっていない　15校（17）

⑧ 学校の学習についていけない児童がいた　9校（16）

⑨ 全体の児童に対して、生徒指導が行き届いていなかった　9校（3）

⑩ 対応が難しい保護者（無関心、過大な要求等）との信頼関係が築けなかった　13校（14）

⑪ 家庭との対話が不十分で信頼関係が築けず対応が遅れた　6校（11）

⑫ 職員間の連携、協力関係が築けなかった　0校（4）

⑬ その他　2校（5）

　同研究紀要での分析によると、「教師と児童、児童相互の好ましい人間関係を築けなかった」という回答が調査開始以来ずっと第1位を占めている。

　この回答での「好ましい人間関係が築けなかった」という回答は、「教師と児童の関係」と「児童相互の関係」の2つの面を包含している。仮に、「教師と児童の関係」が多ければ、それは直接的に教師側の資質に問題があることになる。また、「児童相互の関係」が多ければ、それは教師の資質の課題と児童自身の課題の両面によるものということになる。いずれにしても、前者の面が多いのか、後者が多いのかは、この調査からは判別することはできない。

　第2位以下の内容を見ると、③④⑥⑦のように児童や家庭の側に原因があるという回答が目立つ。また、②⑤⑧のように児童の側とそれに十分対応できない教師の側の課題との複合的な回答も目立つ。

前年の2012年度調査では、回答④についてさらに詳しく内容を分析している。

> 　問4　「④　問題行動へ適切な対応ができず、その状況が広がった」または「⑤　授業内容や方法に不満を持つ児童がいた」と回答した学校で、こうした状態は平成22年度よりも23年度に増えていますか。
> 　増えている　11校　変わらない　13校　減っている　4校　合計28校

　これは、教師の資質にかかわる内容であり、2012年度に初めて実施した調査である。2年間だけの調査であるので、もうしばらく経年変化を見ないと判断しにくい。だが、「教師の側に問題あり」とする傾向が、今後、強まる可能性があるような予測をしている。

　また、上記の学級担任の経験年数は次のとおりである（該当者33名）。3年以下　6名、4～10年　2名、11～20年　7名、21年から30年　11名、31年以上　7名　という結果である。

　この結果から見ると、どの年代の教員にも分布しており、若年者に多いとかベテラン教員に多いというような見方をすることはできない。

③　学級崩壊と校長の対応

　平成25年度の本調査では、学級崩壊への校長の対応についても内容を記している。

> 　問3　あなたの学校で「ある程度長期間にわたって機能しない状態」が見られたとき、校長としてどのような対応をしてきましたか。（複数回答）
> 　（　）は前年度　調査対象は467校（前年度466校）
> ①学級・学年で抱え込むようなことをさせず全校での指導体制づくりを行った　31校（44）
> ②学級担任以外の教員が当該学級に入るなど、複数教員（ＴＴ）で対応した　30校（37）
> ③学習指導のあり方について、担任を指導してきた（授業改善）　25校（37）
> ④規律、規範意識や生徒指導のあり方について、担任を指導してきた

22校（29）

⑤指導方法の改善をした（少人数指導・教科担任制・交換授業など）

　17校（26）

⑥学級ＰＴＡを開催するなど、保護者との連携を強化してきた　10校（18）

⑦校内で研修の場を設けた　　　　　8校（17）

⑧学級担任を交代させた　　　　1校（5）

⑨エンカウンター等を取り入れた、人間関係づくりの柔軟な学級経営を指導

　した　6校（5）

⑩その他　3校（5）

　この調査からは、学級崩壊に際して校長がさまざまな対応策を講じている様子を覗うことができる。また、回答の1位と2位で、学級崩壊への対応を学級担任だけではなく、組織として取り組んでいる様子が読み取れる。

　筆者も11年間の校長時代に、学級崩壊寸前まで至ったケースを3回体験している。いずれの教師も児童との良好な関係を築くことができなかった。できれば、学級担任を交代させたかったが、校内にその余裕はない。副校長が主となって、その学級に入り、授業や授業補助を行う。また、他の教師が体育や給食などで、ＴＴとして加わる。保護者の応援を依頼する、などの方策を講じた。さらに、学級担任への指導を行い、授業改善を図ったり学級経営の見直しを進めたりした。

　本調査の上位の回答を占める方策を、筆者自身も進めてきたことになる。しかし、どの学級も完全な解決には至らず、翌年度、学級担任を交代させてようやく正常化させることができた。

④　学級崩壊防止のための方策

　同調査では、学級崩壊防止のための方策についてもまとめている。

　問4　あなたの学校で「ある程度長期にわたって機能していない状態」が起きないよう、未然防止のために、校長としてどのようなことに取り組みましたか。（複数回答）

（　）は前年度　調査対象は467校（前年度は466校）

①わかる授業の推進を図った　405校（363）

②定期的に校内巡視や授業観察を実施した　268校（321）

③教職員間の連携、協力体制の確立を図った　288校（312）

④思いやりの心、助け合う心等、豊かな心の育成を図った　304校（274）

⑤基本的な生活習慣の徹底を図った　282校（274）

⑥学校全体の規律、規範意識の高揚を図った　218校（256）

⑦指導方法の改善（少人数指導・教科担任制・交換授業等）を図った
　254校（253）

⑧校内研修（授業研究）の充実を図った　179校（230）

⑨学級担任の能力に配慮した校内人事の推進を図った　215校（228）

⑩異学年集会等の推進を図った　201校（198）

⑪楽しい学校生活の推進を図った　225校（191）

⑫児童観のとらえ直し等、校内研修（生徒指導、特別支援教育）の充実を
　図った　157校（190）

⑬体験的な活動を取り入れた授業の推進を図った　168校（156）

⑭学校通信、学級通信等による保護者への情報提供や啓発と連携を図った
　127校（127）

⑮その他　　　　　　　　　　11校（9）

　上記の回答は調査対象467校から寄せられたものである。総回答数は3302であり、1校が平均して7.1件の対策を講じていることが読み取れる。各小学校においては、このように学級崩壊を未然に防止するための方策を、できる限り実施していると見てよいであろう。

　よい授業は、最良の学級経営につながる。各校長は、授業充実のための実践に力を入れている。回答の中で①⑦⑧⑬は、直接授業改善を目指した方策である。また、②④⑫なども授業改善にかかわる方策である。

　さらに、校内体制づくりに努力する姿も読み取れる。③⑥⑨⑩等は、その一例である。

以上のように、全連小の最新の調査から、近年の学級崩壊の状況と各小学校での対応の一端が読み取れた。

⑵　1990年代の「学級崩壊」

①　「学級崩壊」への区教育委員会の対応

　1998年の品川区議会や教育委員会定例会において、「学級崩壊」についての対策を質問される場面がしばしばあった。

　ある小学校では、高学年の多くの学級において学級崩壊となり、疲弊した校長は早期退職をした。教育委員会から指導主事を派遣して、学級担任に日々の教育活動を助言する体制を組んだ。また、他校で管理職候補者の加配教員を引きはがして、臨時に当該校へ配置した。卒業式の主賓には、指導課長である筆者自身が出かけて、児童に話をするようにした。

　ある中学校においては、学校全体のいくつもの学級において授業が成立しない状態が続いた。筆者が直接、その中学校に出向いて生徒の状況を観察して校長と相談したり、元中学校長の指導員を派遣したりして学校をサポートした。

　しかし、このような事案が相次いで発生して、教育委員会や学校のスタッフだけでは、十分に対応できない状況に至った。こうした深刻な事態を背景として、品川区の学校教育の抜本的な改革案である『プラン21』を策定することになる。その中に、「学校選択制」や「小中一貫教育」などの施策を位置づけた。これが1999年秋のことである。

　では、それ以前に「学級崩壊」はどのような過程を経て、急速に広がっていたのであろうか。少しさかのぼる。

②　「学級崩壊」以前　1990年代半ばの頃

　1989年から5年間、文京区教育委員会において健全育成の仕事をした後、1995年、1996年に東京都教育庁指導部の指導主事として、東京都の健全育成の担当をしていた。毎月、各区市教育委員会の健全育成担当指導主事から管内の状況について報告がある。それらをまとめて、東京都の健全育成の施策に生か

していく。その中で、学級が成立していない深刻な事例が報告されるようになった。それは旧来の問題児童生徒がリーダーとなって、教師に反抗的な行動をとるといった事案とは異なるものであった。筆者自身は、文京区教育委員会時代の1993年頃から、「小学校における荒れた学級」の存在について関心があり、1995年に東京都教育委員会に転出してからも、一定の問題意識はもっていた。だが、その当時、「学級の荒れた状況」について東京都や各区市町村が有効な方策を講じていたかというと、それは十分にできてはいなかった。

　ちょうどその時代、全国的に「いじめ問題」に関心が向いていた。前述したように、1994年11月27日、愛知県西尾市でいじめを原因とする自殺事件が発生した。マスコミはそのことを大きく取り上げ、1年間で少なくとも10名のいじめを原因とする自殺が相次いだ。東京都においても都知事を本部長とする東京都いじめ問題緊急対策本部を設置し、全庁を挙げていじめ問題に取り組んだ。

　1995年、筆者は先輩指導主事と2名で東京都内に配布するいじめ問題の冊子作成に忙殺されていた。さらに1996年には、いじめ対策室員としての仕事も担当するようになった。とても「学級崩壊」に向けて、新たな対策を企画するだけの余力はなかった。おそらく、あの時代、どの教育委員会においても「いじめ問題」の対応に追われ、「学級崩壊」にまで手が回らなかったのではないかと推察する。

　このように、いじめ問題への対応に全国の学校が汲々としていた時期に、実は「学級崩壊」がひたひたと多発していたのである。とかく、教育界ではある深刻な事案が発生すると、そこにばかり対策がシフトしてしまい、他の面での課題がないがしろにされる傾向がある。

　むろん、当事者は全体的な視野で仕事をしている姿勢はもっている。だが、マスコミや議会などが、目の前の事案ばかりに注目するので、時流に流されてしまいがちになる。

　1990年代の半ば頃、「学級崩壊」は、全国の学校を次第に襲っていったのである。

③ 「学級崩壊」登場　1997年から

　このような時代を経て、1997年頃から「学級崩壊」という用語がマスコミにおいて使用されるようになった。1997年5月には、神戸市において、14歳少年による連続殺人事件が発生し、日本国中が騒然となった。少年の問題行動について、しばらくの間は国民の関心が続いた。

　高橋克巳・綾牧子（2008）は、学級崩壊がクローズアップされてきた頃のテレビ番組として次の5番組を分析している。

1997年4月6日　日本テレビ「ＮＮＮドキュメント'97　学級崩壊～格闘する教師たち～」

1998年4月2日　ＮＨＫ「クローズアップ現代　学級崩壊　小学校で授業ができない」

1998年4月11日　ＮＨＫ「教育トゥデイ'98　学校の悲鳴が聞こえる
第1回　学級崩壊の危機の中で」

1998年6月19日　ＮＨＫ「ＮＨＫスペシャル　学校・荒れる心にどう向き合うか　第1回　広がる学級崩壊」

2006年7月30日　日本テレビ「ＮＮＮドキュメント'06　子供達の心が見えない～教師17年目の苦悩～」

　そして、分析した結果を次のように述べる。

　「子どもたちが学級崩壊を起こす原因として、初期の段階では、社会の背景を踏まえて総合的に考えられていたが、徐々に、その矛先が教師、特に学級担任教師に向けられる傾向が強くなっている。

　（中略）現在では『変化した子どもに、教師がうまく対応していくことが『学級崩壊』の解決策であり、その力量のない教師は指導力不足である。』あるいは、『変化した児童生徒に対応できない教師が『学級崩壊』を引き起こす』といった原因帰属様式が主流になってきた。こうした原因帰属をすることによって、社会問題としての『学級崩壊』問題は次第に沈静化が図られてきていると考えられる」。[2]

　なお、高橋らの分析によれば、新聞における「学級崩壊」の記事数の多かっ

232

た時期は次のとおりであり、月間で50回を超えていた。

朝日新聞　1999年3月～5月頃

讀賣新聞　2000年2月頃

毎日新聞　2000年1月頃

その後2002年4月頃から減少して、学級崩壊の記事は何回かの例外を除いて月間10回未満になった。

この中で、1998年6月19日にNHKで放映された「広がる学級崩壊」では、堺市立宮園小学校1年と4年での荒れる教室の様子が描かれた。NHKのゴールデンタイムでの放映は、多くの国民にインパクトを与えたと推察する。前述した品川区教育委員会時代の区議会や教育委員会例会での「学級崩壊」に関する質問は、一連の報道で学校への不安感・不信感を抱いた区民の声を代弁するものであった。

品川区では、今では一般的になった「学校公開」を実施していて、保護者はもとより一般区民にも「普段着の学校の教育活動」の参観を実施していた。年間に2～3時間行う「授業参観」とは異なり、一定期間学校の教育活動全体を参観できる「学校公開」で、保護者や住民は学校の「真実の姿」を確認できる。

学校公開に参加した保護者住民は、ごく一部には心配な学級があるものの、ほとんどの学級では正常な教育活動が行われている光景を目にする。そして、報道されている「学級崩壊」と現実の落差を再確認する。まさに、品川区では「百聞は一見にしかず」という状況をつくることができた。だがこの時代、多くの自治体では、まだ学校公開制度を設けておらず、普段着の学校を見ることのできぬ保護者や住民の不安は大きいものであったに違いない。

それゆえ、マスコミの「学級崩壊」報道は続く。およそ、「いじめ」でも「体罰」でも「校内暴力」・「少年非行」や「学力低下」「教師の不祥事」でも、教育問題は読者が関心を抱く間は、繰り返し報道される。しばらくして、ぱたりとやむと重大な事案でも、取り上げなくなる。報道を目にしなくなると国民の多くはそれで問題が解決したと錯覚する。そして、深く沈殿して、数年を置

233

いてまた同じ問題が炎上する。

さて、こうした中で、1999年1月には、日本教職員組合（日教組）全国教職員組合（全教）も、全国教育研究集会において、「学級崩壊」をメインテーマとして取り上げた。

文科省も、「学級崩壊」についての調査を開始する。それが次の調査である。

④　国立教育政策研究所「学級崩壊」調査　1999年

1999年の国立教育政策研究所の調査では学級崩壊の発生学年は1年生で11.3％、2年生で9.3％、3年生で14.0％、4年生で14.0％、5年生で28.6％、6年生で22.6％となっている。この結果から見ると、学級崩壊は高学年で高い発生率となっているが、低学年を含めたどの学年でも起こり得ることがわかる。

1999年9月、国研は「学級経営研究会」に委託した調査「いわゆる『学級崩壊』について～『学級経営の充実に関する調査研究』」の中間報告を発表した。

その中で、「『学級がうまく機能しない状況』の要因としては、学級担任の指導力不足の問題や学校の対応の問題、児童生徒の生活や人間関係の変化及び家庭・地域社会の教育力の低下などが考えられること」「これらはある一つの『原因』によって『結果』が生まれるかのような単純な対応関係ではなく、複合的な要因が積み重なって起こるものであること、問題解決のための特効薬はなく、複合している諸要因に一つ一つ丁寧に対処していかなければならないものと考えること」などの提言をした。

また、「学級がうまく機能しない状況」にあるとした事例を10のケースに類型化した。以下のとおりである。

①就学前教育の連携・協力が不足している
②特別な教育的配慮や支援を必要とする子供がいる
③必要な養育を家庭で受けていない子供がいる
④授業の内容と方法に不満を持つ子供がいる
⑤いじめなどの問題行動への適切な対応が遅れた

⑥校長のリーダーシップや校内の連携・協力が確立していない

⑦教師の学級経営が柔軟性を欠いている

⑧学校と家庭などとの対話が不十分で信頼関係が築けず対応が遅れた

⑨校内での研究や実践の成果が学校全体で生かされなかった

⑩家庭のしつけや学校の対応に問題があった

　①の就学前教育が回答の一つ目にある。このことから、すでにこの時点で、後に話題になる「小1プロブレム」にかかわる事例が報告されている。

　1989年度版の幼稚園教育要領による、「環境を通しての保育」が定着していた。各幼稚園では、幼児が自分の望む遊びで自己発揮する姿を追い求める実践が行われていた。筆者は、1991～1992年に文京区において幼稚園教育担当指導主事を務め、年間40回程度、幼稚園の園内研修に出かけ実践を参観していた。時には、幼稚園長を兼任する小学校長が、「自由すぎる保育」について、疑問を呈する場面に何回か遭遇した。つまり、小学校長の中には、もっと集団遊びなどを通して集団生活になじむようにすべきではないかという考えをもつ人がいたのである。

　もちろん、「環境を通しての保育」は幼児教育の基本であり、幼児が自己を発揮し個性や感性、創造性を育む教育が重要なことは言うまでもない。

　だが、こうした時代の中で、後に、小学校に入学しても、じっとしていられなかったり、教室内を歩き回ったりする子供の姿が報告され、次第に「小1プロブレム」が大きな話題になるのである。

　②の特別支援にかかわる回答が2つ目にある。このことから、通常の学級に在籍する特別な支援を必要とする児童の指導に困惑する学校の姿が読み取れる。通常の学級に、教師の指示が行き届かず、集団行動ができない児童が一定数存在することはすでに学校現場では知られていた。

　しかし、今日のように発達障害の児童を含めて特別支援教育を進めるという環境は未整備であった。また。通常の学級にどの程度対象となる児童が在籍するのか、まだ実態調査も行われていなかった。そういう時期でありながら、1999年段階で、学級がうまく機能しない類型の2つ目に挙げられている。

文京区で心身障害教育（当時）を担当していた1993年当時、区内Ｓ小学校の１年１組に複数の「手のかかる」児童が入学して学級が成り立たないという訴えがＳ小学校長から寄せられ、Ｔ指導室長と学級参観に出かけた。学級担任のＯ教諭（のちに校長）は力量の高い教員であったが、複数の子供を脇に１年生を抱えながら授業を進める光景に驚愕した。早速、所要の人的措置を取りかろうじて学級崩壊を食い止めることができた。

　③の家庭の養育ができていないという回答も今日に通ずるものである。

　父母の離別や死別、虐待やネグレクト、経済的な貧困や保護者の怠惰な生活等の理由から、児童が問題行動を起こすケースがある。また、児童に受験準備で過度のストレスを与えたり、金品の過剰な付与をしたりした結果、児童は学校での集団生活になじめなくなる。そして、教師に反抗的な態度をとるようになるケースがある。

　④は授業内容への不満である。1990年代の東京都の「子供基本調査」（小学校３年、５年、中学校２年を対象）では、授業内容への満足度は４割程度であり、約３割の児童は「難しすぎる」、もう約３割の児童は「簡単すぎる」として、授業理解度の格差が生じている実態が明らかになっていた。

　過半数の児童生徒が授業に満足していない実態は、深刻である。何らかの原因から教師への不満へとつながり、学級崩壊を引き起こす火種となる。

　このように見てくると、1999年段階での「学級がうまく機能しない状況」の類型は、いずれも今日的であることがわかる。

⑤　国立教育政策研究所調査報告　2000年
　国研は、2000年３月、学級崩壊についての報告を発表した。その中で、150の事例を分析して、以下の対応策を６点示した。

①状況をまずは受け止めること
②「困難さ」と丁寧に向き合うこと
③子供観のとらえ直し
④信頼関係づくりとコミュニケーションの充実

⑤教育と福祉、医療などの境界を超える連携・協力

⑥考え工夫したり研修を充実したりするなど、考え試みる習慣と知恵の伝承

①の「状況をまずは受け止めること」は、当たり前のことではあるが、当事者にとっては難しいものである。特に、学級崩壊を起こした当該の学級担任にとってはつらい日々であり、時には心身の変調を招くことさえある。管理職にとっても、早く沈静化させようと必死であり、心の余裕を失うこともある。それでも、まずは「学級崩壊」をあるがまま受け止め、そこから打開策を考えることが大切であるとしている。

②の「困難さと丁寧に向き合うこと」も、①と関連している。困難さを受け止め、その原因をさぐり、「丁寧に」対応することが大切であるとしているのである。

子供の問題行動に際しては臨機応変に判断しなければいけない。「丁寧に」対応するのは難しい場面がある。

始業式の校庭、持ち上がりの４年生の２学級を指導しているＴ教諭。横には今日から新担任になったＫ主任。男子の一部（ＸやＹなど）がＴ教諭の言うことを聞かずに歩き回る。Ｔ教諭の叱責が届かない。初日からＫ主任教諭に叱責させるのは気の毒である。そこで、校長である筆者がそばに行って、子供を厳しく指導した。児童はその場では、おとなしくなった。

数か月後、相変わらずＴ教諭の教室は落ち着かない。日ごろからＴ教諭に反抗的なＸがエスケープした。体育館で発見され、校長指導をしてほしいと校長室に連れて来た。まずはＸを腰かけさせた。そして、「走り回ったからのどが渇いたろう」と言って、校長室の来客用の茶碗でお茶を入れた。「Ｘ君お茶でも飲むか」。しかし、Ｘは飲もうとしない。私は黙って、わざとのんびりと茶を飲む。しばらくして、落ち着きを取り戻したＸはお茶を飲み始めた。静かな空気が校長室に漂い、ただ二人で黙って茶をすする。頃合いを見計らって、「教室に行くか」と問う。「はい」とＸ。「ひとりで行けるか？校長先生も一緒に行ってあげようか？」「ダイジョウブ」と答えるＸ。その後も、教室から抜け出たＸをクールダウンさせる機会があった。しばらくして転校したＸ。母親

と展覧会を見に来て、筆者を見つけると満面の笑みであいさつした。

これが「丁寧に」対応するということである。しかし、こうした対応ができるようになるまでに教師は、一定の年月を必要とする。

国研の報告では、この後の取り組みポイントとして次の5つを掲げている。

①早期の実態把握と早期対応
②子供の実態を踏まえた魅力ある学級づくり
③ＴＴなどの協力的な指導体制の確立と校内組織の活用
④保護者などとの緊密な連携と一体的な取り組み
⑤教育委員会や関係機関との積極的な連携

取り組みポイント①は「早期の実態把握と早期対応」である。4月に新しい学級担任と出会った子供は、しばらくは教師の行動や態度を注視している。教師も児童の様子を注意深く観察している。出会ってから1週間や2週間は、まだ学級全体が機能不全に陥ることはない。

しかし、学級崩壊の因子は教室内のあちらこちらに散在している。算数の時間、問題を解いた児童が教師に見てもらうために教卓に来る。教師の丸つけが遅く、7名から8名の長い列ができる。列の後ろの子供は勝手にお喋りする。教師は必死で丸つけをしていて、待っている子供の列の長さに気付かない。この時点で、すでに「学級崩壊」の芽が出現する。しかし、学級担任自身も多くの管理職も、そのような些細な場面を見逃している。

「早期の実態把握」は大切だが、「学級崩壊」の萌芽を見抜けるかどうか、それは教師の力量に負うところが大きい。

仮にこの事例で、「学級崩壊」の萌芽をとらえたら、丸つけで7名から8名も列を作るような状態にしない授業にする必要がある。それが「早期対応」である。

取り組みポイントの②は、「子供の実態把握」と「魅力ある学級づくり」である。「子供の実態把握」とは、子供の『実像』に教師がどれだけアプローチできるかがカギである。

子供を理解するためには、知的側面、情意的側面、社会的側面、身体的側面

からとらえる必要がある。各種調査やテスト、健康診断や家庭調査票などから児童のプロフィールの外観はとらえられる。しかし、それは子供の「実態」の一部であり、『実像』をとらえたことにはならない。教師は、日々の児童観察や作品分析等をして、さらに自分のその行為をよくリフレクション（省察）して、『実像』に迫るようにしなければならない。

その上で、「魅力ある学級づくり」をポイントとして挙げている。「魅力ある学級」とは、どの児童も学級内に「安定した居場所」がある学級である。そして、学校生活のいずれかの場面で、自己実現できる機会が得られるように学級担任が工夫や努力を続けている学級である

子供一人一人が「安定した居場所」を確保するためには、子供自身の学級生活が安心して送れるように保障しなければいけない。したがって、仲間はずれやいじめまがいの行為を、可能な限り取り除いてやる必要がある。そこには教師の集団統率力や児童を守る断固たる強い意志が体現されることが肝要である。ふわふわした「お友達関係」のような教師と子供の関わりからは、そうした学級経営の雰囲気は醸成されない。

また、子供一人一人に自己実現の機会を与えるには、その「よさや可能性」を見出して、それを引き出してやらなければならない。

30歳の時に担任した５年のＫ男は算数の九九の習得が不十分であり、３年生以降の算数の数量関係の理解ができていなかった。連日の居残り勉強の特訓で、九九をマスターさせてから算数のテストで６割から７割を得点できるまで回復した。運動能力に秀でていたわけではないが、６年生になって始めた陸上競技の早朝練習で長距離走の素質があると見た私は、Ｋ男に長距離走の練習を奨励した。

夏の３校対抗水泳大会で50M平泳ぎで好成績をおさめ、秋の５校対抗戦の長距離走で優勝したＫ男は、３年後、都立普通科高校に合格する。

学習に遅れ、居場所をなくしていたＫ男は、小学校中学年頃から学校中で評判の「問題児」であった。しかし、学校生活を通じて自己実現の場を得て、苦手な算数・数学に挑戦し、都立高校普通科合格までの学力を身に付けた。

239

このように、国研の示したポイントを着実に実践できれば学級崩壊を防げるのではないかと考える。

⑶　河村茂雄の学級集団についての調査

①　「理想の学級集団」について

　河村茂雄（2006）は、学級集団の状態について以下の調査を実施した。

○調査対象　関東　東北　北陸　中部の1都8県（延べ約1800学級　5万人の児童生徒）

○調査時期　2005年10月から2006年1月

○調査内容　児童生徒の学級生活の満足度や学習意欲　学力の定着等

　この調査について、河村は次のように分析している。[3]

　「共同体的な特性をもつ日本の学級集団では、児童生徒の学級生活の満足度は、物理的な1学級の児童生徒数よりも、共同体的側面である学級内の児童生徒同士の人間関係のあり方、学級集団の集団としての雰囲気や状態、教師の学級経営や指導や援助のあり方がより大きな影響を与えるのではないだろうか」

　そして、「望ましい学級集団には次の4つの要素が成立している」とする。

A　集団内の規律、共有された行動様式

B　集団内の児童生徒同士の良好な人間関係、役割交流だけでなく、感情交流や内面的なかかわりを含んだ親和的な人間関係

C　一人一人の子供が学習や学級活動に意欲的に取り組もうとする意欲と行動する習慣。同時に子供同士で学び合う姿勢と行動する習慣

D　集団内に、子供たちの中から自主的に活動しようとする意欲、行動するシステム

　河村は4つの要素のうち，特にAとBが「最低限の必要条件」として、この要素の組み合わせで学級集団を4つの状態に分類する。

①満足型　AとBが統合されて成立している

②管理型　Aに比重が偏って成立している

③なれあい型　Bに比重が偏って成立している

④拡散型　AとBがともに成立していない

　そして、学級集団の状態といじめの発生率との関連を述べている。「小学校では満足型学級を1とすると、管理型で2.4倍、なれあい型で3.6倍、中学校では管理型が1.6倍、なれあい型が2.0倍であることが分かった」。[4]

　また、前述したAからDの4点を満たす状態などの「日本型の理想の学級集団」の構造を検討するために以下の調査を実施した。

○調査対象　関東　近畿　東北　北陸の小中学校で事前に研究の同意を得られた小学校16校　中学校16校　各学年×10学級
○調査時期　2006年4月から2009年12月
○QUESTIONNAIRE – UTILITIES（Q – U）とNorm Referenced – Test（NRT）を実施し、児童生徒の学級生活の満足度や学習意欲、学力の定着度を測定。研究協力者が各学級に赴いて観察記録をまとめる

　そして、「自治的集団成立期の状態」「理想の学級集団」であるとする26学級を取り上げ、次のように整理した。[5]

①個人の士気と同時に集団士気が高まっている
②集団生産性が高まる取り組み方法　協同体制・自治体制が確立している
③集団斉一性が高くなっている[6]
④集団内の子供たちの自己開示性と愛他性が高まっている
⑤集団凝集性が高まっている
⑥集団機能・PM機能が子供たち側から強く発揮されている
⑦⑥を強化する集団圧が高まっている[7]

　理想の学級では、集団での意見や行動での一致度が高いとし、その背景には「集団規範が多くの領域で共有されている」「ルーティンの行動が多く見られる」としている。また、「理想の学級集団」では、「学級集団のルールを守ること、責任ある建設的な行動をとること、一人一人を大事にする雰囲気を守るような集団圧が働いている」としている。

　さらに、集団の基底要因として「集団同一視が強まって」いて、「担任教師に対する同一視」「学級内の子供同士の同一視」「学級集団自体への同一視」が

241

見られるとしている。

② 「理想の学級集団」を形成する教師の具体的対応

　河村は「理想の学級集団」の担任教師に対しての聞き取り調査を整理して、教師による子供たちへの働きかけを「認知（思考）―行動―感情」の面からまとめた。

　例えば、「認知（思考）」に働きかける取り組みでは、「朝の会、帰りの会、授業や行事のときに、集団の和や団結の必要性、協調性の大事さを教師が語ることが多く、子供たちの意識が方向づけられる。今月の目標、今週の目標など、定期的で小刻みな目標を通して、子供たちの意識が方向づけられる」というような担任教師の行為を示している。

　次に、行動に働きかける例では、「日々の教室移動、全校整列、授業の準備・受け方、給食の準備・食べ方、掃除の手順などについて一定の方法が示され、その型に従った行動が促される」というような状態を示している。

　さらに、感情に働きかける例では、「行事などへの学級全体の取り組みでは、事後に反省会・振り返りの会が設定され、取組み方や行動の是非とともに、そのときの感情が学級全体や班で交流される。また、逸脱行動や対人関係トラブルには、人の気持ちになることを促し、子供の感情や罪悪感に訴え、行動を変えさせたりしようとする感情型の叱責法をとることが多い」という学級の状態を示している。

　そして、河村は「理想の学級集団にするためには、学級に集まった子供たちが、ものの考え方・価値観、行動の仕方につながる生活習慣、似たような感情にいたる生活体験を、ある程度同じように共有していることが求められる」とし、「幼少期の生活環境が大きく異なり、共有できにくい子供たちが集まった学級では、理想の学級集団の状態にするのは困難になってくることが想定される」と警告している。[8]

242

③　日本型学級集団の危うさ

　河村は、近年の社会の変化や児童の変化によって、日本型学級集団を形成し
ていく難しさについて次のように言う。「日本の教育現場は、依然、学級集団
を単位とした一斉指導を中心とした教育活動の展開を継続しているのである。
そして、従来型の理想の学級集団の形成をめざすものの、現代の子供たちの実
態に応じてどのように学級経営を展開すればいいのかという方法論が見いだせ
ないまま、多くの教師たちが苦戦しているのではないか」。[9]

　また、河村は学校の置かれている地域性に着目し、「生活共同体的の雰囲気
を持つ日本型の理想の学級集団を成立させるには、地域に生活共同体の要素が
強く残っている地域、住民同士のかかわりが相対的に強い地域が、好条件にな
ることが想定されるのである」[10]

　筆者は、全国各地の小学校長と学級集団の様子について協議をしてきた。そ
の経験からいうと、例えば東日本地区の各県代表の会議では、「白河の関」を
越えて関東圏に入る地域で、様々な課題を報告する県が目立っていた。これは
北陸から、関西圏内に入る地域でも同様である。

　河村が言うように、「住民同士のかかわりが相対的に強い地域」では、深刻
な課題が少ないという認識を筆者自身も感じていた。

　秋田県は、近年の全国学力・学習状況調査でトップを続けている。その理由
を、秋田県では、これまでの教育委員会や学校の努力の結果としている、それ
は「多」としたいし、家庭教育の良さも一定の説得力がある。だが、少人数指
導や家庭連携など、これらの施策は多かれ少なかれ他の都道府県でも実践して
いることであり、トップを走り続ける理由としてはやや説得力に欠ける。

　しかし、「なまはげや竿灯」にみる秋田県の伝統行事から、「畏敬の念」や
「技術の伝承」などの、かつての生活共同体で大切にされていた「価値観」が
いまだに健全に保たれていることは感じる。竿灯をあやつる集団内には、必ず
「若」の半纏をまとった幼少のグループが小型の竿灯を掲げている姿がある。
懸命に竿灯をあやつる子供たちの姿は胸を打つものがある。

　まさに、生活共同体としての地域の息吹を感じる。これは、徳島県の阿波踊

りでも富山県のおわら風の盆でも同様である。

　こうした、地域社会のかかわりの深い地域がある一方で、都市部とその周辺を中心にコミュニティの形成が不十分な地域も散見される。

　東京都公立小学校長会では、各地の事例を集めて協議する機会を設定している。これまでの常識では考えられぬ事例も紹介され、従来の学級経営ができにくいという報告が挙がっている。

　その理由は、地域社会の変貌だけでなく、両親の離別や家庭崩壊、保護者の不適切な養育、保護者の無理難題要求、特別に支援を要する児童や日本語の話せない児童の増加、若手教師の集団統率力の欠如、児童自身の変貌、就学前教育の課題、学校の多忙感の深まり、学校内のミドルリーダーの不足など枚挙にいとまがない。

⑷　特別支援教育と学級崩壊

①　特別な支援を必要とする児童

　特別な支援を必要とする児童と学級崩壊について考える。平成24年の文科省調査によれば、通常の学級には、約6.5％程度、特別な支援を必要とする児童生徒が在籍している。

　また全連小特別支援教育委員会でも、通常の学級に在籍する「発達障害のある児童、またはその疑いのある児童」について、全国の約４％の小学校を抽出して調査している。その結果は次のとおりである。

平成20	(2008)	年度	2.5%
平成21	(2009)	年度	3.0%
平成22	(2010)	年度	3.9%
平成23	(2011)	年度	3.3%
平成24	(2012)	年度	3.6%
平成25	(2013)	調査方法変更	

　こうしてみると、文科省調査に比べて在籍の割合が少ないという結果になっている。毎年、調査対象校は変わるものの、全連小会員である校長が自らの責

任で回答しているので、その数字は一定の説得力をもつ。

　全連小2013年度調査では、指導上困難を感じているのはどんなことかと尋ねている。その結果は次のとおりである。　［複数回答　788校］

①こだわりがある	602校
②注意や指示が通らない	577校
③友達とのトラブルが多い	568校
④集団行動がとりにくい	563校
⑤学習に大幅な遅れがある	550校
⑥規則や約束が守れない	412校
⑦自分の持ち物の管理ができない	393校
⑧私語が多く、授業の進行を妨げる	329校
⑨他の児童へ暴力的行為に及ぶ場合がある	320校
⑩離席が多く、授業に参加できない	319校
⑪教室外に出てしまう	278校
⑫その他	27校

　この調査結果から、②、③、④、⑧、⑨、⑩、⑪等、直接、学級崩壊に直結する回答が多く寄せられている。

　例えば②の「注意や指示が通らない」という回答では、教師の意図した教育活動ができにくい。また、当該児童が指示通りに活動しない姿を他の児童がまねて、集団規律が乱れる恐れがある。また、それを注意しても、当該児童が言うことを聞かない（理解しない）ので、それを目撃した他の児童は、教師への不信感を抱く。

　「集団行動がとりにくい」という回答では遠足や運動会などの全校行事の場面でも、集団とは別の行動をとりがちである。他の教師の理解や、他学級の児童の理解が得られていないと、当該児童へのいじめや「学年崩壊」に発展する恐れもある。「人とのトラブルが多い」という回答からも、それが学級崩壊の要因になると推察される。

　発達障害の児童は、他の児童とコミュニケーションを取るのが苦手であり、

245

しばしばトラブルを生じがちである。初めは、2名だけの些細なトラブルが、やがては学級全体の複雑なトラブルを誘発させる可能性もある。

　こうした困難状況では、学級担任以外のサポートも必要である。教育的支援の現状は、以下のとおりである。（複数回答）

①通常の学級で担任ができる範囲での支援	627校
②通常の学級で担任以外の教員による支援	607校
③通級による支援	358校
④計画的な取り出し指導による支援	230校
⑤必要に応じて特別支援学級で支援	161校
⑥その他	132校
⑦特に支援に応じてない	2校

　この回答によれば、学級や子供の実態、学級担任の状況などによって、担任だけの対応と担任以外の助力で対応する場合とほぼ同数である。

　担任以外ではどのようなスタッフが応援しているか。以下のとおりである。

①指導補助員、特別支援教育支援員、介助員等	523校
②担任以外の教員	426校
③特別支援学級担任、通級指導教室担当	327校
④教頭［副校長］	297校
⑤校長	201校
⑥非常勤講師	145校
⑦学生支援員	112校
⑧スクールカウンセラー	102校
⑨ボランティア	77校
⑩加配教員［その子のため］	62校
⑪保護者	19校
⑫個別的な支援は行っていない	18校
⑬その他	16校

　このように、特別な支援を要する児童への指導は、指導補助員や介助員など

246

の助けに負うところが大きい。学級に、担任以外のスタッフが応援に入ればそれなりの効果はある。しかし、これらのスタッフは非常勤職員であり、特別支援教育についての技能や知識を十全には持ち合わせていない人が多い。また、学校の教育活動全体のうち、ある時間帯だけ担当する勤務体制となっている。したがって、学級崩壊の状態になってからでは、学級担任の補助としての力を発揮しにくい。

②は学級担任以外の教員の応援である。非常勤職員と比べて、特別支援教育についての経験もあるし、当該学級の状況も把握しているので、学級担任を補佐する力にはなる。当該学級の学級担任も、「もう一人の先生」が教室内にいれば毅然とした行動をとりやすくなる。しかし、担任以外の教員は、「あき時間」の条件でしかかかわれない。また、自分の本来業務を抱えているため、貴重な「あき時間」を他学級のために潰したくないと考えるであろう。だから、緊急事態での臨時的な対応の時しか応援体制を組めない。

校長、教頭［副校長］がかかわっている学校が498校ある。学校によっては、毎年度、副校長がいずれかの学級担任になっている学校もある。このような学校では副校長の業務は、午後4時以降に着手することになり、学校運営に影響を及ぼす。また、副校長の心身の疲労も蓄積する。

②　特別支援教育の推進のために

近年、通常の学級に在籍する特別な支援を必要とする児童の指導がようやく本格化した。どの学校でも、特別支援教育コーディネーターが置かれ、特別支援教育にかかわる校内委員会も機能するようになってきた。

特別支援教育の充実という視点からは、大きく前進をしてきている。しかし、学級崩壊の防止という視点から見てみると、まだ十分とは言い難い。

通常の学級で、障害のある児童がともに学べるようにするために、まだ対応すべき点がある。この点について、全連小では次の調査をしている。

> 問　障害のある児童と障害のない児童が、できるだけ同じ場で共に学ぶことを目指すためには、今後どのような対応が必要ですか？

247

（平成25年度　回答　812小学校　複数回答）

①専門性ある教員、支援員などの人的配置　　　　　　　　711校

②35人以下学級等の少人数学級の全学年での早期実施　　573校

③校内委員会、コーディネーターなどの校内支援体制の充実　516校

④専任の特別支援教育コーディネーターの加配　　　　　478校

⑤個別の教育支援計画や個別の指導計画の作成　　　　　384校

⑥現職教員研修の充実による教員の指導力向上　　　　　368校

⑦学校を支援する専門相談機関の充実　　　　　　　　　357校

⑧学校の設備や施設の整備　　　　　　　　　　　　　　304校

⑨交流及び共同学習の推進　　　　　　　　　　　　　　245校

⑩特別支援学校のセンター的機能の強化　　　　　　　　149校

⑪教科書や教材の確保　　　　　　　　　　　　　　　　129校

⑫その他　　　　　　　　　　　　　　　　　　　　　　 25校

　この調査では、専門性のある教員や支援員の配置を希望する声が最も多く、87.6％にのぼっている。調査対象校のほとんどの学校で、特別支援教育に関る専門性を求めている実態は、それだけ精通した人材が不足している証左である。

　これまでの教員養成では、特別支援教育についての授業が十分とは言えなかった。したがって、採用後の初任者研修・10年経験者研修、教員免許更新研修などで概括的な知識や技能を習得した教員がほとんどである。それさえも機会のない教員（特にベテラン教員）では、特別支援教育についての知識や技能を持たずに、これまでの経験則で対応する場合も多い。そして、十分な対応ができずに、学級崩壊の原因となるケースもある。

　例えば、発達障害を伴う子供は、教室前方の掲示物などが多数あると、情報過多となり混乱する。また、校庭の声が聞こえてくると注意力が低下する。こうした子供の実態を把握して、より授業に集中できる教室経営を工夫する必要がある。

　あるいは、教師の指示が多すぎたり耳からの情報収集だけだったりすると、

児童生徒は自分の行動をコントロールすることができない。

　そして、教室で授業に参加することが苦痛になり、奇声を発したり歩き回ったりする。それを、教師が強く規制すると、粗暴な行動を起こしたり、教室から抜け出してしまったりする。

　このような状況になった場合、学級担任（教科担任）だけの対応だけでは教室内の学習環境は保持できにくい。学級の集団規律がとれない状態が続くと学級崩壊となる。

　通常の学級には、特別な支援を必要とする子供が一定数存在する［2012文科省調査では6.5％程度　小学校だけでは7.7％、全連小調査では3～4％程度］。全国の教師の中には、特別支援教育についての知識や技能の習得とその活用が不十分である者もかなりいる。

　現在、教員養成段階や現職研修で、特別支援教育にかかわる所要の知識や技能などについての指導や啓発を進めているが、十分に行きわたるまでにはまだ時間がかかる。それまでは、特別に支援が必要な子供にかかわる学級崩壊が少なからず発生するであろう。

③　担任が感じる困難さ

　滝沢裕之（2012）は、特別な支援を要する子供が在籍する通常学級の担任が、学級運営上どこに困難さを感じ、その感情にどう対応しているのかを探った。

　滝沢は、該当する通常学級8名の教師に面接して、次のようにまとめた。「(1)経験年数が少ない教師は手だてが少なく、困難を感じる。経験年数があり、手だてが多くても困難な事例がある　(2)教師が感じる困難について　①児童理解ができないときに感じる困難　②保護者との意思疎通ができない困難　③困難さが重複し、繰り返すことで大きな困難を感じる　(3)遠慮をしてしまう教師　(4)同僚性　(5)学級全体への指導と個別の支援、指導　(6)加配の有効性と課題」。[12]

　そして、困難解消のために、児童を知る心理検査の活用、学級の中の児童の

様子を知るための心理検査の活用、実践の場としての特別活動の時間の活用を提案している。

　滝沢の研究からも、特別な支援を必要とする児童生徒を担任した際に、児童理解に困惑する教師たちの様子が読み取れる。教師は、これまでの経歴の中で一定の知識を得てはいるものの、いざ担任をしてみると、うまくいかずに悩むことも多い。特別な支援を必要とする児童生徒の実態は一人一人異なる。それゆえに個別の指導計画の作成であるが、その前提となる児童理解に困難さを感じているのである。

⑸　学級崩壊と教師

①　教師の属性と学級崩壊

　松浦善満・中川崇（1998）は学級崩壊について、男女別教師の回答を集めている。[12]

　松浦らは、大阪府のＫ市、Ｓ市、和歌山県のＷ市で、1997年度に学級担任412名から回答を得た（回収率68.7％）。412名の内訳は以下のとおりである。

　小学校教師　男子　63名　23.7％　中学校教師　男子　71名　48.6％

　　同　教師　女子　203名　76.3％　　同　　　　女子　75名　51.4％

　小学校　合計　266校　中学校　合計　146校

①授業中立ち歩く（数字は％）

	小男	小女	中男	中女
よくあった	23.0	14.9	25.7	23.6
たまにあった	50.8	48.3	40.0	51.4
なかった	26.2	36.8	34.3	25.0

②授業中ケシゴムを投げる

	小男	小女	中男	中女
よくあった	12.9	5.4	14.1	15.3
たまにあった	46.8	39.6	59.2	70.8
なかった	40.3	55.0	26.8	13.9

③授業中無断で教室から出ていく

	小男	小女	中男	中女
よくあった	6.5	5.9	11.6	13.7
たまにあった	14.5	18.3	39.1	24.7
なかった	79.0	75.7	49.3	61.6

④教師の注意や叱責に反抗する

	小男	小女	中男	中女
よくあった	3.3	7.5	7.1	19.2
たまにあった	42.6	40.3	51.4	50.7
なかった	54.1	52.2	41.4	30.1

　①の調査で該当する行動が「なかった」とする回答は、小学校では男性教師が26.2％であるのに対して、女性教師は36.8％と約10ポイント上回っている。一方、中学校では女性教師が25.0％であるのに対して、男性教師は34.3％とやはり10ポイント程度上回っている。

　「教室内を立ち歩かない」という学習規律は小学校では女性教師、中学校では男性教師の学級の方が徹底されていると言える。

　また、②の調査でも同様に、小学校では女性教師の学級が男性教師の学級を約15ポイント上回っている。中学校では男性教師が約13ポイント上回っている。つまり、「授業中ケシゴムを投げない」というルールは小学校では女性教師、中学校では男性教師のほうが徹底されている。

　この①と②の調査からは小学校の男性教師の学級、中学校の女性教師の学級で統制がとれていないことがわかる。おそらく、小学校では女性教師のきめ細かい指導が功を奏し統制がとれているためであろう。しかし、中学校へ進学すると、女性教師の「やさしさ」が裏目と出て、コントロールがきかなくなるのではないかと推察される。

　さらにエスカレートした行動について見ているのが③と④の調査である。これらの調査では小学校では、男性教師と女性教師の差はほとんど見られない。それに対して、中学校では10ポイント以上、女性教師のほうが下回っている。

これらの調査結果から、小学校における学級崩壊は、教師の男女差は見られない。中学校においては、女性教師に向けて反抗的な行動をとる割合が高く、それが学級崩壊（授業崩壊）へと転化する可能性があることを示唆している。

　このことは、小学校では教師の男女差より学級経営の力量が大切であり、中学校では統率力や生徒への毅然とした指導が必要とされるものと考えられる。

② 　小1プロブレムと学級崩壊

　前述した全連小調査では、学級崩壊の原因として「幼少期からのしつけ、生活習慣、社会性が積み上がっていない」という回答が第7位に挙げられていた。

　太田充（2006）は、山梨県内の小学校1年生の学級担任を対象に「学級適応状況」や「学級適応に対する支援・指導法」についての調査を実施した。

　調査の概要は次のとおりである。[13]

○山梨県内の20小学校43学級

○2006年10月〜11月

○無作為抽出で質問紙調査　回収率100%

　問1　最近の小学校1年生で「多くなってきた、増えてきた」と思うものを選んでください（複数回答）

①授業中の姿勢が悪い　　　　　93.0%

①好き嫌いが多く、給食を残す　93.0%

③授業に集中できない　　　　　86.0%

③自己中心的　　　　　　　　　86.0%

③適切な自己表現ができない　　86.0%

⑥ストレスに弱い　　　　　　　83.7%

⑦物を大切にしない　　　　　　81.4%

⑧飽きやすい　　　　　　　　　79.1%

⑨授業中に話が聞けない　　　　76.7%

⑩自己決定ができない　　　　　74.4%

⑩依頼心が強い	74.4%
⑫授業中に勝手なことをする	72.1%

　これらの結果から、今日の小学校1年生の状況について厳しい見方をしている教師が多数いることがわかる。特に、授業中の姿勢や集中力、話を聞くなど学習規律にかかわるマイナス面の指摘が多数されていることが注目される。

　しかし、学級担任は、学級崩壊につながりかねないこれらの学習規律よりも、子供の生活スタイルそのものを問題視している。それは次の設問への回答からわかる。

問2　最近の小学校1年生で「特に気になるもの」を選んでください

①好き嫌いが多く給食を残す	42.9%
②ストレスに弱い	40.5%
③基本的生活習慣ができていない	35.7%
④飽きやすい	33.3%
④適切な自己表現ができない	33.3%
④授業中に話ができない	33.3%

　これらの結果に対して、「授業中に歩き回る」「授業中に勝手なことをする」「授業中に私語をする」「授業中の姿勢が悪い」「授業に集中できない」などは、いずれも10%未満の回答であった。

　このことから、授業規律にかかわるマイナスの行動については、小学校1年生の学級担任は、ある程度覚悟をしているものと言える。しかし、今日の小学校1年生の状況は、それらを凌駕するライフスタイルそのものに問題を感じているのである。子供の学校生活を脅かすライフスタイルの乱れは、やがて「荒れ」となって、学級崩壊を発生させる因子となりかねない。

　では、こうした状況について、どうしたらよいよと考えているのか。

問3　最近の小学校1年生への「有効な手だて」と思われるものを選んでください

①少人数学級や少人数指導	100%
①学年体制での指導支援	100%

③全校体制での指導支援	97.7%
③電話、連絡帳等での家庭連携	97.7%
⑤ＴＴ等、複数教員での指導	93.0%
⑤幼保との情報交換や引継の充実	93.0%
⑤学級担任の生徒指導力の高揚	93.0%
⑧学級担任の教科指導力の高揚	91.0%
⑨保護者の子育て家庭教育研修会	88.7%
⑩幼保で小学校に慣れる手だて	83.7%

　以上のように、本調査結果では組織として対応することが有効であるとする声が多い。しかし、全校的な対応策を講じれば１年生の学級担任以外にも、多くの教職員に負担を強いることになる。加えて、家庭や幼稚園・保育所との連携も回答率が高い。これも励行するためには、当該教師たちの負担は大きくなる。これらの回答は有効な手だてであるが、それが新たな多忙感を生じさせる原因ともなる。有効な手だてであるとはいえ、両刃の剣であることを肝に銘ずるべきであろう。

③　学級崩壊と保護者の意識
　大塚美和子（2002）は、「学級崩壊」について保護者を対象に調査を実施した。調査の概要は次のとおりである。[14]

○京阪神地区の保護者120名［学級崩壊の経験者31名、未経験者89名］
○経験者と未経験者の２群に分けて調査し、結果を比較する
　その結果、学級崩壊の経験者は未経験者より強く感じている内容は次のとおりであった。
①学校は「学級崩壊」にうまく対処できないと思う
②学校は教育というものを真剣に考えていないと思う
③このままでは学校はだめになるという危機感を感じる
④学校で問題が起きても親として子供を守ることはできない
⑤子供の通学している学校では、先生同士の交流がないようだ

⑥学校では先生は親を協力者だと見なしていない

⑦学校は親や地域の人が出入りしにくい雰囲気をもっている

　このように、「学級崩壊」を経験した保護者は学校に対して、強い不信感を抱き、学校の閉鎖性を感じていることがわかる。

　「学級崩壊」が発生した際の、学校の対応策は次のとおりである。複数回答

①保護者への説明会の開催	21名（70％）
②保護者への協力の要請	14名（47％）
③ティームティーチングの実施	13名（43％）
④担任の先生の交代	10名（33％）
⑤他のクラスとの交換授業や合同授業	2名（7％）
⑥その他	2名（7％）

　学校のこうした対応策の結果を、保護者はどう評価しているのか。それが次の回答である。

①改善せず	19名（63％）
②少し改善	9名（30％）
③学級崩壊前の状態まで改善	0名（0％）
④学級崩壊前の状態より改善	1名（3％）
④その他	1名（3％）

　本調査では学校の対応策について、多くの保護者は「改善していない」と回答している。大塚の調査では、学校側の対応策の上位は、保護者への説明と協力であった。そして、学級担任と他の教職員とのＴＴ体制での実施であった。このような対応策は、結果としてはあまり効果を発揮していなかったのではないかと推察される。

　また、対応策の４位に「担任の交代」（10名）が挙げられている。この数と、「少し改善」（9名）の数が、ほぼ一致している。これは偶然なのか、それとも「担任交代」により、学級崩壊現象がやや改善された証左とするか、十分な吟味が必要であろう。

　ただ、筆者が21年間の教育行政と校長として体験してきた学級崩壊への対応

255

を踏まえると、本調査の結果は、至極納得のいくものとしてとらえられる。つまり、上位3項目の対応策より、「担任交代」という方策がより効果を発揮した。そのことを保護者が評価したという見方をすることができるのではないかという見解である。

つまり、学級崩壊になってから、様々な方策を講じても、子供と教師の信頼関係を構築（回復）するのは容易ではない。その間にも、保護者の不信感は募る。できるものなら、「担任交代」によって事態の改善を図りたいと、教育委員会も学校も保護者も考えていることがうかがわれる結果となっている。

では、学級崩壊を経験した保護者は「学級崩壊の予防策」をどう考えているのであろう。保護者が考える予防策は次のとおりである。本調査では予防策について10項目例示して、「思う」「少し思う」「どちらでもない」「あまり思わない」「思わない」の5段階で回答を求めている。そのうち、第1位の「思う」と第2位の「少し思う」の合計が多い項目は次のとおりである。

①先生の要点をおさえた対応	100%
①興味を引き出す授業	100%
③生活面、学習面への家庭の指導	97%
④問題行動を示す子供への援助	93%
⑤学校と家庭の連絡	90%

この結果をみると、保護者は学級担任への期待が高いことがわかる。保護者は、担任の先生がいい授業をして、学級経営をしてくれれば学級崩壊は起こらないと考えているのである。これは、校長が学級担任へ期待する内容と一致している。

大塚は、本調査の結果として保護者の意識を次のようにまとめている。[15]

○学校は「学級崩壊」に対処できないという危機感を感じている
○学校は教育について真剣に考えていないという怒りや不信感を感じている
○学校の閉鎖性をより強く感じている
○親の学校関与については無力感を感じている
○親の主体性獲得、学校参加については消極的な傾向にある

○学校と家庭の仲介者には、中立的で様々な情報を提供してくれることを期待している

　このように、学級担任として「当たり前」のことをすれば、学級崩壊は予防できるという考え方を踏まえつつ、現実の学校には多大な不満を抱えているのである。同時に、保護者自身の学校関与については腰が引けている。

　これが2006年頃、いわゆる『モンスターペアレント』が、小学校の保護者として一定数存在していた時代の、一つの断面である。

　このような保護者の意識は、自然な考え方であり、これまでもそうであった。おそらく、それ以後も現在に至るまで、またこれからもしばらくはずっと続いていくであろう。

⑹　学級崩壊解消への道

①学校に立ちはだかる課題

　以上のように見てくると、学校が「当たり前」の教育活動ができるようにすれば、学級崩壊は予防できるのである。しかし、現実は「当たり前」にできぬ事態が多数発生しているのである。それは例えば、次のような因子が増えているからだと推察される。

○教師の過重勤務の増加

○若年教師増加による校内指導力の低下

○離婚など問題を抱える家庭の増加

○就学援助家庭の増加

○就学前のしつけや生活習慣の乱れ

○保護者の学校時代の体験の変化

○地域コミュニティーの減少

○児童生徒のライフスタイルの変化

○集団の一員としての自覚や「集団性」低下

○児童生徒を含む社会全体の規範意識低下

○社会全体での従前の「権威」の失墜
○特別な支援を必要とする児童生徒の増加
○日本語を話せない児童生徒の増加
○メディアによる「学校バッシング」
○社会での学校の相対的地位の低下

　以上のような因子がいくつか絡み合いながら、学校での「当たり前」の教育活動を阻害する。

② 　学校や教師の努力

　前述したような課題を踏まえつつ、学級崩壊を未然に防止するためには所要のマネジメントが必要である。

　その一つが、授業力の向上である。児童生徒が満足する授業をすることが、学級崩壊を防止するために大きな効果を発揮する。授業力の向上は、①他人の授業を見て学ぶ、②他人に授業を参観してもらい助言を受ける、③自分で授業を記録して改善する、という方法で具現化できる。

　その二つは、学級経営力の向上である。これは、児童理解の手法の活用、学級集団の統率力、学級事務の効率化、児童生徒の生活の安定を図る友人関係の構築、居心地の良い学習環境整備などの力量を高めることは大切である。

　その三つは、特別な支援を必要とする児童生徒の理解と指導方法を工夫することである。通常な学級に在籍する子供の症状は千差万別である。補助的なスタッフの支援を得るか、単独で対応しなければならないか、家庭の理解や協力の程度はどうか。これらの諸条件を踏まえて個別の指導計画を作成して実践する。また、教職員に現状を伝え、全校的な理解を得られるようにする。

　その四つは、教師からの発信力の向上である。学年通信や学級通信でのメッセージの伝え方を工夫し、学年や学級の現状を保護者に伝える。また、授業参観や運動会や学芸会での演技などでも、子供の姿を通して教師の努力や思いは保護者に伝わる。さらに、年に３〜４回の保護者会、個人面談や家庭訪問で教師から耳寄りな話をする。保護者の納得するアドバイスをする。そのための材

料を日ごろから収集しておく。

その五つは、同僚性の向上である。学校内の風通しが良ければ、自学級の課題を他の教師に披瀝して、いくばくかのアドバイスを受けることができる。そのアドバイスのなかに、課題解決のヒントが含まれていることもある。また、同僚性が高まれば、校内研究や各種イベントも楽しく実施できる。多忙な職場にあって、それは一服の清涼剤になる。

その六つは、教師の権威の確立［回復］である。教師が子供から好かれるのは、信頼関係構築の前提である。しかし、これだけでは不十分である。児童の大多数が学級担任のことを好いていても学級崩壊は発生する。新卒教師の学級崩壊は、ほとんどがこれにあたる。教師の権威とは、前述した一～五までの所要のマネジメントができる教師である。その学校で、一度確立した「権威」はその教師へのブランド価値を高め、安定した学級経営をすることができる。若干の厳しい局面に遭遇しても乗り越えられる。

その七つは、新転入してきた教員の即戦力化である。新転入の教員は遠慮もあるし、環境も異なるので堂々として仕事をするまでに一定の時間がかかる。教師の権威も確立していない時期、そこに学級崩壊の芽が発生しかねない。4月1日の勤務1日目から職場環境になじむ、4月6日の入学式・始業式から自信をもって教育活動が展開できるように校内体制を整備する。

例えば、これらの方策を十全に講じることができれば、学級崩壊の出現率を相当減らすことができるであろう。その点では、学級崩壊の防止は、最高責任者である校長の経営手腕によるところが大きいと言える。

現在、全国の約3万の小中学校で約1000万人の児童生徒が学んでいる。学級崩壊を生じている集団で学ぶ子供たちは、きっと不本意な学校生活を強いられているであろう。豊かな子供時代は、二度と帰らない。せっかくの子供時代を、学級崩壊の犠牲にさせてはいけない。子供の養育に責任をもつ大人たち、例えば保護者、学校の教師、教育行政、地域住民、メディア関係者などが、それぞれの立場で精一杯の努力をすることで、日本の学校教育の一層の充実を図っていきたいものである。

259

〈引用・参考文献〉

（1） 全国連合小学校長会（2014）「平成25年度研究紀要」P105　全国連合小学校長会

（2） 高橋克巳・綾牧子「『学級崩壊』問題における予言の自己成就─「変化した子供とそれに対応できない教師」という原因帰属様式の展開と帰結─」（2006）文教大学教育学部研究紀要　P43～47

（3） 河村茂雄（2010）『日本の学級集団と学級経営』図書文化　P56

（4） 前掲書　P69

（5） 前掲書　P83

（6） 「集団斉一性」とは河村によれば、「学級集団に所属する子どもたちの間に生じる意見や行動の一致の程度である」。

（7） 「集団圧」とは、河村によれば「集団が子ども個々を拘束する力である」。

（8） 前掲書　P145

（9） 前掲書　P146

（10） 前掲書　P149

（11） 滝沢裕之（2013）「特別な支援を要する児童が在籍する以上学級担任の感情と対応の分析─より容易学級を目指して─」千葉大学大学院教育学研究科

（12） 松浦善満・中川崇（1998）「子どもの新しい変化『荒れ』と教職に関する研究─小中学校の担任教師調査結果から─」和歌山大学教育学部教育実践指導センター紀要

（13） 太田　充（2006）『教室で気になる児童生徒について─小学校1年生の学級適応に関する調査研究─』山梨県総合教育センター

（14） 大塚美和子（2002）「『学級崩壊』を経験した親の意識─家庭と学校の関係についての親の意識調査から─」関西学院大学社会学部紀要第92号　P115～117

（15） 前掲書　P122

4　人口減少社会と教師

⑴　人口減少社会を迎えた日本

①増田レポートの衝撃

　元総務大臣増田寛也を座長とする日本創成会議は、2014年5月に「消滅可能性都市896のリスト」を発表した。これは、国立社会保障・人口問題研究所の推計（平成25年3月）を基に全国市町村別の将来人口を予測したものである。増田らは、この調査で若年女性（20〜39歳）の減少率が50％を超える896自治体を「消滅可能性都市」としている。

　ちなみに東京都で若年女性人口が50％以上減少する自治体は、奥多摩町（78.1％）、檜原村（74.2％）、八丈町（69.6％）など11ある。

　23区では、豊島区が唯一50.8％で「消滅可能性都市」に挙げられた。一方、東京都で若年女性人口の減少率が低いのは、稲城市（5.4％）、荒川区（10.2％）、江東区（12.0％）である。後述する中央区は35.2％で東京都では中間の位置にある。

　増田ら（2014）は人口減少の要因として「未婚化、晩婚化という『結婚行動』の変化と『出生力（夫婦当たりの出生児数)』の低下」を挙げている。[1]

　増田寛也レポートの公表は、各界に大きな反響を与え、マスコミやさまざまな機関において議論された。

　関連する書物の発行も相次いだ。なかには、『自治体崩壊』（2014）田村秀、『人口蒸発　5000万人国家　日本の衝撃（人口問題民間臨調 調査・報告書)』（2015）、松谷明彦『東京劣化—地方以上に劇的な首都の人口問題—』（2015）のようなショッキングなタイトルの書も刊行された。

②　我が国の人口の推移

　我が国の人口は明治初期の1870年頃は3500万人だったが、50年後の1920年に5600万人になった。1億人を超えたのは1967年のことである。その後、1990年には1億2361万人、2010年には1億2806万人になった。それが、2030年には1

億1662万人、2060年には8674万人に減少すると予測されている。[2]

　年齢別人口（人口ピラミッド）を見ると、1960年のグラフはきれいなピラミッドをしている。いわゆる団塊世代（1946〜1949年＋1950年生まれ）は、まだ10代前半である。

　2010年のグラフでは壺型になっている。60代前半になった団塊世代と30代後半から40代前半の団塊ジュニア世代が、壺から左右に大きくはみ出している。

　さらに2060年のグラフはほぼ逆ピラミッドになっていて、80代から50代までが最も多くなっている。

　ちなみに、0歳から14歳までの年少人口は次のように変化する。

1960年	30.0％
2010年	13.1％
2030年	10.3％
2060年	9.1％

　国民の平均年齢の変化は次のとおりである。

1960年	29.1歳
2010年	45.5歳
2030年	50.4歳
2060年	54.6歳

　このように、日本社会は「若者の国」から「高齢者の国」へと、大きな変化を遂げている。

　「高齢者の国」への変化は、生産年齢人口の減少を意味する。15歳以上64歳未満の生産年齢人口は、2010年に8173万人であったが、2060年には4418万人となり、50年間で半減すると予測されている。

　我が国の生産年齢人口の急激な減少は、経済活動の低下をもたらす懸念がある。海外メディアの中には、我が国の将来の国力についての悲観的な見方もある。例えば、イギリスの経済雑誌『エコノミスト』である。

　『エコノミスト』は、アメリカを基準として、2050年での各国の豊かさを次のように予測する。[3]

	2010	2030	2050
アメリカ	100.0	100.0	100.0
韓　国	63.1	87.8	105.0
ドイツ	76.2	82.9	87.7
フランス	72.1	70.1	75.2
イギリス	73.9	69.5	71.1
イタリア	62.2	54.7	60.1
日　本	71.8	63.7	58.3
中　国	15.9	32.0	52.3

　2010年時点では、日本の豊かさはアメリカに対して約7割である。これはヨーロッパの先進国とほぼ同等の評価である。それが、2050年には6割程度に低下するとしている。一方、韓国は2010年では約6割だが、2050年にはアメリカを凌駕するという見方をしている。

　『エコノミスト』では、急激な生産年齢人口の減少の主な理由として、日本の将来への悲観的な分析をしている。この指摘が当たるかどうかは現時点では不明である。

　しかし、かつて1980年代の我が国の驚異的な経済成長を早い時期に予測した実績があるだけに、『エコノミスト』の指摘を真摯に受け止める必要がある。

　人口増加策に関して興味深い記事が2016年1月25日の日本教育新聞に掲載された。加藤勝信一億総活躍担当相と東進ハイスクール等代表永瀬昭幸の対談「日本の針路を語る」である。

　この中で、永瀬は「第3子以降に1000万円の育児資金として前倒しすることで出生数が増加する。一人あたりの生涯年収を4億円として、1000万円の投資で、国に2億円の増収をもたらす。30年間の時限立法で特別国債を財源として、その償還は増加した人口が負担する。それを財政健全化を図る国際公約も踏まえつつ国際社会の理解を得る」と提案する。

　日本教育新聞が見開きページ2面を使い、このような対談を掲載するのも、

263

人口減少社会を教育の面から照射していこうとする方針の表れである。永瀬
は、この施策の経済効果は高いと主張する。

③　児童生徒数の減少

　明治5（1872）年に学制が発布された。

　翌年の1873年に小学校は全国に1万2597校が設置された。132万6000人の児
童が通学した。1875年の小学校数は2万4303校、わずか3年間で現在の小学校
数を大きく超えるまでに整備された。

　当時の我が国の人口は3500万人。住民人口1500名程度で一つの小学校を開設
したことになる。明治の黎明期に、我が国の先人たちが学校教育に大きな期待
を寄せていた一端がうかがえる。

　その後、小学校数と児童数は次のように推移する。

（年）	（小学校数）	（児童数）
1873（明治6）	2597	132万0000人
1900（明治33）	26857	468万4000人
1945（昭和20）	26332	1281万8000人
1960（昭和35）	26858	1259万1000人
1980（昭和55）	24945	1182万7000人
1990（平成2）	24827	937万3000人
2003（平成15）	23381	727万7000人
2013（平成25）	20836	約656万人

　上記のように我が国の小学校の数は、明治中期に約2万5000校になった後、
およそ100年間にわたって、その数を維持してきた。

　我が国の国土のあらゆる土地に小学校が開校された。山間僻地にも北海道の
離村にも小学校が建設された。壺井栄の小説『二十四の瞳』の舞台、小豆島の
小さな岬にも小学校が建設された。たとえ児童数は少なくとも、「おらが学校」
として住民から親しまれ、長く地域社会のシンボルとして存立してきた。

　地域社会の小学校は、曾祖父、祖父、父、子へと4代にわたって卒業生とな

ることも珍しくない。保護者代表組織の校友会やＰＴＡ役員を数代にわたって務める家も少なくない。

　個々の地域での統廃合はあったにせよ、全体としては、我が国の小学校は、いくたびかの自然災害や戦禍の際にも、その数を維持してきたのである。

　しかし、1980年から2013年までのわずか30年間で、4109校も減少している。毎年140校ずつ廃校するペースである。

　葉養正明（2012）は、「これまでの各種データの提示が教えているのは、大都市でも発生している小規模校問題が2050年頃には抜き差しならない問題となる懸念である。その際に、『標準規模』の維持の戦略だけで乗りきれるか否かについては、今後の重要課題になる」と指摘する。[4]

　全国の全公立小学校長で組織する全国連合小学校長会（全連小）も、近年の会員の減少が著しい。全員加盟が実現できているにもかかわらず、会員による会費収入は大幅な減少を余儀なくされている。

　全連小は財政的な危機を乗り切るために、長年積み立ててきた基金を一部取り崩し、運営費を補てんする方針を決定し、実行している。

　小学校数の急激な減少は、さまざまな面で影響を及ぼしている。

⑵　学校の適正規模・適正配置

①　文部科学省の通知

　文部科学省は、2015年１月27日に、事務次官名で全国の知事と教育長、指定都市の教育長、全国公私立大学長あてに通知を出した。「公立小学校・中学校の適正規模・適正配置等に関する手引」（以下「手引」と表記）を策定したという通知である。

　この通知に伴い、1956年11月17日「公立小・中学校の統合方策について」と1957年「学校の手引」及び1973年９月27日「公立小・中学校統合について」の通知を廃止した。

　文科省が学校の統合の手引を見直しするのは約60年ぶりのことであり、その内容が注目された。

265

同通知で、文科省は学校の設置者に対して「地域の実情に応じて、教育的な視点から少子化に対応した活力ある学校づくりのための方策を継続的に検討・実施していくこと」を求めている。その際、「学校統合により魅力ある学校づくりを行う」方法と「小規模校のデメリットの克服を図りつつ学校の存続を選択する」方法を例示している。

そして都道府県教育委員会に対して、学校設置者である市長村教育委員会に指導・助言・援助を行う際の基本的な方向性や考慮すべき要素・留意点等をまとめたとしている。

また、域内の市町村教育委員会への周知とともに、2014年の「地方教育行政の組織及び運営に関する法律」の改正により新設した総合教育会議の設置に伴い、この「手引」を市町村長にも周知することを求めている。

② 文科省の「手引」 I 学校運営上の課題

文科省が通知した「公立小学校・中学校の適正規模・適正配置等に関する手引―少子化に対応した活力ある学校づくりに向けて―」は全6章で合計47ページの構成である。[5]

目次は次のとおりである。

| 1章 はじめに〜学校規模適正化の背景と本手引の位置付け |
| 2章 適正規模・適正配置について |
| 3章 学校統合に関して留意すべき点 |
| 4章 小規模校を存続させる場合の教育の充実 |
| 5章 休校した学校の再開 |
| 6章 都道府県の指導・助言・援助の在り方 |
| おわりに |

第2章では学校規模の適正化の基本的視点で「学級数が少ないことによる学校運営上の課題」を14点述べている。以下のとおりである。

| ①クラス替えが全部または一部の学年でできない |
| ②クラス同士が切磋琢磨する教育活動ができない |

266

③加配なしには、習熟度別指導などクラスの枠を超えた多様な指導形態がとりにくい

④クラブ活動や部活動の種類が制限される

⑤運動会・文化祭・遠足・修学旅行等の集団活動・行事の教育効果が下がる

⑥男女比の偏りが生じやすい

⑦上級生・下級生間のコミュニケーションが少なくなる、学習や進路選択の模範となる先輩の数が少なくなる

⑧体育科の球技や音楽科の合唱・合奏のような集団学習の実施に制約が生じる

⑨班活動やグループ分けに制約が生じる

⑩協働的な学習で取り上げる課題に制約が生じる

⑪教科等が得意な子供の考えにクラス全体が引っ張られがちとなる

⑫生徒指導上課題がある子供の問題行動にクラス全体が大きく影響を受ける

⑬児童生徒から多様な発言が引き出しにくく、授業展開に制約が生じる

⑭教員と児童生徒との心理的な距離が近くなりすぎる

　また、「教職員数が少なくなることによる学校運営上の課題」について11点述べている。

①経験年数、専門性、男女比等バランスのとれた教職員配置やそれらを生かした指導の充実が困難となる

②教員個人の力量への依存度が高まり、教育活動が人事異動に過度に左右されたり、教員数が毎年変動することにより、学校経営が不安定になったりする可能性がある

③児童生徒の良さが多面的に評価されにくくなる可能性がある、多様な価値観に触れさせることが困難となる

④ティームティーチング、グループ別指導、習熟度別指導、専科指導等の指導方法を取ることが困難となる

⑤教職員一人あたりの校務負担や行事に関わる負担が重く、校内研修の時間が十分確保できない

⑥学年によって学級数や学級当たりの人数が大きく異なる場合、教員間に負担の大きな不均衡が生じる

⑦平日の校外研修や他校で行われる研究協議会等への参加が困難になる

⑧教員同士が切磋琢磨する環境が作りにくく、指導技術の相互伝達がなされにくい（学年会や教科会等が成立しない）

⑨学校が直面する様々な課題を組織的に対応することが困難な場合がある

⑩免許外指導の教科が生まれる可能性がある

⑪クラブ活動や部活動の指導者確保が困難となる

　「手引」の学校運営上の課題は、これまでの知見等を基によくまとめている。

　例えば、⑭の「教員と児童との心理的距離が近くなりすぎる」、⑧の「……指導技術の相互伝達がなされにくい」などの分析は、かなり鋭角的である。

　この「手引」について、添田久美子（2015）は、「改訂の大きなポイントは11学級以下、5学級以下として小中の区別なく取り扱ってきたものを『クラス替え』ができるか否かを大きな観点として取り入れ、小中別、さらに区分を細分化したところにある」[6]と評価する。

　ちなみに、1996年、筆者が東京都教育庁指導部勤務時代には、初等教育指導課の課内資料として「小規模校の学校経営」について次のようにまとめた。

〈児童の特性　特長〉
①全校の児童同士が互いによく知っている

②全校活動への参加が容易である

③諸活動への出番が多い

④個々人の能力に応じた指導を受ける機会が多い

⑤個々の児童と教師との交流が深まる

⑥責任ある役割を分担する機会が多い

⑦学級全体や学年の枠を超えた友人と遊ぶことなどを通して、幅広い連帯意識が生まれやすい

⑧一人一人に目が行き届くので、基本的な生活習慣・学習習慣を得やすい

〈児童の特性　課題〉

①生活経験領域、対人関係の広がりが狭く、思考の多様性、論理性や表現力に欠ける面がある

②社会性が育ちにくく、生活態度が消極的になりがちである

③人間関係が固定的になりがちで集団の中で自己を発揮できない児童が生じる場合がある

④指導が過保護になりがちで、集団としての活力に欠ける面がある

⑤小規模学級では、集団としての活力に欠ける面がある

〈教職員の特性　特長〉

①少人数で連帯意識が強い

②児童一人一人とのふれあいが密であり、児童理解が深まる

③一人一人が学校運営のかけがえのない担い手であるという自覚が育ちやすい

④教科指導、特別活動等、それぞれの専門性を生かし、相互補完する動きをとろうとする

⑤個に応じた教材が準備しやすい

⑥児童・保護者・地域にかかわることなど、教育活動全般についての情報を共有化しやすい

〈教職員の特性　課題〉

①役割が固定化し、学校運営についての意識が硬直化しがちになる

②一人一人に分掌事務が任されるため、独善になりがちになる

③人間関係がこじれると修復しにくい

④全体の一致を求めがちで、多様な（斬新な）発想が出にくい

⑤少人数のため、誰も気づかずに見逃してしまう事象が生じる恐れがある

⑥児童の評価が固定しがちである

〈学校運営上の特性　特長〉

①学校運営と学年・学級経営の一体化が図られる

②教職員の共通理解と指導体制づくりがしやすい

③校務分掌上の責任分野が明確である

269

④何事についても、学校運営全体の見通しがとらえやすい

⑤縦割り指導や全校指導がしやすい

〈学校運営上の特性　課題〉

①分掌する一人当たりの事務量が過重になりがちである

②分掌にかかわる一人のつまずきが、組織全体のつまずきになる場合がある

③教育活動にかかわる学年の協力、相互啓発が得られないため、進歩・発展
　性が乏しくなることがある

　当時の初等教育指導課は、区市教育委員会指導主事を経てきた40代半ばの者
9名で構成されていた。学校訪問等で各学校の実情を把握していたとはいえ、
課長、主任指導主事3名を含めて12名の中に校長・副校長経験者はいない。

　したがって、初等教育指導課としてまとめたこの内部資料は、学校経営の視
点からのアプローチはややもの足りない。しかし、20年も前に、今後の東京都
の小学校教育の課題を見据え、「学校の小規模化」についての問題意識を抱い
ていたという証左になる資料である。

　これらの2つの資料から、小規模校の課題は少なくともこの20年間において
は変わらぬ内容のが多いと確認できる。

③　文科省の「手引」Ⅱ　通学条件

　文科省の「手引」では、「通学条件」の考え方を示している。

　国ではこれまで、公立小・中学校の通学距離について、小学校ではおおむね
4キロメートル以内、中学校ではおおむね6キロメートル以内という基準を、
学校統合の条件として示している。[7]

　また、市町村教育委員会でも同様の距離を基準としているところが多い。小
学校で4キロメートル、中学校で6キロメートルという通学距離は、徒歩でほ
ぼ1時間程度の通学時間である。

　各市町村では、通学時間の観点から通学条件の基準を設定する際には、「お
おむね1時間以内」と設定している例が多い。また。学校の統合後において
も、9割以上は1時間以内という調査結果である。

270

通学路の地形や通学時の気象状況による違いはあるが、小学校低学年を含めほぼ1時間程度の通学までを目途としている。ただし、身体的な障害のある児童生徒、体調不良やいくつもの学習道具をもつ児童生徒にとっては大きな負担になる。

　小学校2年生でも、月曜日の朝にはランドセル、給食袋、体操着、上履き袋を体にかけ、時には鍵盤ハーモニカや図工材料などを持つ。雨なら傘をさして道を歩く。歩道の整備されていない通学路では、走行する自動車が視野に入りにくく、接触事故の可能性も生じる。また、東日本や山陰の地域では晩秋から冬季の日没が早く、通学途中に薄暮になることもある。

　現行教育課程では授業時間数が増加し、小学校2年生でも週1回は6時間授業となった。冬至の頃に6時間授業を終了し、学校を午後3時40分頃に下校すると、1時間後の午後4時40分頃には闇に包まれる。地方都市や農山漁村では街路灯の整備されていない地域も多く、闇の中の小さな児童の一人歩きは防犯上からもリスクが大きい。このように、通学時間の増加は、低年齢の小学生には負担が大きくなる。

　新しい手引では、こうした状況を踏まえて次のように述べる。[8]

　「適切な交通手段が確保でき、かつ遠距離通学や長時間通学によるデメリットを一定程度解消できる見通しが立つということを前提として、通学時間について『おおむね1時間以内』を一応の目安とした上で、各市町村において、地域の実情や児童生徒の実態に応じて1時間以上や1時間以内に設定することの適否も含めた判断を行うことが適当であると考えられます」。

④　文科省の「手引」Ⅲ　統合による効果

　学校の統廃合を実施するには大きなエネルギーを必要とする。また地域住民の利害的な対立を引き起こす可能性もある。若林敬子（2012）はその著書で、5か所の学校統合紛争をまとめている。[9]

　筆者はこれまでの教師生活の中で下記のように学校統廃合とかかわってきた。

271

1988年、港区立芝小学校教諭時代、教務主任、生活指導主任として、隣の竹芝小学校の吸収にかかわる業務を担当した。具体的には、竹芝小学校の備品運搬、竹芝小学校記念室の開設、学区域拡大に伴う通学路の変更と学童擁護主事の再配置、校内規則の見直しなどである。

1994年、文京区教育委員会指導主事時代。設置した文京区学校適正配置検討委員会（委員長　河野重男お茶の水大学長）の事務局員としての業務である。これは事務局長である学務課長への指導内容面からのフォローであった。

1998年、品川区教育委員会指導課長として、将来の学校適正配置も視野に入れた学校選択制を含む『プラン21』の策定である。品川区ではおよそ4キロメートル四方のエリアに小学校37校、ニュータウンの臨海部に小学校が3校あった。単学級の小学校では将来的にさらに児童数が減少する可能性があった。そこで、通学区域の弾力的運営を図り、区民の学校選択の行動結果により将来的に極小規模の学校が生じたら、その段階で適正配置を考えようと意図した。

2004年、中央区立阪本小学校長として着任した。地域人口の減少から常に学校の存続の危機にさらされていた。児童数確保のために、地域PTAと協力してさまざまな活動を展開した。

2007年、中央区立泰明小学校長として、中央区学校適正配置報告に基づく学校運営に当たった。このことについては後述する。

このように、教師生活の大半は、学校の適正配置にかかわってきた。したがって、学校統廃合の〈現場感覚〉は、一定程度、保有していると自負する。

さて、学校適正配置に伴う学校統廃合であるが、「手引」では、その効果を次のように記述する。

○児童生徒への直接的効果
①良い意味での競い合いが生まれた、向上心が高まった
②以前よりもたくましくなった、教師に対する依存心が減った
③社会性やコミュニケーション能力が高まった
④切磋琢磨する環境の中で学力や学習意欲が向上した

⑤友人が増えた、男女比の偏りが少なくなった

⑥多様な意見に触れる機会が増えた

⑦異年齢交流が増えた、集団遊びが成立するようになった、休憩時間や放課後での外遊びが増えた

⑧学校が楽しいと答える子供が増えた

⑨進学に伴うギャップが緩和された

⑩多様な進路が意識されるようになった

○指導体制、指導方法、環境整備等の効果

①複式学級が解消された

②クラス替えが可能になった

③より多くの教職員が多面的な観点で指導できるようになった

④校内研修が活性化した、教職員間で協力して指導にあたる意識や互いの良さを取り入れる意識が高まった

⑤グループ学習や班活動が活性化した、授業で多様な意見を引き出せるようになった

⑥音楽、体育等における集団で行う教育活動、運動会や学芸会、クラブ活動、部活動などが充実した

⑦少人数指導や習熟度別指導等の多様な学習形態が可能になった

⑧一定の児童生徒数の確保により、特別支援学級が開設できた、特別支援教育の活動が充実した

⑨バランスの取れた教員配置が可能になった

⑩施設設備が改善され教育活動が展開しやすくなった、教材教具が量的に充実した

⑪校務の効率化が進んだ、教育予算の効果的活用が進んだ

⑫保護者同士の交流関係が広がった、ＰＴＡ活動が活性化した、学校と地域との連携協働関係が強化された

　このように、「手引」では、統合による学校の規模回復によって、プラス面が増加すると述べる。記述されている成果を分析する。

273

例えば児童数30名のＡ小学校を廃校して、児童数150名のＢ小学校に統合する場合、次のような影響があると想定される。

〈１〉型はＡ校、Ｂ校ともに効果がある

〈２〉型はＡ校に効果があり、Ｂ校にはさほどない

〈３〉型はＢ校に効果があり、Ａ校にはさほどない

〈４〉型はＡ校Ｂ校ともに、さほど効果がない

　「手引」では、〈１〉型の効果についての記述が多い。児童生徒への直接的な効果では②③④⑤⑥⑦は明らかに〈１〉型であり、①⑧⑨が〈２〉型であると判断できる。また、指導体制、環境等についての効果では、①⑤⑥⑦⑧⑨⑪は〈１〉型、②③④⑩⑫は〈２〉型と判断できる。

　このように、Ａ校のように極小規模校から見た統合の効果は検証しやすいが、当事者のもう一方のＢ校からの効果は検証しにくいと言える。

　筆者はここで言うＢ校の教員として統合にかかわった。過重な業務が課せられ、多忙な毎日を過ごしたが、統合による効果は次のようなもの程度しか記憶していない。

①統合加配教員の配置があった

②Ａ校の不要物品を入手できた

③Ａ校の少人数指導の指導技術を学べた

　「手引」の記述は、Ｂ校から見た効果について記述は十分でないと言える。

⑶　学校教育の充実策

①実態調査結果Ⅰ　都道府県の状況

　文科省は、2014年５月１日に全都道府県、全市区町村を対象に「学校規模の適正化及び少子化に対応した学校教育の充実策」に関して実態調査を行った。調査の目的は、「学校統合による学校規模の適正化や、統合が困難な小規模校における教育の活性化など、各都道府県・市町村教育委員会における少子化に対応した取組の状況などについて調査を行い、少子化・人口減少時代に対応した活力ある学校作りに関する施策の検討に資する」ためである。

都道府県対象の調査を見る。

市区町村の学校適正化の取組みへの支援状況では、「積極的に支援している」6県、「要請に応じて支援している」24県、「特にしていない」17県である。

少子高齢化が進み、児童生徒数の減少が課題になっている地域も少なからず存在する。そのような地域を相当数抱えている県もあると察するが、支援は必ずしも多いとは言えない状況であることがわかる。

都道府県の具体的な支援内容は次のとおりである。

①激変緩和のための学習面・生活面の支援の観点からの
　人事面での措置　　　　　　　　　　　　　　　16県
②統合校の教員定数減の緩和措置　　　　　　　　12県
③方針や手引き等参考になる考え方の提示　　　　11県
④学校の適正規模の基準の設定　　　　　　　　　 9県
⑤事務量・調整業務の増加に対する人事面での措置　8県

都道府県教育委員会は、県内公立学校の教職員の任命権者である。学校の設置者である区市町村に対する具体的支援として効果が高いのは、加配教員の配置である。調査結果からも、その具現化のために任命権者である都道府県が支援している状況が読み取れた。

また、学校規模適正化に関して学級数の基準を定めているのは10県であり、内訳は次のとおりである。

小学校では国の標準である12〜18学級を同一とした県は6県、12学級以上とした県が4県、中学校では国の標準である12〜18学級が3県、9学級以上が3県、9〜18学級が3県、6学級が1県である。

中学校の国の標準である12学級とは1学年4学級編成である。そのためには1学年160名以上の生徒数が必要である。人口減少社会の今、それだけの入学生徒数の確保はかなりハードルが高い。そこで、より少ない学級数を基準としている都道府県が多いという実態が読み取れる。

一方、都道府県が学校配置の適正化に関して国に望む支援策は次のとおりである。

275

①教職員定数の加配措置による支援	47県
②施設整備への補助	38県
③スクールバス導入費用への補助	38県
④統合が困難な小規模校への支援の充実	37県
⑤学校規模適正化の可否を検討する際に参考となる資料の提供	31県
（上位5項目のみ　以下省略）	

　国に対する支援策では、47都道府県がすべて加配教員の措置を求めている。統合に伴う諸問題への対応のためには、何よりも人的条件の整備が肝要であることが、この要望数を見てもわかる。

　しかし、近年の教職員定数を純減させる国の文教予算編成の状況をみると、人的条件整備は、そう簡単には進められないだろうと危惧する。

②　実態調査結果Ⅱ　区市町村の状況

　同調査では1753の区市町村を対象に、学校規模の基準を独自に定めているかを尋ねている。その結果は次のとおりである。

基準を定めていない	78%
学級数を定めている	17%
学校全体の児童生徒数を定めている	3 %
各学年または各学級の最低限の児童生徒数を定めている	3 %
定めることを検討している	2 %
その他	2 %

　このように、多くの市区町村で基準を定めていないのは、そのまま基準設定の難しさを示していると言える。

　学校設置者の自治体は、自然条件、社会条件などで多様な地域をかかえる。山間僻地や島しょ地区、中心市街地の空洞化、高齢化の進むニュータウン地区、同和地区や在日韓国朝鮮人の居住地区など。また、京都市の番組小学校のように開校当初からの地域との関係の深い地区、将来的に人口が増加する地区

など、まさに多様な地区が存在する。

　ある基準を設けようにも、さまざまな因子が絡み合い、例外措置を望む声が住民や議会から続出する。設置者としては、一定の基準の基に学校を運営したいと企図するが、現実には住民のコンセンサスを得るためには、相当の困難さが伴う。

　したがって、調査結果にもあるように、多くの市区町村では基準を定めていない。あるいは定めたとしても、緩い基準としている。

　では、所管する学校の適正規模に関してどのような認識を抱いているのであろう。同調査によれば、全市区町村が、域内の小中学校の規模について次のような認識をしている。

おおむね適正である	17%
おおむね適正だが、一部に過小規模校がある	24%
同　　一部に過大規模校がある	3 %
同　一部に過小規模・過大規模がある	13%
全体として必ずしも適正規模になっていない	29%
必ずしも適正ではないが統合の対象となり得る学校が域内にない	7 %
おおむね適正だが近い将来過小規模の学校が生まれるまたは増えることが想定される	5 %
おおむね適正だが近い将来過大規模校が生まれるまたは増える可能性が想定される	1 %
おおむね適正だが近い将来過小規模及び過大規模の学校が生まれるまたは増えることが想定される	1 %

　このようにおおむね適正規模であるとしているのは全体の57%である。それに対して36%の市区町村では、将来も含めて適正規模でない学校がある（生まれる）としている。その他は7 %ある。

　少なからぬ区市町村で適正でない学校をかかえつつ、適正規模の基準を定められない現実がこの調査からわかる。全国の市区町村教育委員会の教育長はじめ、幹部職員、地方議会にとって学校の適正配置は大きな行政課題である。

③　通学にかかわる対応策

　統合に伴う保護者、児童生徒の不安の一つに通学時間の増加がある。

　前述した事例調査によれば、過去３年間の782校の統合後の通学時間は最短で７分間、最長で75分間であった。通学時間別に割合の多い順に表記する。

30分以上35分未満	21%
20分以上25分未満	15%
40分以上45分未満	13%
25分以上30分未満	12%
中略	
60分以上65分未満	3 %
70分以上75分未満	1 %

　この通学時間を見ると、児童生徒にかなりの負担がかかっていることが推察される。

　中央区立泰明小学校の児童は、2008年当時、１都３県約30区市の地域から、ＪＲ、東京メトロ、バス、モノレール、自家用車（未公認）等10種の交通機関利用と徒歩で通学していた。

　通学時間は通常の小学校より長くかかる。路線によってはラッシュアワーに重なることもあり、常に危険と隣り合わせであった。実際、筆者が赴任する前には、京葉線ホームで低学年女児が死亡するという痛ましい事故も発生していた。

　1998年の地下鉄オウムサリン事件は泰明小学校児童がよく利用する東京メトロ日比谷線、丸の内線、千代田線で発生した。散布される時間がもう少し早ければ、児童の通学時間に重なり大量の犠牲者を出していた。

　このような状況から、通学の安全確保は泰明小学校の最重要課題であった。

　こうした筆者の校長としての経験からも、統合後の通学時間については、児童に大きな負担を強いているのではないかと危惧する。

　前出した調査では、統合前に比べて通学手段の変更状況をまとめている。

スクールバス利用	243校→584校	341校増
借り上げタクシー	27校→68校	41校増
路線バス	161校→172校	11校増
スクールボート	1校→ 4校	3校増

　このように統合後の通学手段の変更を含め、徒歩・自転車以外の児童生徒の通学手段は次のようになる。

	小学校		中学校	
スクールバス	2788校	14%	1442校	15%
路線バス活用	1330校	6%	934校	10%
コミュニティバス	408校	2%	199校	2%
スクールボート	4校	1%未満	9校	1%未満
借り上げタクシー	429校	2%	170校	2%
保護者送迎補助	462校	2%	306校	3%
その他	165校	1%	144校	1%

（公立小学校　20558校　公立中学校　9707校）

　文科省では、2015年度予算において、へき地児童生徒援助等補助金として161500万円（前年度比30500万円増）を措置している。このうち遠距離通学費として「遠距離通学費」「寄宿舎居住費」「高度へき地修学旅行費」の３項目で46800万円（前年度比6600万円増）を措置し、支援をしている。

　全国的に見るとスクールバスを利用する学校は１割を超えている。では導入した市町村ではどのような工夫をしているだろうか。導入している1037の市区町村の工夫は次のとおりである。

乗車指導・安全指導の継続的実施	91%
停留所の安全確保	82%
運行ルート等の設定に係る地域・ＰＴＡとの協議	70%
放課後の児童生徒の待機場所の確保	65%
降車場所や停留所から自宅に帰る道筋での安全確保	53%

これらの対応策の実施に比べて、教職員の同乗（9％）、保護者の同乗
（1％）、地域住民の同乗（1％）などの対応策は、あまり実施されていない。

　幼稚園のスクールバスでは必ず教員が同乗するが、小学校入学後は原則とし
て児童のみでスクールバスに乗車するという実態が見てとれる。

　乗車時間の有効利用では11％の自治体で実施している。内訳は読書の推奨
38、音声教材の放送5、指導員の同乗による教育活動の実施4、その他19である。

　揺れるバス内での読書が、成長期の児童生徒の視力に与える影響については
慎重な検討が必要である。今後は、小学校での英語の教科化などに伴い、音声
教材による英語の練習なども一層導入されていくのではないかと推察する。

　スクールバスなどの活用による徒歩時間の減少が児童生徒の体力低下をもた
らす可能性がある。

　2009年、筆者が北海道教育委員会教育長と面談した際、北海道の児童生徒の
シャトルラン［持久力］の低成績を課題にしていた。条件が許せば、交通機関
を途中で降りて、徒歩通学をさせて体力の向上を図りたいが、安全確保が課題
とのことであった。

　児童生徒にとって、日々の通学における体力づくりは貴重な機会である。徒
歩時間減少による体力低下防止策を実施している12％（259）の市町村では、
下記のような対応策を講じている。

休み時間において外遊びを積極的に推奨	68％
校門前の一定の距離で降車させ、徒歩時間を確保	25％
乗車場所を校外に設置し、徒歩の時間を確保	20％
放課後の乗車前に外遊びの時間を設定	19％
遊具・運動場等の運動環境を改善	16％
降車後軽い運動をさせる	12％
放課後なども含めて1日の運動時間の目安を定めている	9％
歩数計を活用して歩数の確保に努めている	3％
その他	27％

　上記の「休み時間の外遊びの推奨」や「運動環境の改善」などは、どの学校

でも努力をしている内容であり、ここでわざわざ体力低下防止策に掲げるほど
の対策でもない。

ここでは一定距離を歩かせる市区町村が２割程度であるという現状を問題に
したい。学校付近の地形や気象などの自然条件や交通量や防犯等の社会条件か
ら、一定距離を歩かせる対策に慎重な自治体が多いことは容易に想像できる。

管理者にとっては、体力低下の危惧よりも安全な通学という命題が重要であ
ろう。だから、このような調査結果になっている。

しかし、今後人口減少に伴う統廃合が進み、徒歩通学以外の児童生徒がます
ます増加する。行政、学校、保護者、地域住民が一体となって、さらなる対応
策を推進していく必要がある。

④　通学路の安全確保

各自治体では、通学路の安全確保についての指針を定めている。2015年９月
１日施行の東京都の「通学路等における児童等の安全確保に関する指針」は東
京都安全安心まちづくり条例に基づき、基本的な考え方や具体的方策等を定め
ている。

その中で、通学路の選定基準として５項目掲げている。次のとおりである。

①できる限り歩車道の区別のある道路とし、その区別がない場合には次の条
　件に適合すること
　・車両の交通量が比較的少ないこと
　・児童等の安全な通行を確保できる幅員を有する道路であること
　・児童等の通行の妨げとなる物件がないこと
②遮断機のない踏切及び見通しの悪い箇所が少ないこと
③横断箇所には、横断歩道、信号機等の交通安全施設が整備されていること
④地下道などの暗く人目につきにくい場所及び犯罪の発生状況等から特に安
　全上注意を払うべき場所がないこと
⑤その他児童等の通学路として道路環境が不適切でないこと

こうした通学路の選定基準を踏まえると、「学校より１キロメートル手前で

スクールバスを降車して徒歩通学する」という体力向上策も、実施にあたっては課題の多い地域もあるだろうと推察する。

例えば、統合により東京都檜原村では檜原学園（小中一貫校）１校のみとなり、多くの児童生徒は交通機関を使って通学する。檜原学園前の道路は檜原村の幹線道路である檜原街道であるが、カーブも多く見通しの悪い箇所もある。また山間部であり冬季の日没は早い。交通量も一定程度あるが、歩道部分の整備は不十分である。

仮に１キロメートル手前で下車させて、歩かせようとしても、この指針の通学路選定基準に抵触する恐れがある。

歩車道の区別のない道路は、指針では次の措置を講じるように求めている。

①学校周辺の必要な個所については、駐車禁止等の措置を講じること
②登下校の特定時間帯には、交通実態に即して車両交通止め（歩行者専用道路）その他の必要な交通規制を行う
③路肩の整備及び路肩放置物件の整理を行う

おそらく、全国のスクールバス等を利用する地区は、同様のケースも多いであろう。「通学路の安全確保」と「徒歩通学による体力づくり」は地域によっては難解な連立方程式になっているのである。

(4) 少子化に対応した学校づくり

① 政府の戦略

前述した「学校規模適正化等に関する実態調査」（2015年９月実施）は次の政府方針や教育再生実行会議提言を踏まえたものである。

安倍内閣は、2015年６月24日の閣議において、「経済再生運営と改革の基本方針2016」で、「学校規模の適正化に向けて、距離等に基づく学校統廃合の指針について、地域の実情を踏まえつつ見直しを進める」と決定した。

それを受けて、2015年７月４日の教育再生実行会議は第５次提言で次のように述べた。

「学校が地域社会の核として存在感を発揮しつつ、教育効果を高めていく観

点から、国は、学校規模の適正化に向けて指針を示すとともに、地域の実情を適切に踏まえた学校統廃合に対し、教職員配置や施設整備などの財政的な支援において十分な配慮を行う。国及び地方公共団体は、学校統廃合によって生じた財源の活用等によって教育環境の充実に努める」。

政府としては、前述した調査の他に、「学校規模適正化等に関する調査協力者会議」の開催（6回）、「少子化から生じる課題に対応している教育委員会や子供の体力向上に知見のある研究者等からヒヤリング」（8回）を実施して、課題の把握に努めた。

そして、2015年12月27日に「まち・ひと・しごと創生総合戦略」を閣議決定した。そこには、「公立小・中学校の適正規模化、小規模校の活性化、休校した学校の再開支援」として次のように述べられている。

「集団の中で切磋琢磨しつつ学習し、社会性を高めるという学校の特質に照らし、学校は一定の児童・生徒の規模を確保することが望ましいが、今後少子化の更なる進展により、学校の小規模化に伴う教育上のデメリットの顕在化や、学校がなくなるということによる地域コミュニティの衰退が懸念されており、各市町村の実情に応じた活力ある学校づくりを推進する必要がある。そのため、地域コミュニティの核としての学校の役割を重視しつつ、活力ある学校づくりを実現できるよう、学校統合を検討する場合や小規模校の存続を選択する場合、更には休校した学校を児童生徒の増加に伴い再開する場合などに対応し、活力ある学校づくりを目指した市町村の主体的な検討や具体的な取組をきめ細やかに支援する」。

この戦略では、少子化時代における「活力ある学校づくりの推進」を目標として施策を展開するとしている。その際、「地域コミュニティの核としての学校の役割を重視」すると述べる。その具体策は総合戦略アクションプランとしてまとめられている。次のような内容である。

まず緊急的取組みとして、前述した「公立小・中学校の適正規模・適正配置に関する手引」の策定である。この「手引」は総合戦略決定1か月後の2016年1月に策定され、全国に通知された。スピード感のある展開で、関係者の苦労

283

がうかがわれる。

　次に2015年度では、「学校統合を行う地方公共団体の支援」「小規模校を維持する場合の教育活動の高度化」「休校した学校の再度支援の指針」の施策を進める。さらに2016年度以降5か年間でも、同様の施策を引き続き進めるとしている。

　このアクションプラン3本の柱のうち、統合校の教育環境整備支援の2016年度予算は次のとおりである。

> 公立学校施設整備費　　　644億6200万円
> 教員定数の加配措置　　　100名→300名に増加
> 統合校における特色ある教育活動への支援　2700万円

　施設設備について、現行では新増築は2分の1補助、改修では3分の1補助だったが、既存施設を活用した学校統廃合の整備は2分の1として、地方自治体の学校統合のインセンティブを高めようとしている。

　また、少子化に伴い生じる余裕教室を子育て支援施設や高齢者福祉施設に活用するための補助については3分の1を国が行う。

　具体的には、放課後児童クラブ、保育所、児童館、子育て支援センターなどの子育て支援施設、デイサービスセンター等の高齢者施設へ転用するための既存施設の解体撤去工事である。

② 　地域社会の核としての学校

　前述したように、教育再生会議第5次提言（2015年7月4日）では、「地域社会の核としての学校」という表記をしている。これを受けて、中教審生涯学習分科会学校地域協働部会と初中分科会地域とともにある学校作業部会は、2015年12月7日に「新しい時代の教育や地方創生の実現に向けた学校と地域の連携・協働の在り方と今後の推進方策」を答申した。答申では、「地域における学校との協働体制の今後の方向性」として、「支援」から「連携・協働」へ、「個別の活動」から「総合化・ネットワーク」とスローガンを掲げ、仮称「地域学校協働本部」を設置するとしている。

「地域学校協働本部」には、①コーディネート機能、②多様な活動（より多くの地域住民の参画）、③持続的な活動の３要素が必須であると述べる。

今後、国としては、制度面、財政面を含めた条件整備や質の向上に向けた方策を実施する。また小中学校の設置者である市区町村に対して、ビジョンの策定や体制整備、コーディネーターの配置を進めるように求める。

文科省は2016年１月に「『次世代の学校・地域』創生プラン（馳プラン）」を策定した。この中で、学校と地域の連携・協働の中核を担う地域連携担当教職員（仮称）を設置するため、2016年度に学校教育法施行規則を改正するとしている。また、地域学校協働活動の実施に関するガイドラインを作成する。

現時点では全国平均して、１小学校の地域住民は約6500名、中学校は約13000名。１小学校区に郵便局が１つ、コンビニが２つ、100歳以上の長寿者が３名いる。その一方、空き家が400戸、崖崩れ危険箇所は20か所を超える。

これらの数字は平均値であり、実施はその数は偏在する。１小学校でも多様な地域住民が生活し、その特色や課題もさまざまである。

人口減少社会にあって、「地域の核としての学校」という考え方は重要な視座になる。しかし総括的なコーディネーターに有能で適切な人材を得られる地区はいいが、そうでない地区では学校の業務量がますます増え、管理職はじめ幹部教員、ＰＴＡ役員が疲弊するのではないかと危惧する。

③　校長が取り組む研修課題

「地域の核としての学校」を掲げ、「地域学校協働本部」を立ち上げて、それを軌道に乗せるためには、校長の経営手腕が欠かせない。

それは、これまでの学校と地域連携の成功事例を見てもわかることである。

校長が人口減少社会の課題を踏まえ、「地域の核としての学校づくり」を進めるためには、校長自身の研鑽が必要である。

そもそも、近年、校長自身はどのような研修課題に関心を抱いているのであろうか。

全連小現職教育委員会では、全国４％の小学校長（815校程度）に調査を依

頼している。その結果は次のとおりである。[10]

　問　校長として、学校経営上取り組まなければならない研修課題を３つ選んでください。（単位は％）

	2012	2013	2014
○変化への対応と特色ある教育課程の編成	47.7	49.1	49.5
○特別支援・学校不適応児童への対応	41.6	41.7	43.7
○学校における安全管理	35.9	32.1	30.3
○適正な組織と教職員の配置	33.4	36.0	35.8
○教職員の評価	22.2	22.5	21.1
○教職員の心身の健康管理	21.8	23.4	27.6
○教職員の服務	21.7	20.1	24.5
○校種間連携の推進（幼[保]中小）	20.6	20.2	15.7
○家庭・地域社会との連携	19.2	21.5	19.4
○校長自身の目標管理に関する研修	15.2	14.6	13.1

　この３年間で、上位10項目の順序は変化がない。

　また、選択した課題の割合も、大きな変動は見られない。わずかに2014年に学校間連携が減少している程度である。

　こうして見ると、「家庭・地域社会との連携」について選択している小学校長は約２割程度である。

　ちなみに、「家庭・地域社会との連携」についてそれ以前には、次のように約３割程度選択されていた。

2005年　31.0％	2006年　23.5％
2007年　31.5％	2008年　33.4％

　これが2010年から約２割程度に減少する。そして「特別支援・学校不適応」などの項目が増加する。

　近年の小学校長にとって、「家庭・地域社会との連携」はかつてほど高い研修課題となっていない。それは、変化する時代の中で次々と新たな課題が登場するからでもある。

今後、「地域学校協働本部」の立ち上げに向けて、まず校長自身が「家庭・地域社会との連携」について、再度自己研鑽を進めることが大切である。

④　学校施設の活用

統合した後、1校または複数の学校が廃校となる。

地域社会のシンボルだった学校が廃校となるのは、地域住民にとってもつらい決断である。もし仮に、廃校となった学校がそのまま転用されなければ、歳月とともに朽ちていく。かつて学んだ校舎が廃屋となるのを目の当たりにするのは、地域住民にとって断腸の思いである。

2014年6月に愛媛県の山間部の廃校を訪ねた。校庭では高齢者がゲートボールをしていたが、校舎はそのまま使用されていなかった。

2015年7月に宮城県の廃校を訪ねた。校舎内は、廃校直前の生活がわかるほど、備品や書物などがそのままの状態で残されていた。その一方で、廃校した中学校は企業が誘致され、再利用がされていた。

使用されなくなった校舎の活用は、東京などの都会では比較的順調に進められる。高齢者施設や生涯学習施設、保育所やその他の福祉施設など、不足気味の公共施設への転用を図る自治体が多い。

特に少子高齢社会になった今日、児童生徒数の減少分だけ増加した高齢者のためにモデルチェンジするのは行政の使命である。

しかし、人口減少が進み過疎化した自治体では、公共施設に転用しても住民の利用度が低く、ランニングコストの捻出もままならない。いきおい、何にも転用されず放置されることになりかねない。それより、民間企業などに売却したほうがよい。

そこで、文科省では、「活用用途募集廃校施設等一覧」をホームページで紹介し、廃校した学校の活用を促進している。2016年6月1日現在、北海道から沖縄県まで202校が掲載されている。

掲載されているなかで東京から最も近い山梨県大月市の笹子小学校の紹介データを見る。JR中央線笹子駅から徒歩5分、中央自動車道大月インター下

車20分、用途指定なし、都市計画区域外、土地面積6174平方メートル、東校舎1223.54平方メートル（1959年築）、西校舎564.08平方メートル（1960年築）、譲渡先公募、貸与先公募、条件は雇用拡大や地域活性化につながることを希望、校舎・体育館とも耐震診断基準を満たしていないので使用不可、連絡先は大月市教育委員会事務局学校教育課教育総務担当。

　笹子小学校は、駅から徒歩5分という環境にありながら廃校となった。鉄筋コンクリートの校舎が建設されたのは55年前。当時としては早い時期での鉄筋コンクリートの校舎であったろう。しかし、建設後50年を過ぎて、老朽化が進んでいるに違いない。

　約6000平方メートルの敷地は、東京都内の平均的な小学校とほぼ同様の面積である。工場などに転用すれば、大きな建物をつくることができる。中央自動車道にも近く、物流拠点にもなり得る物件である。

　このように都会に近く転用しやすい廃校は限られている。「一覧」で紹介されている物件のうち48件が北海道、23件が鹿児島県のものであり、交通の便利な物件はそう多くない。

　今後、さらに廃校数は多くなる。売り手である地方自治体と借り手である民間事業者とのコーディネートする体制をさらに整備する必要がある。

(5)　体験的学校経営論

①　東京都中央区の学校適正配置

　東京都中央区は、銀座や日本橋、築地や新橋などを擁する全国有数の商業地区である。高度成長期にオフィス化が進み、居住人口は低下し続けた。

　2004年から3年間校長を務めた阪本小学校は日本橋兜町、日本橋茅場町を学区とする。学区には東京証券取引所や国内外の証券会社や金融機関が林立する。筆者が校長時代には、学区域に住む児童は3名程度であり、電車通学の児童を含めて全校児童数は100名程度。土曜日、日曜日には学区内にはほとんど人通りもなく、店舗は閉められていた。

　学制発布以来、第一大学区第一中学区一番校として存立し、文豪谷崎潤一郎

らを輩出した名門校である。明治時代の「学校すごろく」にも阪本小学校は、振り出しの師範学校の次に描かれている。

　しかし、地域住民の減少や高齢化が進み、児童数は減少する一方であり、併設幼稚園は休園を余儀なくされた。このような状況を鑑み、地元住民は阪本小学校を存続させるために必死の努力を重ねていた。

　同様の小学校は、中央区内にもいくつか見られることから、区教育委員会では2004年6月に「中央区学校教育検討会」を立ち上げ、2006年2月に報告書をまとめた。[11]

　同検討会では次の視点で、中央区の学校・学校教育の在り方を検討した。

①区としての主体的な取り組み
②都心区としての特性を踏まえた取り組み
③厳しい財政状況の中での有効な施策の取り組み
④中長期を見据えた先導的な取り組み
⑤多様なニーズに応える選択可能な施策の取り組み
⑥子供たちの「生きる力」を育成し、「確かな学力を」を身に付けさせる取り組み

　同報告書では、小学校の就学状況について次の4項目を指摘している。

①学校規模（児童数）に格差がある
②児童の約3割が区外から通学している
③区内の他の通学区域の小学校に通っている児童が相当数いる
④児童の大部分が区外から通学している小学校がある

　そして、就学状況をA〜Dの4タイプに分類した。

　阪本小学校、泰明小学校は大半が区外から通学するAタイプに分類された。月島地区のように大多数の児童が学区域内から通学する学校は、Dタイプに分類された。

　また、「中央区人口推計報告書」に基づき、2018年まで、13年間の児童数や教室数の予測をし、次のようにまとめた。

①学校規模の格差が拡大する

②児童の大部分が区外から通学している小学校は小規模のまま推移し、存続
　が危ぶまれるとともに、通学区域内に限定した場合は存続が困難となる

③将来人口が増加する地域の一部の学校で、教室数が不足すると予測される

②　中央区特認校制度開始

　粗く言えば、当時の中央区の状況は、東京湾岸部の月島、佃島地区で人口が増加し、ＪＲ山手線沿いの商業地区で減少していた。

　したがって、山手線沿いの学校を統廃合して、月島、佃島に教室数を増やす。こうした考え方が、シンプルであり、区民も理解しやすい。

　しかし、統廃合の対象となる山手線沿いの学校はいずれも伝統ある名門校ばかりであり、各地域の要望や同窓生の愛校心も一方ならぬものがある。

　一方、教室数を増やすためには、新設校の設置か既存校舎の増改築が不可欠である。だが、長期的な見通しでは、若年人口はやがて減少に転じる。

　児童数の増加に伴い教室数を増やせば、やがてそれが将来の足かせになるのは、多摩ニュータウンや江戸川区臨海部などの事例が証明している。

　最も望ましいのは、月島、佃島地区の児童が自然と、山手線沿いの学校へ通学するように誘導することである。児童数の多い地域と少ない地域を足して２で割り平均化させるという発想である。

　しかし、それを実現するためには、いくつもの課題がある。課題を克服するための条件整備が必要である。まずは、交通機関を利用しても山手線沿いの学校に通いたいという魅力ある学校づくりを進める。安全に通える通学条件を整備する、保護者が実際に、学校選択行動を起こす仕組みづくりを進める。

　こうした考え方の基に、2009年度入学児童から開始したのが「小学校特認校制度」である。

　中央区では、「特認校制度とは、現通学区域を前提としながらも、施設に余裕のある学校を『特認校』として指定し、その特認校には通学区域に関係なく、希望により就学できる制度」と説明する。

現在、特認校になっているのは、行政番号順に次のとおりである。

①城東小学校　八重洲二丁目　東京駅八重洲口前

②泰明小学校　銀座五丁目　銀座駅徒歩２分

③常盤小学校　日本橋本石町四丁目　神田駅付近

④阪本小学校　日本橋兜町　茅場町駅徒歩２分

　これらの特認校は、中央区在住の学齢児童なら誰でも希望できる。ただし、区外在住者は申込みできない。また、入学を希望する者は、次の条件を満たす必要がある。

①児童とその保護者が、就学を希望する特認校の教育方針に賛同すること

②児童が特認校に自力で通学すること

③原則として児童が特認校へ卒業まで通学すること

　特認校制度の導入と制度設計については、何度も区教育委員会と校長会で協議を進めてきた。筆者も当該校の校長として、また品川区教育委員会指導課長時代に学校選択制導入をした経験から、さまざまな意見や要望を申し入れた。

　学校の安定的な経営をするためには、保護者面談の上で宣誓書を提出させたいところである。そのような主張もした。しかし、万人の就学を受け入れる公立小学校であることに鑑み、上記のように必要最小限の通学条件とすることで「了」とした。

　特認校入学希望者は以下の手続きをとる。

①学校の情報収集→学校案内冊子、学校ホームページ等で、学校公開や説明
　会日程を確認する

②希望学校の学校説明会へ参加→学校の教育方針について直接説明を受け、
　申請に必要な「説明会参加済証」をもらう。説明会に参加できないとき
　は、学校へ個別に問い合わせをする

③特認校制度の申請手続き→案内に同封した「特認校就学申請書」の必要事
　項に記入し、希望する学校が交付する「説明会参加済証」を添付し、受付
　時間内に申請する

　特認校就学希望者には、風評だけでなく実際に学校の教育方針を聞いて判断

291

するように制度設計した。これは保護者が安易に、「人気校」に集中したり、ある事案のうわさで判断するのを予防するためである。これも校長会からの要望事項であった。

　希望する保護者は、９月下旬から10月初旬の学校説明会に参加し、10月中旬頃までに申請する。11月には申請結果を保護者に伝えるが、受け入れの上限を超えた場合には抽選を行う。

　60名の入学定員の泰明小学校の学校説明会には筆者の校長時代、毎回百数十名の保護者が参加し抽選となっていた。

　学校説明会では私とＰＴＡ会長が、学校の教育方針と保護者の学校への協力、通学への責任などについて、かなり厳しい姿勢で臨んだ。ＰＴＡ会長の発言を批判する書き込みがインターネット上に掲載されることもあった。

　抽選の結果補欠となった場合には、辞退者が生じた時に登録順位に従い繰り上げ当選になる。泰明小学校入学希望者は、国私立小学校と掛け持ちをすることもあり、補欠者から入学する児童もいる。

　繰り上げ登録にならなかった児童は、当該通学区域の小学校に入学することになる。

③　中央区特認校の現状

　月島地区から通学しにくい城東小、常盤小、阪本小には大型スクールバスを運行している。

　スクールバスは、登校時１便、下校時２便で毎週月曜日から金曜日まで。乗車場所は月島地区で４か所（月島、勝どき、晴海、佃島）で、降車場所は３校の正門付近である。

　近年の特認校の児童数を見る。2015年５月１日の学校基本調査での児童数は以下のとおりである。（単位は名）

	1年	2年	3年	4年	5年	6年	合計
城東小	32	16	21	10	15	11	105
泰明小	60	51	58	59	56	56	340
常盤小	35	23	14	22	14	12	120
阪本小	27	26	21	28	17	22	141
小計	154	116	114	99	102	101	706

　こうして見ると、全体として特認校の児童数は増加傾向にあると言える。特に、2015年度の新入生の増加が顕著である。

　特認校制度が開始されてから6年が経過し、各学校の教育方針について保護者からの支持が高まってきているものと推察する。

　しかし、特認校においてもいくつかの課題はある。

　スクールバス内での生活指導、特別な支援を必要とする児童の集中による教育指導の難しさなどもその一例である。泰明小学校を例に、少し具体的に検討する。

　泰明小学校の関係者からは、近年の保護者の変化を指摘する声がある。かつては、広範囲の地域から通学し、「泰明小学校に通わせていただいている」という保護者の意識が支配的であった。したがって、学校の教育活動への理解と協力、自分の子供への躾はかなり質の高いものであった。しかし、現在では「中央区民として泰明小学校に通うのは当然である」という意識が散見されるとのことである。

　現時点においても、泰明小学校のPTA活動、保護者会や学校行事などへの参加、協力は都内の公立小学校でもトップレベルを保持している。しかしながら、かつての保護者の意識とは微妙な変化があると多くの関係者が指摘する。

　次に変化したのは、児童の学力や生活態度等が低下してきたという声である。全国学力・学習状況調査で見る限り、東京都平均よりかなり高いレベルにあるし、家庭での学習時間が多く、ゲームやテレビ視聴時間が少ないという傾

向は変わらない。しかし、進学教室のテストで全国第１位となるような児童は見られなくなった。あいさつや決まりの遵守などでも若干の課題があるという実態調査などの説明も受ける。

さらに通学上の課題がある。区内の月島地区から、バスで通学する児童が急増したことである。これまで10種の交通機関で通学してきた児童は、ＪＲ有楽町駅、東京メトロ銀座駅、銀座一丁目駅、モノレール新橋駅等で下車して、徒歩で通学してきた。

それが特認校制度により、月島や勝どきで乗車し、晴海通りを北上するバスに集中する。筆者は2009年の特認校制度導入時から、やがてバス通学に集中するようになることを踏まえていくつかの対策を講じた。

①一斉下校時に使用するセカンドバッグの導入（混雑するバス内で一般乗客との接触を緩和）
②バス営業所の協力によるバスの乗車指導
③バス利用児童の保護者のための校長講話
④教員による停留所への引率体制
⑤一斉下校時の際の乗車時間の時間差確保
⑥６年生のリーダーシップによる車内や乗降車のマナー確保
⑦バス内で常習的に騒ぐ児童への特別指導

こうした対応策を講じつつも、特認校制度を所管する区教育委員会学務課長には、これらの方策は緊急避難的なもので、やがて将来的にバス乗車が過度に集中し、通学の安全が脅かされ兼ねないという意見を申し入れた。

爾来、６年間を経て、その危惧はますます強くなっている。ＰＴＡでは、登下校のパトロールなどを充実し、安全確保に一層取り組むようになった。

しかし、狭いバスに多くの児童がランドセルを背負い、一般乗客とともに立ったまま乗車するという状況は改善されていない。

将来的には、スクールバス導入、乗用車による送迎の許可などを含めて検討する必要がある。

④　泰明小学校の努力

　泰明小学校は中央区銀座五丁目にある。銀座五丁目は、長らく路線価格全国一だった鳩居堂と同じ地にある。

　日本の中心地であり富と財産が集積する地であるからこそ、泰明小学校及びその一帯は、これまでにもいくたびかの危機に見舞われてきた。

　古くはポーツマス条約反対集会での日比谷焼き討ち事件、二・二六事件、銀座空襲の校舎直撃爆弾による教員の殉職、70年安保日比谷公園松本楼焼き討ち事件、関西系暴力団東京進出銀座発砲事件、オウムサリン事件、国際ギャング団ピンクパンサー銀座宝石店強奪事件など、数えればきりがない。

　その他にも、北朝鮮制裁に伴う朝鮮総連の通学路のデモ行進、民主党大会への右翼団体街宣車動員、帝国ホテル要人宿泊やＡＰＥＣ開催に伴う警備、中国系ギャング団の宝飾店攻撃、日比谷公園テント村、東京電力本社へのテロの危険、有名ブランド店開店に伴う混雑など、その時代に直結した人々の動きを予測して、安全確保をしなければならない。

　また地政学的には、皇居、首相官邸、国会、霞が関官庁街にも近く、アメリカ大使館や兜町東京証券取引所、日本銀行、読売新聞社、朝日新聞社、毎日新聞社などもそう遠くない地域に立地しており、日常的な警戒が必要である。

　一方、こうしたなかでいつも廃校のリスクを抱えてきていた。例えば、次のような要因からである。

①銀座地区の児童・園児数の激減

②地元選出区議会議員の根絶

③地価高騰による他施設への転用案

④1929年建設の校舎の老朽化と東京都歴史建造物指定、経済産業省近代産業遺産登録

こうした潜在的な要因の他にも、いくつかの事案が重なる時もある。

　例えば、1988年放送の田原俊彦主演の『教師びんびん物語』では、架空の〈銀座第一小学校〉が舞台になった。平均視聴率22％の人気番組である。およそ3000万人が視聴したドラマの中で、〈銀座第一小学校〉は廃校の危機にさら

295

される。1988年6月20日放送のタイトルは「小学校が消える日」である。銀座の小学校は当時も今も泰明小学校しかない。筆者が校長時代にも、インターネットで「あれ？　銀座の小学校って廃校になったのではなかったの？」と時々書き込まれた。

　当時10代の主要な視聴者は現在40代から50代、学校教育に関心のある世代だ。このドラマでの廃校の風評は30年近くを経ても、残滓として存在する。

　2003年、筆者が赴任する3年前、1年生の児童が下校時に京葉線潮見駅ホームで転落し死亡した事故。なぜ小学生が電車で通学しているのだとマスコミや関係方面から指摘された。この事故を契機として、中央区教育委員会も区域外通学について厳しい判断をするようになった。

　こうした学校の存立そのものにかかわるリスクを踏まえながら、泰明小学校を盤石にしていくことが筆者の使命（ミッション）であった。

　盤石にするための戦略の根幹は「学校ブランド」の確立であった。これまでにも、全国的な知名度をもつ泰明小学校のブランドをさらに高めることが、今後の存立のための安全保障であると考えた。そこで次のような対策を講じた。

①教育活動の付加価値を高める高い学力、充実した教育活動、保護者・児童の満足度アップ

②周年行事における銀座パレードでのアピール

③地域資源の教材化　地域との一層の結びつき

④各種発行物の高度化　学校便り　行事案内等

⑤研究発表会での教育成果の公表

⑥校内環境の改善　高級感のある施設

⑦各種メディアへの露出　テレビ・新聞取材

⑧文科大臣の視察　財務省、都教委などの訪問

⑨泰明グッズの作成　半纏　Tシャツ　原稿用紙

⑩通学の安全確保とマナー向上

⑪その他

　例えば、地域との一層の結びつきである。生活科見学では帝国ホテル、日生

劇場、日比谷公園松本楼、銀座駅、松屋銀座、3年では木村屋アンパン、果物千疋屋、銀座三越、4年では銀座地区の各都道府県アンテナショップ、図工では銀座地区の画廊めぐり、幼稚園では日比谷公園、銀座交番、教文館など。

このような実践を進め、学校ブランドの向上を務めた。教職員、ＰＴＡ、同窓会、ＰＴＡＯＢ会、教職員ＯＢ、地域関係者などの協力を得て、当面の学校の存立の環境は整備されたと言える。

今日でも、泰明小学校の学校関係者は特認校としての教育活動の充実のために懸命な努力を続けている。その努力が、将来的にも変わらずに存立するための布石となる。今後の発展を願うばかりである。

(6) 変化する社会と教職の専門性の授業

① 教職大学院での授業の概要

2015年度秋学期の「変化する社会と教職の専門性」の授業を次のように構想した。春学期最終授業日の7月21日（火）に担当者を決定した。

第1回　9月15日（火）

(1)ガイダンス

(2)人口減少社会と学校教育・教師の専門性　向山

(3)人口減少社会と行政の役割　Ｈ（現職）　Ｍ（現職）

第2回　9月29日（火）

(1)東京都檜原村の取組　Ｎ（現職）　Ｓ（ＳＭ）

(2)東京都八丈島の取組　Ｙ（ＳＭ）　Ｔ（ＳＭ）

(3)東京都多摩ニュータウンの取組　Ｉ（現職）　Ｓ（ＳＭ）

第3回　10月6日（火）

(1)文部科学省の動向　　　Ｓ（現職）　Ｉ（現職）

(2)学校統廃合の歴史的経緯　　Ｎ（ＳＭ）　Ｏ（ＳＭ）

(3)神奈川県の取組　　　　Ｎ（現職）　Ｉ（ＳＭ）

第4回　10月13日（火）

(1)特別支援学校統合と拠点化　Ｈ（現職）　Ｉ（ＳＭ）

⑵子供減少社会と企業の対応Ⅰ（おもちゃ・文具など）Ｏ・Ｋ（ＳＭ））

⑶子供減少社会と企業の対応Ⅱ（レジャー・学習塾など）Ｎ・Ｓ（ＳＭ）

第５回　10月20日（火）

⑴宮城県丸森町の現状と課題　現地報告　Ｙ・Ｋ・Ｓ（ＳＭ）

⑵協議

第６回　10月27日（火）

⑴人口減少社会と教職の専門性の協議

⑵本授業を終えて　レポート作成

② 　宮城県丸森町現地調査

　Ｙ学生の故郷である宮城県丸森町。宮城県最南端に位置し、福島県相馬市や伊達市に隣接し、高齢化率35％。標高は300mから500mで人口は約１万5000人。Ｙ学生は小学校時代、複式学級で学んだ。

　本授業に備えて丸森町を訪ねることにした。丸森町教育委員会と協議し計画を作成した。６月に現地調査を希望する学生を募集した。訪問調査の内容は以下のとおりである。

１　　目的　「社会の変化と学校教育の役割」の学習を深めるため、少子高齢化の進む丸森町の現況と学校教育を支援する町教育委員会の努力、人々の願いに触れる

２　　予定　７月30日（木）日帰り

　７：44　東京駅発　東北新幹線やまびこ205

　９：51　白石蔵王駅着（学校教育課長出迎え）

10：40　丸森町教育委員会訪問（教育長と懇談）

　　　　　　⑴児童生徒の減少と学校統廃合の経過

　　　　　　⑵地域住民や保護者、児童生徒の状況

　　　　　　⑶少子高齢化の進展と丸森町の学校教育

11：30　丸森町見学　昼食

13：15　丸森町商工会大張支部共同事業「なんでも屋」[12]の取材　買い物

298

14：10	丸森小学校羽出庭分校（2015年3月廃校）　見学	
15：00	丸森町耕野小学校（Y学生母校）訪問	
	校長面談　校舎見学	
	⑴学校の教育活動	
	⑵複式学級の運営	
	⑶地域社会との連携	
16：58	白石蔵王駅発　やまびこ150	
18：48	東京駅着	
3　参加費用　21500円		

　現地調査には、筆者を含めて教員3名、現職教員学生3名、ストレートマスター6名の合計12名が参加した。

　訪問校の一つである丸森小学校出庭分校は、1880年（明治13年）に開校した。在籍児童数25名でのスタートである。1961年（昭和36年）には、118名の児童数を数えた。団塊世代が在籍した頃である。その後児童数が減少し、2014年には児童数4名になり年度末で閉校した。

　閉校式典は、2015年3月29日（日）。開式宣言の後、国歌斉唱、丸森町長式辞、丸森小学校長、教育事務所長、町議会議長、県議会議員が挨拶、分校児童のお別れの言葉、校歌斉唱で閉式した。

　筆者たちが訪問した日、学校の校舎内は3月までの学校生活がそのまま残っていた。3月の生活目標や各種掲示物、文房具などから廃校前の様子がリアルに感じられた。その光景を見た一行は、学校が廃校になるという現実を改めて、思い知らされた。

　ミニスーパー「なんでもや」は、2003年12月に開店した。商工会大張支部が共同出資・共同店舗として、地区の3分の2の世帯が出資している。

　これまでに、その取組みが注目され、総務大臣賞や農林水産大臣賞等を受賞している。しかし福島原子力発電所の事故以来、風評被害で売り上げは30％減少してしまった。それでも、懸命に努力を続けている。

　なんでも屋では、筆者たち一行のために資料を準備し、設立の経緯や現状と

課題がわかるようにしてくれた。

耕野小学校は、1873年（明治 6 年）、宮城県内で 2 番目に開校した伝統校である。2015年度は全校児童 9 名。3 年ぶりに新入生を迎えて入学式を挙行した。一部学年（5・6 年）は複式学級で運営している。

教職員は、校長、教頭、教諭 2 名　講師 1 名、代替養護教諭 1 名、事務主査 1 名、業務員 1 名の計 8 名のスタッフである。つまり、〈児童 1 名に大人が 1 名〉という校内体制である。なお O 講師は、廃校した羽出庭分校からの転任である。また、T 事務主査は大張小学校との兼務である。

耕野小学校では、山村留学児童の募集を始めた。長期留学は半年から、短期留学は 1 泊 2 日から 1 週間程度である。地域では、「山村留学推進の会」を発足させ、里親として協力する体制を整備している。今後の動向が注目されるところである。

③　学生の学修の状況

N 学生は、東京都檜原村を現地調査した。檜原村は島しょ部を除き東京都唯一の村であり、9 割を森林が占める。村の人口は2015年 9 月現在、2360名で、採石業、建設業、観光業などに従事している。

N 学生は、廃校になった数馬分校の元教員である M 氏と面談して取材した。

数馬小学校が開校したのは1874年（明治 7 年）。閉校したのは1999年。閉校の15年前から、統合について話題にのぼっていたが反対の声もあった。閉校当時は児童 7 名、教職員 8 名であった。閉校時には低学年児童の在籍はなかった。現在は檜原小学校数馬分校記念館として校舎が保存されている。数馬小学校は、かつて社会科の副読本にも取り上げられた。筆者も1983年頃、取材のために訪問したことがある。当時、数馬小学校に取材のために訪問する教師がかなりいた。

檜原学園は、檜原村で唯一の小中学校になった。学区域は檜原村全体に広がる。多くの児童生徒は路線バスを利用する。通学時間に差があるために、朝学習や放課後の活動を設定しにくい。

他地域との交流のために、3、4年生は社会科見学を兼ねて、中央区立阪本小学校や日本橋地区を訪問する。また。阪本小学校も檜原村の暮らしを見学するために、毎年4年生がバスで檜原小学校を訪問するという交流事業を進めている。これは筆者が阪本小学校校長時代の2004年に開始した事業で、12年間を経過して実績を深めている。

　かつて、村民の強い願いで開校した檜原村の各小学校。1874年の檜原小学校開校の翌年には、南檜原小、南秋川小、数馬小、共励小、北秋川小、藤倉小の6つの分校が開校した。山がちな地形のわずかな平地に、村民の努力で地域の学校を開いた。しかし、高齢化が進み、1982年からしだいに統廃合が進み、1999年数馬分校の廃校で檜原小学校のみとなった。そして、2011年に小中一貫校として檜原学園が開校したのである。

　筆者は、東京都校長会役員時代の2006年頃に檜原村教育長と面談した。当時から厳しい村の財政状況の中で、いかに学校教育の質を落とさないようにするかが課題であるとの認識を聴いた。小中一貫校になり、ランニングコストの節減は一定程度は図られたが、急速に人口減少が進む状況の中で、さらなる試練が待ち受ける。

　I学生は、多摩市教育長と面談し、多摩ニュータウンの現状を取材した。

　多摩市では、南側の多摩ニュータウン地区では高齢化が進んでいる。児童生徒数の減少により、1994年の南諏訪小の統廃合から始まり、2016年までに22の小中学校で統廃合が進んでいる。2015年度は小学校18校、中学校9校の学校数である。

　学生Iの取材によると、次のとおりである

・既存地域の住民の中に、ニュータウン地区と学区が一つになることの抵抗
　感がある
・学校選択制を採用したが、保護者に選んでもらえないと単学級になってし
　まう
・地域住民へのたび重なる説明が必要である
・統合した学校の付加価値をアピールしている

・廃校となった地区住民へのフォローが必要である

・廃校後の跡地利用を進める

　多摩市では、跡地利用の一つとして帝京大学や日本医科大学への売却、高齢者施設への転用、古い団地建て替えの代替施設などに活用している。

　2013年1月30日放送のNHKテレビ『おはよう日本』では、古い団地を建て替え、若い世帯を呼び込み、1200世帯のマンションが即日完売したと放映した。このため一部地区では児童数が増大した。

　多摩ニュータウンだけでなく、千葉ニュータウン、神奈川県のニュータウンでも居住者の高齢化が進み、児童生徒数が激減している。

　かつて、団地は若い人の住む街であった。筆者も長女が2歳から12歳まで、次女が9歳までの子育て期を横浜市の団地で過ごした。庭は団塊ジュニア世代の子供たちでにぎわい、地元小学校も多くの児童であふれていた。各種イベントも開催され、多くの家族連れが参加した。爾来25年余を過ぎて、団地の街はさびれてしまった。

　若い世代は、価格条件が許せばにぎやかな都心地区を希望する。それは雑誌などが掲載する「住みたい町ベスト100」などで明らかである。

　団地建て替え策により、今後、若い世代の購買行動がどのように変化するのか。そのことにより、学校統廃合がどう変化するか注視したい。

　学生Yと学生Tは、三宅島勤務経験者の教員から取材し、三宅島と八丈島の取り組みを報告した。

　八丈島は2015年9月1日現在、人口7846人で高齢化率は32.1％で過去10年間で生産年齢人口が18.2％減少した。

　八丈島はかつて職員団体が強く校長室のない学校もあった。1980年に赴任した知人の指導主事は学校内に入れてもらえなかったという。毎年11月3日が小学校の運動会、島民はそれぞれ学校へでかけ、夜は地域ごとに懇親会を開く。校長は、各集落の懇親会場をまわる。

　八丈島には5校の小学校があった。しかし、児童数が少ない極小規模の学校も出現するようになった。そういう小学校では、運動会の徒競走などもすぐに

302

終わってしまうので、豚を走らせるレースなどの種目も設定した。

校長会役員時代に、八丈島には2度訪問し、町教育委員会教育長や東京都教育庁八丈島出張所幹部、小学校長などと懇談した。学校の統廃合は、大きな課題であったが、隣接する学校の住民感情の食い違いなどが課題になっていた。祖先が貴重な水を巡り、対立を起こしたことが近年まで尾を引いていた。

八丈島学校訪問（筆者は左から4人目）

しかし、町教育委員会は学校統合に踏み切り、2007年に樫立小と中之郷小が統合し三原小となった。続いて2013年に末吉小が三原小に統合された。八丈島の小学校は、現在、三根小、大賀郷小、三原小の3校体制で運営されている。

八丈島では1994年から第3子には50万円、第4子には70万円の出産祝い金を贈与する制度を開始した。しかし、効果が上がらず現在では一律5万円の支給となっている。

八丈島は、近年観葉植物フェニックスロベレニーの世界的な産地として売り上げを伸ばしている。国内シェアはほぼ100％。ヨーロッパにも年間3000鉢輸

出している。しかし、大きな雇用の拡大には至っていない。若者の多くは高校卒業後、進学や就職のため、島を離れ戻ってこない。

八丈島の自然や食文化、温泉などにひかれ、再来する学校関係者は多い。今後、島根県隠岐諸島のように、若者のＵターンを促すようなさらなる魅力づくりが期待されるところである。

６回目の授業では、次の論点を示し、２組に分かれて討論をさせた。

児童生徒の急減と高齢者の増加の中で、学校統廃合を加速すべきか？

① 加速すべき主な意見
- ・自治体の財政状況に応じた学校数にして負担を軽減する
- ・教育上からも適正規模の学校にする
- ・複式学級や免許外教科の指導を是正する
- ・廃校した学校施設の有効利用を図る
- ・小中一貫校制度を活用し、適正配置を進める
- ・社会保障費の増額に備え、教育費を抑制する

② 加速に慎重な意見
- ・学校は集落のシンボルである
- ・災害時の緊急避難場所など公共性の高い建物である
- ・統廃合で学区域が広がり、通学の負担増となる
- ・廃校した学校の利用より、空き家対策を推進すべきである
- ・外国では小規模校でも教育成果を上げている
- ・教育費は未来への投資である

○ 学生のレポート

授業の終了時に、「『人口減少社会と学校』の現況を踏まえて、『教職の専門性』について自分の考えを述べなさい」という課題を課した。

丸森町出身のＹ学生は次のように述べる。

私は今日の議論も踏まえて、学校の統廃合は加速すべきではないと考える。しかし、事実として加速はせずとも統廃合は進んでいる。そうした時に、小規模校でこそ教職の専門性もその質を試されるのではないかと言える。

　例えば、複式学級が小規模校で当然のようになっている。これには、より幅広い知識と授業力が必要であり、それを高めていかなければいけない。複式学級の場合、学級づくり、経営も困難な部分が増えてくるだろう。その中で、異学年交流をどうとらえるかも問われてくる。…以下略

　学生Yは、自身が複式学級で学んだ。その経験も踏まえ、小規模校でこそ教職の専門性が重要であると述べる。

　多摩市教育長と面談したI学生は次のように述べる。

　日本の人口が減少し高齢化と少子化が加速することは何十年も前から自明のことであり、過疎地域に限らず、学校統廃合は避けて通れない問題である。しかし、地域にとって『学校』とりわけ小学校はかけがえのないものであり心理的に廃校への抵抗感が強く、行政としては慎重にならざるを得ない。

　自分は多摩市の現状を調べ、行政の難しさを知ることができ、かつ『よりよい教育』を提供する目標を達成するために学校統廃合を推進する信念に触れることができた。

　このような発表のための調査や他のチームの発表を通じて、学校統廃合とは、その地域により良い教育を提供することはどういうことか考えることだと思うようになった。…以下略

　学生Iは、実際に行政の考え方に触れ、よりよい教育を求めるための努力について考えるようになった。中学校の現職教師であるが、とりわけ小学校が地域にとって「かけがえのないもの」と思うようになった。

⑺　「人口減少社会と教師」の結び

　筆者の学校勤務は、大田区、港区、葛飾区、中央区で6校である。そのうち3校は、学校統廃合にかかわる事案を抱えていた。幸い、その3校とも廃校に

ならず、現在に至っている。また、自身が学んだ小学校から大学までの4校も名称も変わらず今日まで存続している。もし、仮に一つでも廃校になっていたら、きっと複雑な気持ちを抱いているだろう。

全国には、小中学校がおよそ3万校あり、1000万人の児童生徒が学んでいる。それが10年後には1割程度減少する。単純計算すれば、小中学校も1割不必要になる。全国でざっと3000校である。東京だけでも、200校程度不必要になる。

これまでも母校が廃校になり、心のふるさとを失い、寂しい思いをしている人々が多数いる。今後もますます母校を失う人々が多くなる。

明治期のリーダーが企画し、国民の協力があって世界に冠たる小学校教育を築いてきた。戦後にあっても、荒廃した国土の隅々まで新制中学校を建設し、就学を義務化した。

学校は、祖先が営々と築いてきた貴重な遺産である。今後とも各地で学校統廃合の検討は進むであろうが、ぜひ慎重に精査して判断をして欲しい。

人口減少社会における学校教育を考えるとき、教職の専門性がますます求められる。学校の適正配置は、財政的な視点とともに教育の質の向上という思想が欠かせないからだ。

人口減少社会では、生産年齢人口が減少する。国民一人一人の生産性を向上させなければ、持続可能社会は実現できない。ではどのようにして、生産性の高い人材を育成すればいいか。学校教育において基礎的な資質を十分に涵養することが有力な方策であると誰しも思う。

そのためには、教師の専門性を一層充実させなければならない。教職大学院は、その使命を踏まえ一層の努力を続けていかなければならない。

結びにTという親しかった一人の教師について記す。

Tは筆者が全国連合小学校長会の会長だったときに副会長として補佐してくれた。母体のI県の小中学校長会長でもある。現在のI県の体力・運動能力が

全国でも好成績をおさめているのは、ＴがＩ県教育委員会の体育担当者として尽力したことが大きい。Ｉ県校長会の幹部はそう証言する。

　Ｔは校長を退職して、故郷の市の教育長となった。就任にあたってのＴに与えられた使命は、市内の学校統廃合を進めることだった。しかし、Ｔは頑として学校統廃合を進めなかった。それはＴの信念だったが、貫くためにきっと強いストレスにさらされたことだろう。

　年に一度の全連小ＯＢ会で、適正配置の現状を筆者に報告してくれた。2014年秋の山口市でのＯＢ会には、余命いくばくもなかったので、家族が同行して参加された。元国民体育大会選手の頑健な体で、体力のギリギリまで仕事を続けた。そして、2015年退職して間もなく逝去した。逝去後の夫人からの手紙で、Ｔは体調不良をおして仕事を続け、ＯＢ会にも参加していたことを初めて知った。

　剛毅で偉丈夫な風貌の中に、故郷の学校の統廃合問題で苦悩するＴの姿が浮かんでくる。

　この小論を亡きＴに捧げ、この章の結びとする。合掌。

〈引用・参考文献〉

（1） 増田寛也（2014年）『地方消滅』 P11 中公新書

（2） 国立社会保障・人口問題研究所（2013年）『日本の将来推計人口』

（3） イギリス『エコノミスト』編集部（2012年）『2050年の世界 英「エコノミスト誌」は予測する』文藝春秋 P273

（4） 葉養正明（2012年）『人口減少下の学校の規模問題と教育システム』 国立教育政策研究所紀要 第141集 P7

（5） 文部科学省（2015年1月27日）『公立小学校・中学校の適正規模・適正配置等に関する手引―少子化に対応した活力ある学校づくりに向けて―』

（6） 添田久美子（2015年）『小規模校政策の概観』 和歌山大学教育学部附属教育実践総合センター紀要 別冊 P29～33

（7）「義務教育諸学校等の施設費の国庫負担等に関する法律施行令」第4条第1項第2号

（8） 前掲「手引」P16

（9） 若林敬子（2012年）『学校統廃合の社会学的研究』 御茶の水書房 P285～P449

（10） 全国連合小学校長会（2015年2月）『研究紀要』 P50

（11） 中央区学校教育検討会『中央区学校教育検討会報告書 ―中央区における新しい学校・学校教育像の構築に向けて―』 2006年2月

（12） 大江正章（2015年）『地域に希望あり―まち 人 仕事を創る―』 岩波新書 P170

Ⅳ 変化する社会と学校

1 変化する保護者

⑴ 保護者たちの現実

① 若い母親の「公園デビュー」

1990年代前半、「公園デビュー」が話題になった。自分の幼子を公園で遊ばせることができるか、若い母親である自分もママ集団の中に入れるか。ママの心配はつきない。親子共に公園で過ごせるようになれば、「公園デビュー」を果たせたことになる。

「公園デビュー」のためには、その空間にふさわしい親子の洋服、遊び道具、言葉遣いや態度が必要だ。あるデパートでは「『公園デビュー』コーナー」が開設された。コンサルタントが年収やマンション価格、周りの環境などを勘案して、幼子と母親の服装をコーディネートしてくれる。若い母親と幼児は、その洋服を着て公園デビューを果たす。

その頃、筆者は東京都文京区で幼稚園担当の指導主事をしていた。東京大学、お茶の水女子大学、日本女子大学などがある文京区は、名門幼稚園の集積する土地である。

各幼稚園を回り、若い母親たちの相談相手をする園長や教頭・主任たちから「公園デビュー」にまつわる事例をよく聞いていた。他者とコミュニケーションの取りにくい保護者の存在について、当時、まだ漠然としかその難しさをとらえていなかった。

数年後、その世代は小学校の保護者になった。それに合わせて「小学校ハウツー本」がよく売れた。その書には学級担任や教頭との接し方、ＰＴＡ役員の辞退のしかたなどのノウハウが満載されていた。

309

② 「モンスターペアレント」出現

　子育てが落ち着いて、再就職した母親を待ち受けていたのは厳しい労働条件の職場。毎日が忙しく、子供の朝食も満足に作れない。子供の学校行事にも参加しにくい。

　そんな時に、我が子が仲間はずれにされたと泣き叫ぶ。母親はよく確かめもせずに、学級担任に説明を求める。しかし、若い学級担任は頼りなくて、対応もしどろもどろ。そこで、休暇をとって学校へ乗り込む。管理職に対応を訴える。しかし事態は改善されない。数日を置いて、教育委員会へ「学級担任の交代」を申し出る。さらにエスカレートして「校長の交代」を要求する。

　こうして、忙しい母親と「頼りない」若手教師と、及び腰の管理職の〈関係〉は抜き差しならぬものになる。その母親は、「モンスターペアレント」と呼ばれるようになる。

　私は、教育委員会勤務や校長時代に、たくさんの「保護者対応」をしてきた。ほとんどの保護者とは、最終的には解決を図ることができた。しかし、解決できない事案も一定数あった。忸怩たる思いである。

(2)「保護者問題」への対応

① 　保護者対応に悩む若手教師

　「公園デビュー」世代が思春期の頃、テレビドラマ『金八先生』が放映されていた。テレビの金八先生は、いつも子供の味方だった。その世代は、その後「新人類世代」と呼ばれ、「公園デビュー」の時を経て、小学生の保護者になった。

　2000年代になって各地で保護者対応の難しさが話題になるようになった。

　東京都では、2000年代に新卒教師の退職が相次いだ。いずれも小学校の学級担任だった。自ら命を落とす若手教師も複数いた。

　学級経営で悩む教師は保護者対応が苦手だった。保護者の鋭い追及をうまくかわせず、一人で抱え込んでしまう。やがて、自分は教師に向いてないと思い込む。豊かな時代に育ち、他人とのコミュニケーションの苦手な若者世代に

とって、現実の厳しさは到底耐え切れない。

② 校長会の取り組み

　東京都公立小学校長会はこうした事態を重く見て、いくつかの対策を講じた。

　1点目が、対策委員会の活動である。筆者が担当役員の時に設置した。一つは「初任者配置対策委員会」で、「初任者の大量配置の状況把握とそれに伴う諸問題の調査」と「初任者配置及び初任者研修等に関する要望等についての意見集約」を実施している。もう一つは「学校要望等対策委員会」で「学校に対する多様な要望についての調査」と「教育管理職・教員のメンタルヘルスについての調査」を実施している。

　2点目が研修会の実施である。弁護士を講師として招き、厳しい事案とその対応についての事例を協議し、管理職の危機管理能力を高めた。

　3点目が行政への要望の具現化としての東京都学校問題センターの開設である。学校や地教委だけでは解決できない事案について、各種専門家チームで対応する組織を発足させた。

　4点目が全国レベルでの情報交換である。大都市と地方都市、農村部などでの実態の違いなどの学習である。

　5点目が理不尽な要求への各種会議での対応策の協議やメディア等を通じての反転攻勢である。

③ 学校での苦悩

　こうして2010年頃までには、給食費未払い保護者の減少などを含め、一定の落ち着きを見せ始めるようになった。東日本大震災後の厳しい状況もあり、このまま事態は改善されるかのようにも見えた。

　だが、2016年の今、大都市圏を中心に、保護者対応は依然として大きな問題となっている。出かけた学校で、保護者対応をしている場面をしばしば目撃する。保護者対応のために、研究授業や協議会に出席できない校長や副校長、悩

311

む学級担任教師の姿によく接している。

A小学校の事例。保護者が外国籍、子供は特別な支援が必要な子供。保護者が虐待を繰り返す。子供は、時に学校からエスケープする。校長が保護者を呼んで改善を促してもらちが明かない。児童委員や民生委員の助力を得るが話が進まない。そのくせ、ことあるごとに学校へ苦情を申し立てる。

校長も学級担任も疲れ果てている。しかし、人的スタッフの応援はどこからもこない。せいぜい週に一度のスクールカウンセラーだけである。

このような保護者を筆頭に自己チューな保護者、超過保護ママや放任家庭、ジジババ任せのルンルンママなど多様な保護者が闊歩する。現在の小中学校の保護者世代の多くは団塊ジュニア世代。そして、孫のバックには大量の団塊ジジババの存在がある。

(3)学校の対応策

① ランドセルが重い

現行の学習指導要領は40年ぶりに大幅に学習内容を増やす改訂で学力向上の期待があった。反面、子供や教師の負担増に伴う「負の影響」に、校長会では懸念を抱き対策を講じてきていた。しかし、残念ながら子供の問題行動は、予測していたとおりの結果になってしまっている。

9月16日（2015）文部科学省発表の「2014年問題行動調査」。小学校の暴力行為は、2010年から5年連続増加して、過去最多となった。2006年と比べた各学年の増加数。6学年1.9倍、5学年3.0倍、4学年3.8倍、3学年4.1倍、2学年4.3倍、1学年5.0倍。低学年ほど校内暴力の増加率が高くなっている。

不登校の小学生は2013年は前年比13.8％増。2014年は7.0％増。中学生は、2013年4.4％増、2014年1.7％増である。

不登校の増加の背景として「家庭の教育力低下で生活習慣が身に付いてないケースが増えている」「無気力でなんとなく登校しない児童が増えている」などの回答が、都道府県から寄せられているとのことである。

学習内容や授業時間数が増えれば、学習に遅れる子供が増える。子供のスト

レスがたまり、暴力やいじめ、不登校が増加する。

これが筆者たちの懸念だった。だから、学習指導要領の実施前から未然に問題行動の発生を防ぐ努力をしてきた。しかし、問題行動調査を見る限り、現実ははるかに厳しい事態になっている。当事者の一人として責任を感じている。

② 家庭の教育力の低下

厳しい現実に拍車をかけているのが、家庭の教育力の低下である。

小1プロブレムは以前から指摘されてきた。その改善策として保幼小連携の取り組みやスタートカリキュラムなども実践されている。だが、未熟な保護者による子育ての影響は、その努力を凌駕する。

集中力がない、極端な偏食をする、身辺の整理ができないなどの「小1プロブレム」に加えて、低学年から始まる暴力行為。そして、学習内容の大幅な増加。家庭で十分なしつけができない両親。きめ細かな指導ができない若手教師。忙しくて支えきれない同僚。現在の管理職は、そのような状況の中で「チーム学校」を運営しなければならない。

③ 学校で取り組む保護者対応

○学校ブランドを高める

日頃から「保護者の応援［できれば信頼］」を得るために、学校の教育活動を理解してもらう実践をする。

例えば「学校だより」である。どの学校でも発行しているが、「ルーチンワーク」になっていて、あまり効果を発揮していない。それを、学校情報発信の戦略プランの観点から一新する。私は校長時代、オールカラーＡ4判4ページの学校だよりに変えた。[1]　各種行事案内も同様である。

○目に見える環境改善

たまに来校する保護者が「あれ、学校がきれいになった」と思えるように変える。校舎内のデッドスペースを解消し、校舎の環境改善を図る。子供たちの喜ぶ姿が、保護者にも伝わる。

○ノウハウの研修

「生徒指導提要」を活用し、校長が生徒指導の各種ノウハウを指導する。筆者の校長時代には、教職員にマーカーと付箋紙を用意させ、職員会議前のミニ研修会で、各項目のポイントを説明した。

(1)「ちょっとした工夫でもっと読まれる『学校だより』」「ちょっとした工夫でもっと伝わる『学校要覧・行事案内』」向山行雄編著　教育開発研究所（2011年・2013年）

(4)　保護者対応の実際

①　保護者対応─ある事例から

活発で勉強もできるＡ児が、おとなしくてゆったりとしたＢ児に暴力をふるいけがをさせた事案。学校の対応策を紹介する。

ア　家庭への詳しい説明

けがをさせたその日のうちに、学級担任が保護者に状況を説明する。学校の管理責任について陳謝する。また、学校に申し立てがあれば、副校長か校長に相談するように伝える。

イ　当事者同士の協議Ⅰ

被害者の保護者が立腹し、警察に訴えるなどの手段を講じそうな場合には、両者の協議の場を持つ。その際、学校側も参加し、冷静な話し合いができるようにする。

ウ　双方からの聞き取り

当事者の話し合いで決着が付かない場合、双方と個別に話し合い、相手の要求項目や謝罪内容などを再検討し、互いに歩み寄るように助言する。

エ　教育委員会への報告

教育委員会にはまず、事案の概要について第一報を入れておく。こじれそうになったら随時　追加の報告をする

オ　当事者同士の協議Ⅱ

第１回目の協議の場から、１週間程度の時間を置き、双方が事案を冷静に受け止められるようになってから、再度協議の場を持つ。その際、学校側は双方

が歩み寄れるように、互いの言い分を交通整理する。

カ　話し合いが決裂した場合

　ここまでの努力でも決着せず告訴すると言い張る場合には、教育委員会と協議しながら推移を見守る。また司法の場での協議に備え、これまでの記録を整理しておく。

キ　当事者の子供の関係づくり

　保護者同士の話し合いに併行して、子供同士の人間関係の修復に努める。子供同士の人間関係が良好になれば、保護者同士の感情のいさかいもおさまっていく。

ク　当事者同士の協議Ⅲ

　同窓生として互いに声をかけられる仲にしたい。そのためには、ここで関係をこじらせずに双方が歩み寄るように、学校側から再度提案する。そして事案発生から1か月後、無事決着する。

② 　校内での対応と対外的な対応

　この事案では校長・副校長、各保護者、学級担任などがそれぞれに努力して円満に解決した。

　日頃からの学校への信頼関係があり、保護者も学校の教育活動へ積極的に参加しているという素地があったため、こじれずに済んだ。

　実際の対応策もこのような事例が多い。都公立小学校長会の調査（平成26年10月。全体の1割の小学校を対象に実施）では、次の回答があった。

〈校内での対応〉

○学校のチームとしての組織的な対応（34校）

○真摯に辛抱強く丁寧に対応（10校）

○校内での報告・連絡・相談の徹底（6校）

○対応窓口の副校長一本化（6校）

〈対外的な対応〉

○関係機関との連絡体制の整備（33校）

○学校評議員や地域関係者等との緊密な連携（8校）

○学校情報の積極的な発信（3校）

○アンケート等での学校への要望の把握（2校）

　これまでに各学校で実践してきた対応策で、一定の成果を上げてきた。しかし、ストレスを抱えた団塊ジュニア世代の保護者。その対応方法のために、さらにこの世代の〈実像〉を探る努力が大切だ。

2 変化する教師の権威

(1) 学校の悲鳴が聞こえる

① 生活の共同体

　我が国の「学級」は、単に学習集団としての機能だけでなく、「生活の共同体」としての特質を備えている。そこが欧米の学校と異なるところである。

　それだけに、教員は日々の授業だけでなく、学級を「平穏に維持」しつつ、「目的に向けて前進」するための仕事、すなわち学級経営について、格別の腐心をする。校長も、それを期待するし、保護者や地域も学級担任の努力に声援を送る。

　学級担任が子供たちを引率して歩く姿を見た時に、多くの国民は世話をする学級担任にエールを送る。そのエールは、後からついて歩く管理職とか付き添いの教員へのものとは、別格の熱いものがある。

② 教育実習生の見た現場

　全国の学校の少なからぬ学級が機能不全に陥っている。子供が教師の言うことを聞かず、授業が成立しないという学校現場の悲鳴をよく聞く。

　教職大学院院生は、各学校で長期間の教育実習を行う。その実習報告から各学校の学級経営の実情が垣間見えてくる。

　近年、中学校教師になったA君は、教育実習の2年間ずっと問題行動生徒の「見張り役」だった。教室から出ていく生徒を追いかける。正門付近でたむろするツッパリ生徒を校内に引き戻す。そういう担当をずっとしてきた。別の中学校で実習をしているB君は、同様に廊下を巡回して「脱走」してくる生徒への対応にあたる。こうした事案は中学校で多いが、小学校でも相当数発生している。

　実習の振り返りの授業（リフレクション）では、このような子供にどう接していけばいいか小集団で協議する。そして、院生の多くは自身の未熟さや行動力不足を自覚する。また院生（実習生）としての立場の弱さを思い知らされる。

317

ある意味で、いきなり学校現場の厳しさを知る経験も価値がある。しかし、できれば本来の趣旨である大学院で学修する理論と現場での実践の『往還』をもっとさせてやりたいと思う。

③　学級の機能不全

教職大学院生の長期的な実習を受け入れる学校には、「猫の手も借りたい」ほどスタッフが欲しいという期待が込められている。

なぜそれほどまでに、学校はスタッフが欲しいのか。もちろん、教職員が忙しい毎日に追われているから、学校としてはゆとりをもって学校運営したいという気持ちがある。また教師の若年化が進み、学級経営の力量低下という理由もある。他にも、家庭の教育力低下、社会の規範意識低下、スマホ依存症など、いくつも理由は考えられる。

しかし、直近で見ると近年の「学校バッシング」が根底にあると推察している。先年の「体罰調査」は、子供に教師の行為を「申告」させるものだった。

その結果をこれでもかと公表し、教師たちを糾弾した。マスコミは、それを『茶の間の正義』として報道した。

その結果どうなったか。教師の権威は著しく低下した。平気で教師に逆らう子供が増加した。いくつもの学級でほころびが生じ始めた。当たり前である。こうなることは予想された。

(2)　教師の権威失墜と学校の健全性回復

① 　「体罰実態調査」の概要

「『体罰防止』のあまり、腰の引けた指導になってはいけない。毅然とした指導は続けなければいけない」という意見は、2013年3月の中央教育審議会初等中等教育分科会での私の発言である。

前述したように、大阪市桜宮高校のバスケットボール部主将が自殺したのは、2012年12月23日である。マスコミで頻繁に報道され、文科省は2013年1月23日付で、各都道府県・指定都市教育委員会に対して体罰禁止の徹底と体罰の

実態把握を通知した。これを受けて、例えば、東京都教育委員会は2013年1月21日から3月15日までに校長による教職員への聞き取り、子供への質問紙調査によって体罰の実態調査を実施した。この結果、児童生徒本人から549件、教職員本人から406件、他の児童生徒から345件、他の教職員から98件、保護者から37件の申告があった。このうち、「体罰」であるとされた事案は182件で全体の約20％であった。

体罰に至る原因で最も多いのが「態度が悪い」が58名、次いで「指示に従わない」が45名、「意欲が求める水準に達しない」が27名、「問題行動を止めるため」が24名の順となっている。

子供たちに質問紙を配り、教師の行為で体罰があったかどうかを申告させる。申告をまとめたら、体罰ではない行為が4倍もあった。そもそも「体罰」とされた行為でも、その事由は、原因は子供たち自身の粗暴で、すねた行動にあるのである。

② ある学校の光景

こうした調査手法がどういう影響を与えるか。次のような事態にならないといいが。X中学校で普段から友人たちに暴力をふるうY生徒が、カツアゲをしている場面を目撃したZ教師。Zは、すぐにYにやめるように説諭したが、逆切れしてZに襲いかかろうとした。周りで生徒たちも見ている。Zは思わずYをたたいた。Zの毅然とした態度に驚いたYはその場を立ち去り、こともなく2時間目の授業が始まった。その後、少なくともYは、Z先生の前では反抗的な態度を取らなくなった。

それから2か月後、体罰の質問紙調査に、YはZ先生の「体罰」を非難する回答を寄せた。それを見た校長は、Z先生を呼び、きつく注意するとともに教育委員会へ報告した。後日、Z先生は教育委員会へ呼び出され処分を受けた。

X中学校のある教育委員会集計で、体罰事案が1件カウントされた。

それから1か月後、Yの問題行動はますますエスカレート。Yは、Z先生の前でも、全然怯まない。なぜなら、手を出せないのを知っているから。こうし

て、Yをリーダーとするグループが勢力を拡大して、X中学校全体が荒廃し始める。学校を嫌がり、不登校になる生徒も増え始めた。

教員も転出志望者が相次ぐ。副校長は精神疾患の病院に通い始める。Z先生は「やってられねえよ」と酒を浴びる。

教育委員会は、「生活指導の徹底」という通知を再度出したものの、有効な手を打てない。次第にX中学校は、近隣からの批判を浴び始める。

こういう状況の中でも、教育委員会の人事担当者は翌年もX中学校に初任者を2名配置、休職明けの年配者も配置する。そしてエースの教務主幹を他の困難校の副校長に昇格させる人事計画を立てる。なにせ、人材が圧倒的に不足しているのである。

校長が人事異動を知るのは、3月初め、教員が知るのは3月下旬である。X中学校の苦しい学級経営はまだ続く。

③　健全な学校経営のために

学校が健全に運営されるためには、『学校の聖性』が担保されていなければいけない。学校の聖性は、教師の権威、学校（ブランド）への地域や保護者の畏敬、良好な師弟関係で成り立つ。子供に、教師の行為を申告させる手法は、いわば「密告のススメ」である。そのような手法は、当該事案の解決だけに目を奪われた狭隘な発想であり、教師や学校の権威を損なわせる一因になったのではないかと心配している。

(3)　子供を統率する学級経営

① 　学級経営案のない学校

学級がうまく機能しない原因は、子供たちの変化によるものと、学級担任自身によるものとに大別できる。学級崩壊を起こさないようにして、学級を運営していくためには、学校としての方策が必要である。

その一つが学級経営案の作成である。学級経営案の作成など、当たり前のように思えるが全国的に見ると、必ずしも徹底されていない。

教職大学院の授業で、各実習校の学級経営案を収集した。しかし、学級経営案を作成していない学校がかなりある。特に、中学校が作成していない。小学校でも、健全育成で困難な事案を抱えている地域ほど作成していない。ミドルリーダー層のある中学校教師は、今までの教師人生で見たこともないと言う。

　まずは、全国のすべての教師が学級経営案を作成する、担任を持たぬ教師は教科経営案を作成する必要がある。

　大学院生に学級経営案を作成させる。実習校のものを参考にしているのだが、どれも一般的である。実際には学級をもたぬ大学院生だから、不完全になるのは仕方ない。だが、経営案作成の授業を通して、いくつか課題が見えてくる。それは、きっと今日の各学校で実情を反映しているように思える。

② 　学級経営案の作成

　それを踏まえて、学級経営案作成のポイントを述べる。

　1つ目のポイントは、綿密な実態把握をすることである。

○子供の実態把握……子供自身の心身の状態、学力や体力の状況、特別支援の
　必要な子供とその状況など

○家庭の状況……保護者の状況、片親世帯や要保護家庭、学区域の住環境、
　保護者の子育ての意識、養育で困難さを伴う保護者など

○子供、保護者の人間関係……学級内の友人関係、孤立しがちな子供、これま
　でのトラブル、保護者同士の関係など

　これが実態把握の例である。実態把握はできるだけ、詳細にしておきたい。「孫子の兵法」にあるとおり、「敵を知り、己を知れば、百戦危うからず」のごとく、相手を知って経営をすることで、多くのリスクを回避できる。

　学級経営案の2つ目のポイントは、具体的な方策を示すことである。それには短期的方策と中長期的方策の2つがある。

○短期的な方策

　ここには1学期中（できれば人間関係にひずみが生じがちになる6月まで）に実施する内容を記す。教師と子供のふれあいづくり、子供同士の人間関係づ

321

くりや、学習や生活のルール定着、保護者からの評価獲得などである。

○中長期的な方策

これは、学級の子供たちの自己実現のための手だて、学力・体力向上のためのプログラム、課題のある子供や家庭への支援策、学校の教育目標達成に向けての具現化、年度末の実践の総仕上げとしての活動プランなどを記す。

ポイントの3つ目は、学校全体の教育課程とのかかわりである。とかく、若い教師や力量のない教師ほど、学校全体で編制・実施される教育課程と、自分の学級経営の方針との間にずれや障壁を抱きがちである。

運動会や学芸会などの学校行事一つとっても、学級経営と密接なかかわりがあるはずである。また、教科、道徳や総合的な学習の時間の全体計画に基づいて、学級の授業が行われるものである。だから、自分の学級経営や教育実践をうまく位置付けて、他の教員と連携して成果を上げることが肝要である。

(4) 学級経営のうまい教師 ―『心眼』を養う―

① 学級崩壊の背景

学級経営がうまくいかない理由には、子供の側の問題、教師側の問題と両面があると、前に述べた。では、管理職はどう見ているのだろう。

全国の小学校長への調査では「学級崩壊」の原因として、「教師と児童、児童相互の望ましい人間関係が気付けなかった」とする回答がいつもトップにくる。第2位が「特別な支援や教育的配慮を必要とする児童がいた」、第3位は「子供の気質の変化（我慢や集団行動ができず規範意識が薄れた）がある」である（全国連合小学校長会 平成25年度「研究紀要」）。

この傾向は、近年ずっと続いている。「人間関係づくり」が苦手な、近年の教師像の一端を示している。

② 学級経営のうまい教師と下手な教師

筆者は、11年間3校の校長生活で、さまざまな教師の学級・教科経営を見てきた。3校とも、研究と実践で一定の成果を上げてきたそれぞれの地区で名の

通った学校である。それでも、学級・教科経営の状況は千差万別であった。学級・教科経営のうまい教師は約３割、まあまあの教師が約５割、下手な教師が約２割である。下手な教師のうち３名は、子供との関係がうまくいかず、学級崩壊寸前までになった。

副校長がその教室に入り、学級を立てなおす、管理職による土曜補習で学力低下を防ぐ、各教員の支援体制を組む、臨時保護者会で保護者の理解を求めるなどの手だてを講じた。しかし、本質的な解決は、年度替わりで担任を交代させるまでできなかった。

③　学級経営のうまい教師

学級経営のうまい教師は、どんな難しい学級を受け持っても、ある期間を経れば一定の状態に持っていくことができる。それが強みである。

学級経営のうまい教師は柔軟である。自らの教育的心情を持ちながらも目の前の子供たちに合わせて、自由自在に対応する。決して、自分の狭いカラーに当てはめようとはしない。

学級経営のうまい教師は、指導力がある。授業は面白いし、話題が豊富で遊びのリードもうまい。授業と休み時間や放課後との区別がついている。

学級経営のうまい教師は、子供の『実像』を見抜く目を持っている。子供の日常のふとしたしぐさからでも、その背景をある程度は推測できる。

このような教師は、子供の心に火をつけることができる。子供たちはさまざまな面でチャレンジするようになる。

大学を卒業して初任者で赴任した時には、誰しも指導力は不足している。授業力量もそうだが、学級経営力量もそう満足できるものではない。

そのような段階から、学級経営のプロになっていくには、いくつもの修業がいる。特に大切なのは「人間を理解する力」である。その力を伸ばすためには、『心眼』を養わなければならない。

『心眼』とは、物事を見極める鋭い目の動きである。『心眼』は、さまざまな人間の営みを凝視することで磨かれていく。しかし、日々の人間の営みは、

323

平々凡々としていて刺激に乏しい。さほど琴線に触れる出来事があるわけでもない。だから、書物、映画・演劇・美術・スポーツ、旅での見聞や先輩・年長者との語らいで、自己啓発をしていくしかない。

　そして、何よりも日々の実践を振り返る［リフレクションする］習慣を身に付け、反省の上に立って学級経営を進めていくことが大切なのである。

　近年は、スマホなどでの交信に依存し、直接的なコミュニケーションが不得手な若者が増えたように見える。学級担任としての資質が不足した新任教師も増加する。コミュニケーションがうまくできない教師では、一つの学級を管理しつつ、子供の自己実現を保障することは難しい。

　このような現状と課題を踏まえて、学級経営の力量を大学での養成、各学校での研修の各段階で、これまで以上に充実させる必要がある。

3 変化する学校

⑴ 変化する新任教師

① ふぞろいの林檎たち

テレビドラマ『ふぞろいの林檎たちⅡ』が放映されたのは、1985年。学力の高くない大学を卒業した中井貴一や時任三郎、柳沢慎吾たちが新入社員として、社会の現実の中でとまどい、葛藤していく姿を脚本家の山田太一が見事に描き出す。テレビで描かれた「ふぞろいの林檎たち世代」は50代前半となり、社会の各分野で管理職として新入社員の教育に当たっている。

近年の教員採用は「広き門」になった。当然、資質・能力に課題のある初任者も採用されている。まさに、「新ふぞろいの林檎」たちが混在した世代なのである。初任者を迎え入れる校長にとっては、「ふぞろいの林檎」混在世代ゆえの苦労がある。

ちなみに、小学校長が大学で身に付けてほしい能力の順位では、特別支援やICTという今日的な教育課題よりも、コミュニケーション力やマナーなどの「旧来型」の資質・能力への期待のほうがずっと多い（全連小　平成26年度「研究紀要」）。

② 資質・能力の不足した若手教員の存在

テレビドラマ『ふぞろいの林檎たち』（TBS）では直属の課長が、勤務中の電話や上司である自分との連絡相談不足を叱るシーンがたびたび登場する。しかし、若手社員の中井貴一たちにも言い分はある。そこに世代間のギャップが生じる。

近年、日本の若者たちの離職率の高さが目立つ。教員でも早期離職者が後を絶たない。恵まれた環境で育ち、スマホ片手にほどほどの付き合いで生きてきた若者にとっては、現実の社会は厳しく見える。それは、元祖『ふぞろいの林檎』たちが見た景色とは異次元の空間かもしれない。

これまでの学校現場では、すでに一定の資質・能力を備えている者たちを前

提として研修を実施していた。しかし、「新ふぞろいの林檎」たちは、そもそも大学入試において、極めて少ない科目しか選択していないし、高校時代の学習時間もかつての世代より大幅に減少している。22歳までの学修が不足している若者もかなりいる。つまり、大量採用で配置された初任者教員の中には、教師生活のスタートに立つ時点で、必要な知識や技能などが不十分な者がかなり含まれているのである。

　もちろん、大学での教員免許状授与や教員採用選考で一定のセレクトはしている。しかし、新任教員の大量採用を続けた結果、「ふぞろいの林檎」たちも教師になった。その「つけ」は、この世代の退職時まで引き継がれる。

③　教員の資質・能力に応じた研修

　前述したように、この数年間大量の初任者が配属された。平成26年度東京都では、3年連続で初任者が配置された小学校が約66％（正規任用44.2％、期限付き任用11.6％）である。ちなみに配置割合では、初任者2名配置は21.2％、3名配置は9.0％、4名配置は2.9％である。（平成26年度東京都公立小学校長会年報）。

　小規模校化が進む東京の小学校で、初任者教員の連続配置、複数配置は学校力の低下をもたらす大きな要因となる。しかも、資質や能力に課題のある初任者も一定数任用されている。このような中で、いかに若手教員（1年目〜3年目）の育成を図ればよいのか。

　1点目は、きめの細かい研修の実施である

　能力・資質に課題のありそうな教員なら、授業力、学級経営、教師としての言動まで丁寧に指導していく必要がある。しかし、このような教員はキャパシティも大きくない。だから、学年主任や指導教員による指導を忌避しがちになる。自分の能力に自信がないから、とかく普段の行動も覇気がない。管理職にとっては不満もたまるが、初任者自身も日々のストレスを相当ため込んでいる。ここに留意しないと研修成果は上がらない。

　力量のありそうな教員なら、できるだけ自由時間を与えるべきである。若手

教員でも力量のある教員は、かなりの仕事をかかえこむ。周りも仕事を頼みやすい。つい、本人も気軽に引き受ける。しかし、それではいけない。やがて、ガソリンが切れてくる。若い時代に、本人がやりたいことをチャレンジさせるようにしたい。

2点目は、実効性のある研修である。若手教員の魂に伝わらぬ研修ならやめたほうがいい。行政研修や校内研修の不満を少なからず聞く。ただでさえ、自由時間の足りない若手教員なのだから、研修する側がニーズを把握して、「ためになる研修」をするべきである。

3点目は、人件費コストを踏まえた研修である。例えば年間経費［給料、諸手当等］500万円かかる初任者なら、1時間あたりのコストは3000円程度になる。教える主任教諭はその2倍程度。すると2人で1時間強の研修をすれば約1万円の人件費がかかる。「教える側」も「教わる側」も、勤務時間内に税金で人件費がまかなわれていることを自覚すべきである。したがって、短時間で効果を上げる研修を工夫しなければいけない。

④ 研修の王道は授業力向上

教員自身を助けるのは授業力である。授業のうまい若手教員なら、ほとんどの危機を乗り越えることができる。学級崩壊も保護者対応も、自身の体調不良や突発的なアクシデントも、一定程度はカバーしてくれる。

若輩者でも、授業がうまければ子供たちは満足する。保護者は信頼を寄せる。同僚も一目を置く。「ふぞろいの林檎」たちにとっても、授業力向上だけは必須の使命である。

授業力向上は三つの方法しかない。

一つ目は、他人の授業を見て学ぶことである。その際、授業記録を取り、その授業を分析することである。私は、B4判1枚の用紙にコンパクトにまとめる「向山式」と呼ぶ授業記録で、36年間で1800本ほどの記録を取ってきた。

二つ目は、他人に授業を見てもらい、辛口のコメントを受けることである。自分の授業の良さや課題を他人から指摘してもらうことで、自分の授業を振り

返ることができる。私は11年間の校長時代、一人の教員について年間3回の授業記録を取って助言してきた。

三つ目は、自分の授業を記録して、それを見聞して振り返ることである。今は小型の録音機があるので、通勤途上で再生することができる。

古人は「石の上にも三年」と言った。教師修業も同様である。「石の上」は居心地が悪い。しかし、努力を続ければやがて道は開ける。「ふぞろいの林檎」たちを預かっている管理職も教育委員会もつらい。それでも、念ずれば花開く。そもそも私たち団塊世代は、教員の大量採用の時代に教員になった。教員が足りなくて年間3回も採用選考を実施した。誰でも教員になれた。山田太一が名づける前の「プレふぞろいの林檎」たちである。筆者も含めて、親しい仲間は失敗ばかりをしていた。しかし、原石が磨かれ、やがて宝石へと変身した事例もかなりある。

力の至らぬものを伸ばし一人前にする。これこそが教育の原点であり教師魂である。

⑵ 変わる教師教育

① 大学の教員になってみて

かつての大学のことはつまびらかには知らないが、現在の大学教員はかつてより忙しくなったと聞く。その理由はいくつかある。その一つに「出口保証」を着実にしようという大学の努力がある。つまり、職業人としての資質をできるだけ身に付けさせるための実践である。

教職大学院は、2016年現在全国の45大学にある。高度な職業人としての教師を養成しようとする専門職大学院である。現職教員と学部生からの進学者［ストレートマスター］が、ともに学ぶ。現職教員は、ストレートマスターへの指導助言の役割を果たす。今後、各地で多くの教職大学院開設が予定されている。

② 大学教師の努力

大学では「ＦＤ」（ファカルディ・ディベロップメント）に力を入れている。

これは、大学の授業内容や方法の改善を図るための組織的な研修や研究を充実するものである。すでに、1991年の大学審議会答申で明記されている。

筆者の勤務する帝京大学でも、全学規模、研究科規模でＦＤを実施している。本年度、教職大学院では、春季休業中から学生の教育実習についての指導法や授業観察における効果的な授業記録の取り方等の研修を３回実施した。大学でのＦＤは、授業のない夕方から夜間までの時間か、長期休業中にしかできない。それでも、大学教員は必死に努力している。

また学生からの授業評価を受けて、授業の改善方策をまとめる。それを、冊子にまとめ全教員が保管する。さらに、大学の自己点検書にまとめ、外部評価委員からの評価も受ける。おそらく、大学教員のこのような努力を学校の教員は、あまり理解していないと推察する。かくいう私もその一人であった。

③ 校長の厳しい見方

これだけ大学も努力をしている。しかし、各方面から、大学の教員養成の仕方に疑問が投げかけられてきたのも事実である。

筆者は、小学校長の代表として、2005年からは中教審の教職課程改善チーム、2010年からは中教審教員の資質向上検討部会委員の一員として、議論に加わってきた。その議論の中では、総じて大学の教員養成についての批判が目立った。例えば、学校現場からの学部卒業生への不満である。

校長による初任者教員に対する評価では、ほとんどの項目で「やや不足している」「とても不足している」と回答する割合が４割を超えている。各学校の校長が初任者教員に厳しい見方をしている。

各項目の評価で不足している割合が高い順位は次のとおりになる。集団指導の力（69.6％）、学級づくりの力（64.6％）、児童生徒指導力（63.7％）、学習指導・授業づくりの力（59.4％）、教材解釈の力（58.5％）などである。これは大学における養成が不十分だという校長の批判の証左でもある。[2]

その一方、高い評価は次の項目である。充足率の高い順に見る。子供に対する愛情や責任感（86.1％）、教師の仕事に対する使命感や誇り（82.0％）、教職員全体と同僚として協力していくこと（79.2％）である。つまり、潜在的な資質は高いものがあると校長は見ている。

④　教員養成を取り巻く課題

　学校を取り巻く状況や教員養成についてはさまざまな課題が山積している。その一つは学校が抱える課題の多様化である。学力の向上、生徒指導上の課題、特別支援教育の充実、外国人児童生徒への対応、ＩＣＴの活用等、枚挙にいとまがない。

　その二つは、教員免許状取得者と教員採用者数が大きく乖離していることである。1964年は、免許状取得者は49464名［国公立幼.・小・中・高・盲・聾養護学校［現特別支援学校］に対して、教員採用者は32936名で66.6％の取得者が教員として採用されている。それに対して、2005年では取得者117903名に対して採用者は40156名であり、34％しか採用されていない。この結果をどう見るか。教員が狭き門になって「良し」とするか、現場が苦労しているのに採用割合が少なく「実習公害」となっているとするか、検討が必要である。加えて諸外国に比べて教育実習期間が短い現状をどうするかという課題もある。

⑤　財政的な裏付けで前に進めるか

　こうした課題を踏まえて中教審では教員養成の改革の方向性として「教員養成を修士レベル化し、高度専門職業人として明確に位置づける」と答申した。

　そして、一般免許状（仮称）を取得後に教員として採用する方法や、基礎免許状（仮称）を取得し、採用直後に一般免許状を取得する方法、一定期間のうちに一般免許状を取得する３類型に整理した

　いずれにしても現行の教員養成よりも、高度化させて教員としての資質を向上させようとするものである。

　さてこのような経過の中で、安倍政権における教育再生改革実行会議でいく

つかの提言がされている。提言の内容は、いずれ中教審の各部会で検討し、併せて関係機関へのヒアリング、国民からの意見聴取を経て改革プランが具体化していく。果たして我が国を「教育立国」にふさわしいような姿にできるかどうか。教員養成一つをとっても、一丁目一番地は財政的な裏付けである。

　いい人材を確保するためにはカネがいる。百の議論よりカネを出すことでそれを実現する、と故田中角栄首相は実行した。我が国の将来に向けて、高齢者に我慢をさせても子供たちへの投資ができるかどうか。

　大衆迎合的な政策から、厳しくも将来に向けた政策へ転換できるか。私たちもそれぞれの立場で火の粉をかぶるくらいの覚悟をすべきである。

⑶　活力ある学校づくり

①　これからの学校

　近未来の予測について、これまでも政府の各省庁や多くのシンクタンク、研究者たちが試みてきた。その大まかな方向性は的を射ていた。「国際化、少子高齢化、情報化」などの社会変化の因子は、30年を経ても色あせない。堺屋太一の1970年代の著書『団塊の世代』での指摘も、現実になった。

　今次教育課程の骨格となった「知識基盤社会」とは、いささか難解な訳語であり、いまだに各学校で教職員や保護者の理解を得られているとは言い難い。

　現代の世界もそうであるし、子供たちが社会人として生きる時代も相応の「知識」を持ち、それを「活用」しなければ生きていけない時代であることは間違いない。それは、例えば次のようなことである。

　勉強嫌いのA君が、「大きくなったら駅前にラーメン屋を開きたい」と願っても、彼は「知識基盤社会」の波にもまれる。A君のラーメンの評価はすぐにネット上にさらされ、沿線の各ラーメン店やB級グルメ店との競合を強いられる。原材料の仕入れ先やコストパフォーマンス、どの嗜好の客に好まれるかなど、さまざまな情報が発信され、それが人々の「知識」となる。そしてA店に対する評価をくだす。

　A君はこのような「知識」を基盤とする社会で、ラーメン店を経営していく

331

のである。このような社会では、「とんこつだし」と「ちぢれ麺」の腕前だけでは生計を立てていくのは困難である。知識基盤社会で生きるためには、高度に発達した社会の仕組みを理解し、問題を解決していかなければならない。

「これからの時代」で、かなり明確な輪郭がわかるのは、「少子化」と「高齢化」である。現在は、約3万の小中学校で、1000万人の小中学生が学んでいる。10年後にその数が一割減る。計算上では、約3000校の小中学校が余分になる。その数年後、日本の生産年齢人口は同様に減少する。

日本が向かう「これからの時代」を国民の英知と努力で、どこまで食い止められるのか。まさに、私たちは大きな命題を投げかけられている。

② 今後の学校教育の方向性

小中学生が1割減るのだから、1割資質を高めなければ、今の日本の豊かさは維持できない。いや、高齢者の割合が今より増加するのだから、それ以上に各産業で生産性を高めなければいけない。

A君のラーメン店は、現在1時間で50杯のラーメンを作る能力がある。それを55杯作れるようにしなければいけない。味を落とさずにこれまでより5杯のラーメンを作るためには、真摯な態度や売り上げを伸ばす意欲、作業効率を高めるための問題解決力、調理器具に習熟する技術、ラーメン作りの基礎的知識などが必要である。

では、これまで50杯のラーメンを作れたA君の資質を55杯作れるようにするために、学校は何をすべきなのか。私たちの命題はそこにある。

その一つは教育活動を充実させて、その成果を1割アップさせる学校づくりを進めることである。学校の教育活動の要は授業である。授業の充実こそが、最重要課題とならなければいけない。

先ほどのA君の資質向上を社会科の授業でたとえる。社会科の授業の評価観点は、「社会事象への関心・意欲・態度」「社会的な思考・判断・表現」「観察・資料活用の技能」「社会的事象についての知識・理解」である。小学校3年生から中学3年生まで800万人弱の小中学生が、この評価観点のもとで社会

科の学習をしている。

　教師の努力や授業力向上によって、学校の授業がこれまで以上に充実する。その結果、児童生徒が、興味深く学習し、4観点評価のどれもが向上した。

　このことが将来のA君のラーメンづくりにつながる。つまり、55杯を作るための意欲や態度、問題解決力、技能、知識や理解などの基礎は、学校教育の時代に培われ、それが将来開花するのである。

　もちろん、A君の資質は社会科というたった一つの教科教育の中で行われるのではない。学校教育の全課程の中で行われなければいけない。つまり、全課程での充実が期待されるのである。

　命題の二つ目は、A君が健やかに育つために阻害となる要因を極力排除してやることである。A君は、もともと引っ込み思案で友人関係が苦手、「文字を書く」学習が極端に苦手で、アレルギー体質をもち、家庭の事情も抱えている。

　したがって、学校では「書く学習」についての個別支援計画の作成や、A君がいじめにあわないように友好的な人間関係づくりに配慮する必要がある。その上で、アレルギー対策や家庭との連携によって、A君の成長に阻害となる要因をできるだけ払拭する努力が求められる。

③　創意と活力の経営

　だが、授業の充実と阻害要因の排除という2点のマネジメントを進めるのはそう簡単なことではない。

　今日の学校は多くの課題を抱え、多忙感に覆われている。また、「同僚性」の低下も指摘されている。こうした現況を踏まえて、学校に「活力と創意」を生み出すためには、校長のリーダーシップによるところが大きい。

　筆者は、さまざまな学校改革に挑戦してきた。その取り組みは拙著『平成の校長学』(2)で紹介したとおりである。経験の浅い時期は、腕力の強さで経営しがちであった。外形的にはある種の「華」はあったが、「創意と活力に満ちた」経営ができたとは言い難かった。

　校長5年目頃から、少しずつ肩の力も抜けて、自然体の経営ができるように

333

なってきた。この頃に自覚したのが、亡き義父の残した言葉である。旧師範学校を卒業した義父は、剣道５段で酒豪、寡黙な人だった。校長を11年間務め、その経験から「校長とはオーケストラの指揮者だ」と例えた。

学校というオーケストラには多様な個性が集まる。音の強すぎる太鼓、地味なフルート、陰で支えるコントラバス、エースのバイオリン。そのどれをも生かしつつ、さじ加減を施して一つの曲を仕上げる。そこに指揮者としての校長の喜びと苦労がある。

こうした経営ができて、初めて「創意と活力」を生み出すことができる。

④　校長に求められる資質・能力

期待される校長像は日本教育経営学会の「校長の専門職基準」を始め、各教育委員会でも明示している。本書読者なら、それらの校長像を目にしているし、その具現化を目指して実践しているであろう。

各校長が、そのような「校長像」を胸に抱いて、学校経営を進めることは大切なことである。しかし、それだけでは、「創意と活力に満ちた学校」を作ることはできない。つまり、これらの「校長像」は必要条件だが十分条件ではないのである。校長自身が強く感銘を受けた「指導者像」を、自らに課して体現していくことこそが肝要である。

筆者は、鈴木正三という江戸前期の禅僧が唱えた「指導者が備えるべき能力」を座右の銘にしていた。それは次のとおりである。

①先見の明がある人
②時代の流れが的確に読める人
③人の心をつかむことができる人
④気遣いができて人徳のある人
⑤自己の属している共同体、組織全体についての構想を持っている人
⑥大所高所から全体を見渡せる力量を持っている人
⑦上に立つにふさわしい言葉遣いや態度が保てる人

鈴木正三が没して約350年。それでも、今なお光彩を放つ名言である。山本

七平が、世界に通用する思想家と称えるのもうなずける。

では鈴木正三が述べる「指導者像」はどのようにして身に付ければいいのか。私は、「校長道」ともいうべき生き方を体現すべく修業を重ねるしかないと考える。つまり、校長昇進はゴールではなく、スタートであるという自覚が大切なのである。

鈴木正三の「指導者像」に近づくためには、自己の行為を省察（リフレクション）する時間を持つ必要がある。併せて書物等から自己の「先見性」や人間の「洞察力」を磨く機会を作らなければならない。そして「これからの時代」を予測するとともに、「これまでの時代」を冷徹に振り返る姿勢をもつことが大切である。

先輩の校長たちは、先の戦争中では戦乱から子供たちを守り、末期には集団疎開させるという難事業を指揮した。勤務評定闘争の嵐の中では、学校の正常化のために獅子奮迅の努力を強いられた。

こうした時代に比べれば、校長は自分の理想とする学校づくりを進められる環境は、十分に整備されている。全国の校長が、志を高く掲げ力強く前進できるように、心から願っている。

〈引用・参考文献〉

（1）『2050年の世界　英「エコノミスト」誌は予測する』英エコノミスト編集部著
　　　2012年　文藝春秋

（2）文部科学省委託三菱総合研究所　2010年　「教員の資質能力方策の見直し及び
　　　教育免許更新制の効果検証に係る調査集計結果」

（3）『平成の校長学』　向山行雄著　2003年　明治図書

エピローグ

　小学校の子供たちとの生活から、大学院生や現職教員学生との生活になって
5年が過ぎた。

　小学校の子供たちも大学院生も、その学習スタイルに大きな差異はない。
「はてな？」と感じる時に、学習への意欲が喚起される。その課題を追究しよ
うとする。「はてな？」という疑問が強いほど、その意欲は強まっていく。

　大学の教員になって、各学校の研究会に出かけるようになった。教育委員会
勤務を終えて以来、10年振りの校内研究会である。10年経っても、基本的に
は、授業スタイルも校内研究会の手法も、そう大きな変化はない。

　しかし、マンネリ化を打破しよう、短時間で成果を挙げようという各学校の
意識は、着実に進化してきた。また、中堅世代で、活きのいい教師の活躍も目
立つようになった。

　その一方で、多数を占める若手教師のおとなしさ、一般教養の欠落を感じ
る。世の中の常識を知らない若者、実体験の乏しい若者が目立つ。スマホ世代
の今日、きっと、多くの時間を液晶画面の世界に埋没した結果であろう。

　大学教師になって教育委員会、校長会主催の研修会にもよく出かけるように
なった。研修会の主催者はどこでも熱心であり、その接遇も見事なものだ。そ
の点は確実に向上している。

　研修会の参加態度も良好で、へそを曲げたような教師はほとんど見当たらな
い。これも、かつての研修会より格段に充実している。その一方で、やや覇気
に乏しいようにも感じる。きれいにまとまりすぎているようにも思える。

　これが、平成の時代のよさでもあり課題であるのかもしれない。つまり、
『平成の学校歳時記』は、昭和の時代ほど色彩が目立ちにくく、淡いトーンの
世界なのかもしれない。楚々とした中で、わずかな四季を感じつつ、遠慮がち

に演出をしていくのが、平成の時代感覚にマッチしているのだろう。

そういえば、平成の学校はスマートで、昭和の泥臭さを感じない。万事にそつがなく、さらりと水に流れていくようだ。

そんな『平成の学校歳時記』を垣間みて、時にそれを受容しつつ、時には懐疑的にも感じている。本書では、その〈違和感〉のいくつかを紹介している。平成の時代に合致する「学校歳時記」は、まだ発展途上である。ぜひ、全国の学校関係者の力で、平成の時代を生きる子供たちにとって、かけがえのない学校空間に歳時記を描いていただきたいと願う。

学校は人でもつ。学校で人が出会い、精励して、やがて佳き教師、保護者となる。そして佳き学校となる。そこに、佳き『平成の学校歳時記』が展開される。

終わりに本書をまとめるに当たり、第一公報社 大平聡氏　山内亜也子氏をはじめ、関係諸氏にお世話になった。深く感謝したい。

2016年7月

向 山　行 雄

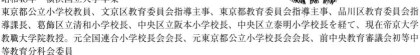

【著者紹介】向 山 行 雄（むこうやま ゆきお）

昭和25年（1950年）東京に生まれる
昭和48年　横浜国立大学卒業
東京都公立小学校教員、文京区教育委員会指導主事、東京都教育委員会指導主事、品川区教育委員会指導課長、葛飾区立清和小学校長、中央区立阪本小学校長、中央区立泰明小学校長を経て、現在帝京大学教職大学院教授。元全国連合小学校長会会長、元東京都公立小学校長会会長、前中央教育審議会初等中等教育分科会委員

【著書】『授業課程の構成技術』（明治図書　1985年）『子どもの力を育てる授業構成の手順』（明治図書　1989年）『ティーム・ティーチング成功のマニュアル』（明治図書　1995年）『平成の校長学』（明治図書　2003年）『ミドル教師：ニューリーダーとしての自己啓発ノート』（明治図書　2007年）『平成の学校づくり』（第一公報社　2013年）

【編著】『子どものよさが生きる社会科』（教育出版　1994年）『ミドル教師のための学校運営Q&A事典』（明治図書　2008年）『ちょっとした工夫でもっと読まれる学校だより』（教育開発研究所　2011年）『ちょっとした工夫でもっと輝く学級だより』（教育開発研究所　2012年）『ちょっとした工夫でもっと伝わる「学校要覧・行事案内」』（教育開発研究所　2013年）『心を揺さぶる校長講話』（教育開発研究所　2014年）『校長になるための教頭の習慣術33』（教育開発研究所　2015年）

【共著】『新しい指導主事の職務』（ぎょうせい　2000年）『完全学校週5日制と生徒指導』（第一法規　2001年）『変革期の学校教育』（第一法規　2002年）『学校教育の評価改善事例集』（第一法規　2002年）『学習指導要領の一部改正とこれからの学校教育』（教育開発研究所　2005年）『子どもの学び・教師の学び』（教育開発研究所　2006年）『校長力を高める』（教育開発研究所　2006年）『学習のしつけ・生活のしつけ』（教育開発研究所　2007年）『教育基本法の改正で教育はどう変わるか』（ぎょうせい　2007年）『若い教師を育てる』（教育開発研究所　2007年）『生活習慣の改善と子ども力の育成』（教育開発研究所　2007年）『校長・教頭の授業観察・面談ハンドブック』（教育開発研究所　2008年）『学校創生時代と管理職』（時事通信社　2008年）『学力向上の基盤となる生徒指導』（教育開発研究所　2009年）『学校講話の極意』（教育開発研究所　2011年）『教頭の仕事術』（教育開発研究所　2012年）『新社会科授業の進め方ハンドブック』（明治図書　2014年）『アクティブ・ラーニングでつくる新しい社会科授業』（学芸みらい社　2016年）『校長式辞12ヶ月』（教育開発研究所　2016年）『校長実務ハンドブック』（教育開発研究所　2016年）他多数

平成の学校歳時記 ―続 日本の学校のチカラ―

平成28年8月2日　初版第一刷

著　者　　向　山　行　雄

発行人　　大　平　　聡

発行所　　株式会社　第一公報社

〒112-0002
東京都文京区小石川4-4-17
電話03(6801)5118　FAX03(6801)5119

印刷・製本　日本ハイコム株式会社

落丁本・乱丁本はお取替えいたします　　©2016　第一公報社
ISBN978-4-88484-330-4　C3037